U0937199

近代漢語方言文獻集成 第三輯

喬全生 主編

李軍 編著

近代漢語客贛方言文獻集成

（全三卷・卷三）

創于1897 商務印書館 The Commercial Press

國音四種（節録）

民國高安北農涂銼編（稿本）

《國音四種》簡介

《國音四種》是一部稿本，作者爲江西高安人涂銼。涂銼的具體情況我們知之甚少。『發端』中，他自己介紹説是一位小學教員，很熱衷於國音的推廣與普及工作，曾『編過一本《注音字母要義》，便於初學的用』。『國音四種』實際上是指書中的四大綱，即：（一）國音與舊音韻及羅馬音的比較，（二）發音學補義，（三）拼音群説，（四）改正土音法。從内容上看，此書主要是爲推廣國語服務的，具有講義的性質。書中没有注明寫作年代，但根據書的内容，以及書中介紹，我們仍然可以推斷大致的時間。作爲一種對新生事物進行介紹和研究的著作，一定不會滯後於新生事物出現的時間後面很久。注音字母和國音方案早在一九一三年就已經通過，不過直到一九一八年才公佈，這一套國音後來稱爲『老國音』。爲推廣國音，『早從一九一五年北京設立「注音字母傳習所」，一九二〇年起又陸續開辦全國性的「國語講習所」，各省區每年多開辦暑期國語講習所』。（黎錦熙 1963：72）上世紀二十年代初，全國掀起了推廣普及國語的熱潮。作者在第一篇『國音與舊音韻以及羅馬音的比較』中就提到：『近年教育部公佈了三十九個注音字母，風行全國，我也遇間研究一下。』可見此書的寫作時間當在一九一八年後。一九三二年，『新國音』——《國音常用字匯》出版，其特點是『万、兀、广不用咯，ㄗㄘㄙ無齊撮，ㄛ只合口ㄝ不開，入聲分到四聲來』。從内容上看，《國音四種》所依據的語音體系還是老國音，而不是新國音。綜合以上情況，我們認爲此書寫作年代當在二十世紀二十年代初。

《國音四種》前三篇主要是對注音字母音值的説明、發音方法的解説、國音拼法與舊反切的比較等，只能算一般的語音知識介紹。對我們來説，最有價值的是第四篇『改正土音法』。雖然作者寫作這一篇的目的仍然是希望『我國四萬萬人，都用我的法子，各自改正他們的土音，那麼各地的方音，不難慢慢統一起來，盡變成國音了』，但他的主要方法是『用注音字母作媒介，尋找他們相差的條理』。也就是通過對土音與國音的對比，從中發現二者的對應規律，因此已經是一篇非常有價值的方言研究的學術論著了。在比較過程中，作者不但完整地歸納了高安土話的聲韻調系統，而且在『國音和土音的差異』部分從『聲母的變動』『韻母的變動』『聲母韻母的共同變動』『平仄的變動』四方面總結了高安方言與國音之間的差異，共計五十一條條例，也就是方言與標準語之間的五十一條對應規律。這是涂鋆對當時高安話深入研究的結果，也是對近百年前高安話的真實記録。雖然涂氏没有對高安話的語音系統進行詳細的描寫，不過他在将土音與國音進行對比的過程中，舉了不少的例證，其中就反映出了一個完整的音系。這對探討近百年前高安方言的語音狀況，近百年來高安方言的語音演變具有很高的價值。涂鋆對江西高安方言的研究，比羅常培對臨川方言的研究要早十多年，可以説，涂鋆是真正意義上最早對江西境内贛方言進行研究的學者。惜乎此書爲稿本，未得以廣泛流傳開來。作者也默默無聞，故而其學不顯，其名不彰。近年來有多位學者在介紹江西方言研究概況時，都没有提到他。筆者在江西省圖書館看到該書時，竟幾成片片稿紙一迭，張張佈滿蠹眼，幸可卒讀，百年前的高安方言資料得以重見。這次整理我們只對前三篇的内容大致介紹，重點將第四篇『改正土音法』進行整理，爲學術界瞭解近百年前的高安方言、瞭解江西本土學者對江西贛方言的研究狀況、瞭解江西贛方言研究學術史提供一份珍貴材料。

序目①

① 此爲原書序目，具體節録方式請見正文標題下括注。

發　端

我是一個小學教員，知識淺陋自不消説，却是研究學理的心倒不薄弱。況且國音這一種學問，更是小學教員應該研究的嗎？我前次編了一本《注音字母要義》，便於初學的用。却没有什麽心得，可算是研究的結果。現所研究的事類，分爲四大綱：（一）國音與舊音韻及羅馬音的比較，（二）發音學補義，（三）拼音群説，（四）改正土音法，定名《國音四種》。寫在下面，貢獻大家，並請當代的新舊音韻學家，指教，指教！

第一篇　國音與舊音韻及羅馬音的比較（節録）

我曾記幼時學習反切，覺得他的雙聲、疊韻不能有一定的標準字。想將守溫三十六個舊字母定爲雙聲的標準字，一百零六個舊韻母定爲疊韻的標準字。例如當字作端陽切，年字作疑先切。但是要限制同韻同等的音，仍有許多不便。及學習英文拼讀，覺得和反切有相通的道理。以後遇著反切，就用拼音法去求字音，例如得紅切的東字，即［dōōn］，再不照舊法輾轉相呼了。更學習羅馬字，覺得就是反切的變相，都較反切便利。本想用羅馬字的前音、後音代替中國字，舊字母和韻母，但是我有個懷疑，我們學中國字，何必襲用外國字母呢？近年教育部公佈了三十九個注音字母，風行全國，我也遇閒研究一下。覺得他又是反切和羅馬字的變相了，今將注音字的聲母及韻母與舊字母、韻母及羅馬字並列比較，以證明國音的由來。

聲母

ㄍㄎㄫ｝開合　ㄐㄑㄬ｝齊撮　ㄉㄊㄋ　ㄅㄆㄇ　ㄈㄪ

ㄗㄘㄙ　ㄓㄔㄕ　ㄏㄒ　ㄧㄨㄩ　ㄌㄖ

韻母

褫						迦			歌			
ㄧ	ㄨ	ㄩ	ㄦ	ㄜ	ㄨㄜ	ㄚ	ㄧㄚ	ㄨㄚ	ㄛ	ㄧㄛ	ㄨㄛ	ㄩㄛ
衣	武	魚	兒	額		阿	牙	瓦	俄(約)	臥	約	

結			該			傀		高		鉤	
ㄝ	ㄧㄝ	ㄩㄝ	ㄞ	ㄧㄞ	ㄨㄞ	ㄟ	ㄨㄟ	ㄠ	ㄧㄠ	ㄡ	ㄧㄡ
	夜	月	愛	挨	外	貝	外	傲	要	偶	有

干				根				岡			庚			
ㄢ	ㄧㄢ	ㄨㄢ	ㄩㄢ	ㄣ	ㄧㄣ	ㄨㄣ	ㄩㄣ	ㄤ	ㄧㄤ	ㄨㄤ	ㄥ	ㄧㄥ	ㄨㄥ	ㄩㄥ
安	言	萬	原	恩	音	文	雲	昂	羊	王	哼	迎	翁	用

乙!閏音	ㄗ	ㄘ	ㄙ	ㄓ	ㄔ	ㄕ
自音	自	次	事	知	池	世

ㄜ 是口半開，唇不圓的韻母，介在開合圓平之間，既易變換撮口ㄩ，或合口圓唇ㄨㄛ爲後一音，也易變換開口的ㄚ和平唇的ㄧㄝ韻。

ㄛ 是後半降的韻母，（丙）讀ㄛ母時，直自喉間呼出，是一種自然的音，所以法文的β、c、d和B、c、d、f等都是收聲於 ə 或 ê，和國音的ㄜ差不多了。

聲調

這五聲的規定曾見於《李氏音鑒》，李汝珍是北方人，所以他的上去入没有陽聲。南方人實在有八聲，平去的陰陽最易分辨，入聲的陽聲土語中多能讀出，如『白』『讀』『葉』等字，惟上聲却不易分明。我的意見，上、入的陽聲尚可併入陰上、陰入，去聲究不能不分陰陽。

第一章　聲母、舊字母及羅馬字前音的比較

第一表　聲母、舊字母及羅馬字前音比較表

聲母二十七			首温舊字母 中音三十六		羅馬字前音二十七
ㄍ	開合呼	牙音	見正清 陰	郡正濁（見的陽仄）	g 格
ㄎ			溪次清 陰	郡正濁（溪的陽平）	k 克
ㄫ			疑次濁 陽		ng 愕
ㄐ	齊撮呼	牙音	見仝前	郡仝前	gi j 記
ㄑ			溪仝前	郡仝前	chi ch 氣
ㄬ			疑仝前	娘次濁（陽）本屬舌上，音借疑的齊撮呼	（ni）（你）

注音	類	聲母	拼音	例字
ㄉ	舌頭音	端正清陰 定正濁（端的陽仄）	d	得
ㄊ		透次清陰 定正濁（透的陽平）	t	特
ㄋ		泥次濁陽	n	那
ㄅ	重唇音	幫正清陰 並正濁（幫的陽仄）	b	泊
ㄆ		滂次清陰 並正濁（滂的陽平）	p	迫
ㄇ		明次濁陽	m	馬
ㄈ	輕唇音	非正清陰 敷次清（陽） 奉正濁（非的陽仄，敷的陽平）	f	法
ㄪ		微次濁（陽）	（wu h）	（武）
ㄗ	齒頭音	精正清陰 從正濁（精的陽仄）	dz tz / dzi	責 / 祭ㄗㄧ
ㄘ		清次清陰 從正濁（清的陽平）	ts / tsi	策 / 齊ㄘㄧ
ㄙ		心次清陰 邪正濁（陽）	s / sz	撒 / 思
ㄓ	正齒音	照正清陰 牀正濁（照的陽仄）	dzh	爭
	舌上音	知正清陰 澄正濁（知的陽仄）	dj j	知
ㄔ		穿次清陰 牀正濁（穿的陽平）	tsh ch	撐
		徹次清陰 澄正濁（徹的陽平）	ch	池
ㄕ		審次清陰 禪正濁（陽）	sh	失

ㄏ開合呼	喉音	曉次清陰	匣正濁（陽）
ㄒ齊撮呼		曉次清陰	匣全前
ㄧㄨㄩ		影正清陰	喻正濁（陽）
ㄌ	半舌音	來	ㄌ勒
ㄖ	半齒音	日	ㄖ熱

右表中聲母『万』是微母的雙聲，這母拼出的字只有『微尾未』等，所以羅馬音將它併入後音（wu(h)），『广』就是［ni］的合音。兀是用韻母ㄥ（後音 êng）的尾音［ng］來注它，究竟羅馬字實已省略［兀］音，例如『俄』字直注以［o(h)］，即國音ㄛ，但俄字的注音是［兀ㄛ］，羅馬音都不作［no(gh)］，所以羅馬字前音中，本没有列［万］［广］［兀］三音，今特準音加注，以湊足聲母的總數。聲母本從首温三十六字母造的：正清音凡八，見母分爲二，影母分爲二，非併入敷，照知並爲一，增三併二，實爲九個聲母；次清音凡十，溪曉各分爲二，穿徹併爲一，增二併一，實爲十一個聲母；正濁音凡十一，全部省却；次濁音凡七，疑母分爲二，娘又併入疑，增併同數，仍爲七個聲母，共計二十七個聲母。内有ㄧㄨㄩ三個，本是介音做聲母用的，純粹的聲母衹有二十四個。

正清次清的四聲純是陰，正濁、次濁的四聲純是陽。正濁陽平屬次清，仄聲屬正清。次清有陽平，却没有陽仄。正清有陽仄，却没有陽平。這所説的入聲是就南方而言，國音衹設五聲，分屬正清、次清、次濁三種之類。正清有平上去入四聲，次清有陰平、陽平、上、去、入五聲，次濁有陽平、上、去、入四聲，正濁既已併入次清陽平，用［.］點字的左下角以表明他，所以國音可省却正濁的聲母。這五聲的規定曾見於《李氏音鑒》，李汝珍是北方人，所以他的上去入没有陽聲。南方人實在有八聲，平去的陰陽最易分辨，入聲的陽聲土語中多能讀出，如『白』『讀』『葉』等字，惟上聲却不易分明。我的意見，上、入的陽聲尚可歸併陰上、陰入，去聲究不能不分陰陽。常用濁聲母符號［、］加在左角上，以表明陽去聲，是否能得北方人的同意，仍待大家研究罷。

按舊字母的增併，古人已有先例，不是國音特創的。就是羅馬音也要照這個例規。查新安三十二字母，就是將舌上四音 併入正齒的，羅馬音却將正齒、舌上仍舊分開。李如真二十二字母，除歸併舌上四音外，並省却正濁十音。方以智二十字母又將非併入夫（同敷音），並省却影母，和聲母中分出介母是一樣的。李汝珍本華嚴字母考訂時音另造松石字母，將見溪疑曉四母分爲箇、驚、空、溪、鷗、烏、紅、翻八母，和國音ㄍㄐㄎㄑㄫㄬㄏㄒ分開合齊撮呼，羅馬字g、gi、k'、chi'、ng、ni、h、his分剛柔二音也是一樣的。合看古音各家字母和松石所分出的八母，可知道二十四個聲母，仍不出古人的範圍了。古語有二聲合爲一字韻的，如何不爲盍，而已爲耳，不可爲叵，者乎爲諸。鄭樵謂慢聲爲二，急聲爲一，慢聲爲者焉，急聲爲旃；慢聲爲者歟，急聲爲諸；慢聲爲之矣，急聲爲只。這又是反切的先聲，也就是拼音的道理。

第二章　韻母、舊韻母及羅馬字後音的比較

第二表　韻母、舊韻母及羅馬字後音的比較表

韻母（十六韻 攝十二）		平水韻目	羅馬字後音	
ㄧ	裓	支紙寘 微尾未 齊薺霽（物質錫緝職陌）	i	衣
ㄨ		魚語禦 虞麌遇 屋沃（物質緝）覺（月藥）	wu(h)	武
ㄩ		魚語禦 虞麌遇 屋沃（物錫質陌藥）	yṳ(h)	魚
ㄦ		支紙寘（日紐附此）	er	兒
ㄜ		（質緝職陌）曷（月）	ê(h)	額
ㄨㄜ		（質職陌曷月）屑	wê(h)	

注音	韻	舊韻		拼法	例字
ㄚ	迦	（曷）合葉		a	阿
ㄧㄚ			佳蟹卦　麻馬禡　黠洽	ya(h)(iah)	牙
ㄨㄚ		（曷月）屑		wa(h)	瓦
ㄛ	歌	歌哿箇　戈果過　覺（藥合）			
ㄧㄛ				yo(h)(ioh)	（約）
ㄨㄛ				wo(h)	臥
ㄩㄛ				yṳo(h)(uoh)	約
ㄝ	結	葉			
ㄧㄝ		（同葉）麻馬禡屑		ye(h), ie(h)	夜
ㄩㄝ		質黠月		yṳe(h), ṳe(h)	月
ㄞ	該	佳蟹卦　灰賄隊　泰		ai	愛
ㄧㄞ				yai	挨
ㄨㄞ				wai	外
ㄟ	傀	支紙寘　微尾未　齊薺霽佳蟹卦灰賄隊（泰隊）		ei	貝
ㄨㄟ				wei	爲

注音	代表字	韻目	拼音	例字
ㄠ	高	蕭篠嘯 肴巧效 豪皓號	ao	傲
ㄧㄠ				
ㄡ	鉤	尤有宥	ou	偶
ㄧㄡ				
ㄢ	干	寒旱翰 刪潸諫 先銑霰 覃感勘 鹽琰豔 咸豏陷	an	安
ㄧㄢ			yen (ien)	言
ㄨㄢ			wan	萬
ㄩㄢ			yuen (uen)	原
ㄣ	根	真軫震 文吻問 元阮願 侵寢沁	en	恩
ㄧㄣ			yin (in)	音
ㄨㄣ			wen	文
ㄩㄣ			yün (ün)	雲
ㄤ	岡	江講絳 陽養漾	ang	昂
ㄧㄤ			yang (iang)	羊
ㄨㄤ			wang	王

ㄥ	庚	庚梗映　青迥徑　蒸拯證	eng	哼
ㄧㄥ			（ing）	迎
ㄨㄥ		東董送　冬宋	wung	翁
ㄩㄥ			yụng（ụng）	用

ㄭ!	ị自音
ㄗ	dz（ị）自 dz子
ㄘ	ts（ị）次
ㄙ	s（ị）事 sz（ị）思
ㄓ	dj（ị）知 dj之
ㄔ	ch（ị）池
ㄕ	sh（ị）世 sh是

羅馬字e（h）與韻母ㄝ相當，ㄜ母也可以用他表示，不過羅馬字未曾分別。今特在［ㄜ］下注eh-，凡補注的字，都畫一增字爲記，凡韻母注了兩次以上的，都加（）號以別他。查『約』字，國音不作［uㄧㄜ］，表中羅馬音作（yoh），聲音不合，所以增yụo（h），方與國音一致。『挨』字的羅馬音爲［yai］，國音爲ㄞ，都不是［ㄧㄞ］音。又［wei］［ui］同時國音的ㄨㄟ，遇前音g k h就下連wei，遇前音d t n l dj dz ch ts sh r等就下連ui。在國音，不論什麼聲母，都是下連ㄨㄟ的。羅馬自音［ị］就是ㄗㄘㄙㄓㄔㄕㄖ等母的尾音。這個聲母本可單獨注音，所以沒有造他收音的韻母，可另制閏音［ㄭ!］表示他。唯『事』字國音作［ㄕ］，羅馬音作［sị］，是照南方的口音，也和國音不合的。

按，韻母都是開口呼，介音都分齊（ㄧ）合（ㄨ）撮（ㄩ）三等呼，和韻母分十二韻攝，每韻分四例是相通的。古人雖没有造韻母，却含在各韻攝裡面，凡各韻影母的字，就是韻母或介音韻母的合音。［ㄚ］屬迦攝影母的『啊』，（曾讀）ㄛ屬歌攝影母的『阿』，ㄜㄧㄨㄩ屬裓攝影母的『厄、衣、烏、於』，惟［ㄦ］屬裓攝日母的『而』，［ㄝ］屬結攝影母的［o］（無字），ㄞ屬該攝影母的『哀』，［ㄟ］屬傀攝影母的［o］（無字），ㄠ屬高攝影母的『懊』，ㄡ屬鉤攝影母的『謳』，ㄢ屬干攝影母的『安』，ㄣ屬根攝影母的『恩』，ㄤ屬岡攝影母的『盎』，ㄥ屬庚攝影母的『甖』（甖的注音ㄧㄥ不如改屬蒸韻影母鞥）。其餘介母拼合一音，都屬各韻的影母，可以類推求哩。

細玩上二表，可見羅馬音是按照舊字母和『韻目』而造的，注音字母又是參照羅馬音和舊音韻而造的。學過舊音韻或羅馬音的，可由此明白國音，學了國音的，也可由此研究舊音韻及羅馬音，這就是我作這篇文字的本意。

第二篇　發音學補義（節録）

國語發音的原理，在北京國語講習所的講義説得很詳（《國語發音學講義》已由江西小學教育研究會印行，研究國音的，可先看講義，再看這個補義），還有什麽遺義待我來補充呢？不過他所説的是根據世界發音學兼合生理學的，我所補説的，是就舊音韻，參合新發音學，並用物理學證明生理的作用。對於《國語發音學講義》有互相發明的，有解晰疑義的，有參加意見的，都與發音原理没有違背的，今述世界發音學的大概如下……

第三章　聲母的發音

第一節　阻音的位置（略）

第二節　阻音的位置及種類（略）

第三節　聲帶的境地（略）

第四節　清濁

清濁的解説，中外不可強同。外國所謂『清音』，就是聲帶顫動幅較小時，發聲稍弱而清的送氣音。中國所謂『清音』，就是聲帶顫動數多時，發聲高而亮的陰四聲，好像音階的音高；所謂『濁音』就是聲帶顫動數少時，發聲低而濁的陽四聲，好像音節的低音。所以送氣聲母——外人稱爲清音的，本是次清音，留氣音——外人稱爲濁音的，實包括正清、次濁二音。至『正』『次』的區別，專以平聲爲主，單有陰平的字，叫作正清，單有陽平的字，叫作正濁（今分配正清、次清之内，故從省），兼有陰平、陽平的字叫作次清，陽平多陰平極少的字（舊本作有陽平無陰平）叫作次濁。查《李氏音鑑》於明母『捫、顢、摸、媽』四字作爲陰平。又王樸《國音檢字》照現在北方人的聲音，更於『疑、泥、娘、明、微、來、日』七母中，分出一百二十八個陰平音。足見在北方，所謂陰陽平，也隨時改變，没有什麽標準的，但是方毅、馬瀛同編的《國音學生字彙》，又依照教育部讀書統一會所編《國音字典》，將次濁諸母的字，都定作陽平，方與舊説没有抵牾哩。

第四章　韻母的發音（節録）

第一節　單純韻母（略）

第二節　雙韻母（略）

第三節　鼻韻母（節録）

增補韻母三角圖

舌　後　央　前　脣　口
上升　ㄠ　ㄨ　ㄧㄟ　ㄞ　平　合
ㄡ　ㄩ　圓
半升　ㄛ　ㄝ　平圓　半合
半降ㄥ　ㄜ　ə　ㄣ　半圓　半開
ㄫ　ㄋ
下降ㄤ　ㄚ　ㄞ　ㄢ　不圓　開
口鼻　短音　（純鼻）

第四節　四聲

四聲的别起自齊梁。古人没有急聲，衹有緩讀、急讀，如像外國文的長音、短音。緩呼而連續的音就是長音，急呼而不連續的聲就是短音。延長而平的音是平聲，次長而稍强的音是去聲，較短而高强的音是上聲，短促而更强的音是入聲。

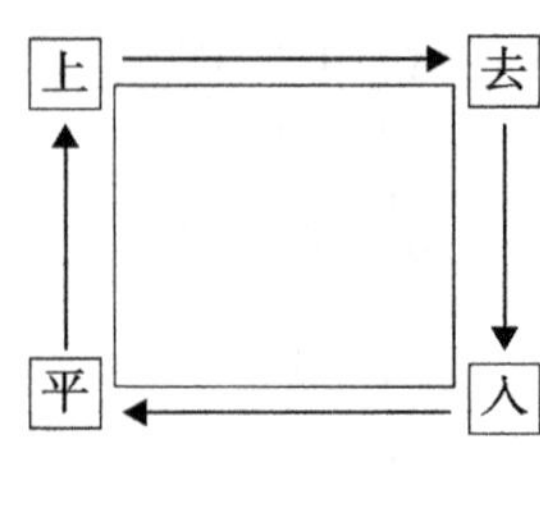

甲：四聲正方圖

陰	平	1分	分
	去	3/4	糞
	上	1/2	粉
	入	1/4	弗
陽	平	1分	汾
	去	3/4	坋
	上	1/2	憤
	入	1/4	佛

乙：四聲長短圖

甲圖表示四聲聲浪的方向。初發爲平聲，假定自右而左，得舒緩的來，有平坦安穩的狀；升上爲上聲，自上而下，用力強厲，有高舉猛進的勢；過去爲去聲，自左而右，去得分明，有飄然遠逝的情；四聲盡爲入聲，自上而下，略短聲促，有下急收的意。

乙圖表示四聲的長短陰陽，假定平聲爲單位1，去聲稍短，爲3/4，上聲更短爲1/2，入聲極短爲3/4。線以屈折表明顫動幅數的多少，陰四聲的顫動多，聲清而較高；陽四聲的顫動少，聲濁而稍低。線條的粗細，表明顫動幅的廣狹。自平而去而上入，顫幅漸廣，發聲漸強，自入而上而去平，顫幅漸狹，發音漸弱。《元和韻譜》云：『平聲哀而安，上聲厲而舉，去聲清而遠，入聲直而促。』又《康熙字典》『分四聲法』云：『平聲平道莫低昂，上聲高呼猛烈強，去聲分明哀遠道，入聲短促急收藏。』細玩兩訣中的『哀』『安』『清』『遠』『平道』『遠道』等字，可見上入是短音。凡屬正清的陰平字和陰去字，次濁的陽平字和陽去字，又屬次清的陰上字和陰入字，正濁的陽上字和陽入字，全的都全，缺德都缺。可見平去是一類，上入又是一類。又證以方音，撫州人讀『分』字，如我讀『坋』字；讀『糞』字，又如我讀『分』字。南昌人讀『汾、糞』二字差不多……又『粉、憤』二字南昌人通讀陽上，我又通讀陰上；『富貴』本是陰去，南昌人有讀陽去的；『露』本同『路』，人（我）讀『露』爲陰去，『路』爲陽去。入聲的『白、月、葉』等，在語言中讀陽入，在文字中又讀陰入。惟平聲的陰陽，不論文字、語言，也不論南人、北人，都能分辨清濁的。所以國音只分了陰平、陽平，上、去、入的陰陽就不加區別了。《李氏音鑑》說：『陽平高而揚，陰平低而悠長。』高揚猶言強大，低猶言弱小，悠揚猶言長遠——是說陽平強大而聲長，陰平弱小而聲遠的意思。今增訂國音五聲歌訣如下：

初發平聲氣勢長，陰平清銳莫低昂。
陽平平道舒而暢，上聲高呼猛烈強。
去聲分明哀遠道，入聲短促急收藏。

第五章　讀音（略）

第三篇　拼音群説（略）

第六章　注音拼法（略）

第一節　一母拼音（略）

第二節　二母拼音（略）

第三節　三母拼音（略）

第七章　國音拼字表（略）

第八章　字音全缺的關係（略）

第一節　舌的位置和升降（略）

第二節　唇的形狀和開合（略）

第三節　雙韻母的變换齊合（略）

第四節　鼻韻母的四等呼（略）

第九章　國音和反切的異同（略）

第一節　國音反切對照表（略）

第二節　反切各韻的分配（略）

第四篇　改正土音法（節録）

閩百詩云：『百里不同音，千里不同韻。』陳氏季立云：『一郡之內，聲音不同，係乎地者也。百年之中，語有逆轉，係乎時者也。』我國開發最古，山水阻隔，加以數千年的沿革，所以各處的土音，異常複雜。省和省大異，縣和縣相殊。即同縣的各鄉，相距不過數十里，也有各别的土音。現在想將各地的土音統一起來，不得不定國音爲標準。這個國音是否可作標準音，暫且不講，就是將那複雜的土音改作這個國音，也不是易事了。

我所遊歷的地方不遠，所知道的方音也不多，却要作這篇改正土音的文字，豈不空談無補？還要引起大家的疑惑嗎？但我所改的土音，是改正我個人的土音和我知道的方音，不是改正各省、各縣、各鄉複雜的土音。如果我國四萬萬人，都用我的法子，各自改正他們的土音，那麼各地的方音，不難慢慢統一起來，盡變成國音了。

我的改正法，不是逐字逐句，要檢查字典方才讀音。如果這樣，簡直要從新學過發音，二次學過説話，就算不得什麼好法子。我是考察土音（我所知的）和官音的差别，今音和古音的變遷，才知道土音和國音中間的異點，是有一定的條理，可以觸類引申，舉一例百的，並不是兩不相涉，茫無頭緒，好像中外字音的不相入哩。我用注音字母做媒介，尋找他們相差的條理，所以有改正土音爲國音的方法。

第十章　閏音

我們要將土音改爲國音，必定籍『注音字母』做媒介，注音字母是表示國音的，至於表明各地土音，尚不足用。又要從注音字母添制閏音——閏音做土音和國音的媒介，這是我改正土音的第一步。

一　雙韻母和鼻韻母閏音（聲母不須另造閏音）

因爲ㄛ可通ㄚ，ㄝ近似ㄜ，故將諸母的發音ㄚ換ㄛ，ㄜ換ㄝ。各收聲於ㄧㄨ及ㄋㄤㄇ的本音，增造雙韻母的閏音四，鼻韻母的閏音八，共計十二音。（按：今將各閏音用國際音標進行了轉寫，下文各注音均進行轉寫）

雙韻母的閏音

ㄞ! ＝ㄛ＋ㄧ（oi）　　ㄠ!＝ㄛ＋ㄨ（ou）

ㄡ! ＝ㄝ＋ㄨ（ɛu）　　ㄟ!＝ㄝ＋ㄧ（ɛi）

鼻音韻母的閏音

ㄣ! ＝ㄝ＋ㄋ的本音（ɛn）　　ㄢ!＝ㄛ＋ㄋ的本音（on）

ㄥ! ＝ㄝ＋兀的本音（ɛŋ）　　ㄤ!＝ㄛ＋兀的本音（oŋ）

ㄤ＝ㄚ＋ㄇ的本音（am）　　ㄤ!＝ㄛ＋ㄇ的本音（om）

ㄙ! ＝ㄝ＋ㄇ的本音（ɛm）　　ㄙ＝ㄜ＋ㄇ的本音（em）

一專用於入聲的閏音

ㄚ! ＝ㄚ＋ㄉ的本音（ㄢ的入聲，at）

!ㄚ ＝ㄚ＋ㄅ的本音（ㄤ的入聲，ap）

ㄝ! ＝ㄝ＋ㄉ的本音，（ㄣ的入聲，ɛt）（按：當爲『ㄣ!的入聲』）

ㄝ! ＝ㄝ（原誤爲ㄚ）＋ㄅ的本音，（ㄥ的入聲，εp）（按：當爲「ㄥ!的入聲」）

ㄛ! ＝ㄛ＋ㄉ的本音，（ㄢ!的入聲，ot）

!ㄛ ＝ㄛ＋ㄅ的本音，（ㄤ!的入聲，op）

ㄜ! ＝ㄜ＋ㄉ的本音，（ㄣ!的入聲，et）（按：當爲「ㄣ的入聲」）

!ㄜ ＝ㄜ＋ㄅ的本音，（ㄥ!的入聲，ep）（按：當爲「ㄥ的入聲」）

ㄧ! ＝ㄧ＋ㄉ的本音，（ㄧㄣ的入聲，it）

!ㄧ ＝ㄧ＋ㄅ的本音，（ㄧㄥ的入聲，ip）

ㄨ! ＝ㄨ＋ㄉ的本音，（ㄨㄣ的入聲，ut）

!ㄨ ＝ㄨ＋ㄅ的本音，（ㄨㄥ的入聲，up）

ㄩ! ＝ㄩ＋ㄉ的本音，（ㄩㄣ的入聲，yt）

!ㄩ ＝ㄩ＋ㄅ的本音，（ㄩㄥ的入聲，yp）

乙! ＝乙!＋ㄉ的本音（ït）

!乙 ＝!乙＋ㄅ的本音（ïp）

右所造的十六個閏音，是將各單純韻母下連ㄉ或ㄅ的本音，其收音於ㄉ的閏音，發音於ㄚ、ㄛ、ㄜ、ㄧ、ㄨ、ㄩ、乙!的入聲，急將舌抵上牙床，却不能讀出ㄉ的尾音，如英文 ad、ed、id，都不要讀出 d 音。其收音於ㄅ的閏音，發聲仝上，急將雙唇緊閉，舌尖抵唇齒間，却不能讀出ㄅ的尾音，如英文 am、em、om、im，都不要讀出 b 音。今將單複各韻母及各閏音列表於下：

音發╲音收	ㄚ a	ㄛ o	ㄜ e	ㄝ ɛ	一 i	ㄨ u	ㄩ y	乙! ï
（一）i	ㄞ ai	ㄞ! oi	ㄟ ei	ㄟ! ɛi				
（ㄨ）u	ㄠ au	ㄠ! ou	ㄡ eu	ㄡ! ɛu				
（ㄋ）n	ㄢ an	ㄢ! on	ㄣ en	ㄣ! ɛn				
（ㄫ）ŋ	ㄤ aŋ	ㄤ! oŋ	ㄥ eŋ	ㄥ! ɛŋ				
（ㄇ）m	尢 am	尢! om	ㄙ em	ㄙ! ɛm				
（ㄉ）t	ㄚ! at	ㄛ! ot	ㄜ! et	（ㄝ!）ɛt	ㄧ! it	ㄨ! ut	ㄩ! yt	乙! ït
（ㄅ）p	!ㄚ ap	!ㄛ op	!ㄜ ep	（!ㄝ）ɛp	!ㄧ ip	!ㄨ up	!ㄩ yp	!乙 ïp

上表所列的聲母和不常用的閏音都加（!）號爲記，共計韻母十五，閏音二十九，大都是土語所有的音。是表仿照乘法表式樣，分ㄚ、ㄛ、ㄜ、ㄝ、ㄧ、ㄨ、ㄩ、乙!八直行，ㄧ、ㄨ、ㄋ、ㄫ、ㄇ、ㄉ、ㄅ七橫行，每行每列橫直相遇的字，就是兩母的合成音。如ㄚ行和（ㄧ）相遇在ㄞ，ㄞ就是ㄚ和ㄧ的合音。餘類推。又ㄧ、ㄨ、ㄩ、和ㄋ、ㄫ、ㄇ的合音，就是ㄧㄣ、ㄧㄥ、ㄧㄙ，ㄨㄣ、ㄨㄥ、ㄨㄙ，ㄩㄣ、ㄨㄥ、ㄨㄙ，故不另制閏音。

第十一章　國音和土音的差異

每漢字下，右列國音，左列土音（按：今改爲字右下列國音，左下列土音，下文同）彼此對照，漸漸改從國音，不難旁通遞演，推想而知哩。我是南方人，就中南方音多，江西方音最多，北音也采了一些，總共設了五例：（甲）因聲母而變的，（乙）因韻母而變的，（丙）因聲母、韻母同變的，（丁）因平仄而變的，（戊）北音入聲的變例。即知國音和土音的變通的通例，更考校他們的差異，那没有不能改正的土音了。

第一節　聲母的變動（計十六例）

（按：原文作『甲：聲母的變動』，下文類此）

（1）開、齊變合口的

戈 ㄍㄜ（國）ㄍㄨㄜ（土）　課 ㄎㄜ ㄎㄨㄜ（舊音韻本作合口）

我 ㄫㄜ ㄨㄜ（北音合口，省却帶鼻音的聲母）

鴉 ㄧㄚ ㄨㄚ

（2）合口變開口的

郭 ㄍㄨㄜ ㄍㄜ˙　擴 ㄎㄨㄜ ㄎㄜ˙　多 ㄉㄨㄛ ㄉㄜ　拖 ㄊㄨㄜ ㄊㄜ

挼 ㄋㄨㄜ ㄋㄜ　作 ㄗㄨㄜ ㄗㄜ˙　蹉 ㄘㄨㄜ ㄘㄜ　娑 ㄙㄨㄜ ㄙㄜ

鑠 ㄕㄨㄜ ㄕㄜ˙　羅 ㄌㄨㄜ ㄌㄜ

腿 ㄊㄨㄟ ㄊㄟ　催 ㄘㄨㄟ ㄘㄟ　雷 ㄌㄨㄟ ㄌㄟ

敦 ㄉㄨㄣ ㄉㄣ　屯 ㄊㄨㄣ ㄊㄣ　嫩 ㄋㄨㄣ ㄋㄣ　尊 ㄗㄨㄣ ㄗㄣ
村 ㄘㄨㄣ ㄘㄣ　孫 ㄙㄨㄣ ㄙㄣ

（3）齊（撮）齒變開口的

加 ㄐㄧㄚ ㄍㄚ　卡 ㄑㄧㄚ ㄎㄚ　下 ㄒㄧㄚ ㄏㄚ
交 ㄐㄧㄠ ㄍㄠ　敲 ㄑㄧㄠ ㄎㄠ　校 ㄒㄧㄠ ㄏㄠ
姦 ㄐㄧㄢ ㄍㄢ　閒 ㄒㄧㄢ ㄏㄢ
覺 ㄐㄧㄛ ㄐㄩㄛ ㄍㄛ　確 ㄑㄧㄛ ㄑㄩㄛ ㄎㄛ　學 ㄒㄧㄛ ㄒㄩㄛ ㄏㄛ
嶽 ㄧㄛ ㄩㄛ ㄫㄛ

（4）開口變齊齒的例

奔 ㄅㄣ ㄅㄧㄣ　盆 ㄆㄣ ㄆㄧㄣ　門 ㄇㄣ ㄇㄧㄣ

（5）合口變齊撮例

盧 ㄌㄨ ㄌㄧ
倫 ㄌㄨㄣ ㄌㄧㄣ
弓 ㄍㄨㄥ ㄐㄩㄥ　恐 ㄎㄨㄥ ㄑㄩㄥ　宿 ㄙㄨ ㄙㄧㄨ
蹤 ㄗㄨㄥ ㄗㄩㄥ　從 ㄘㄨㄥ ㄘㄩㄥ　嵩 ㄙㄨㄥ ㄙㄩㄥ
龍 ㄌㄨㄥ ㄌㄩㄥ　濃 ㄋㄨㄥ ㄩㄥ
準 ㄓㄨㄣ ㄐㄩㄣ　惷 ㄔㄨㄣ ㄑㄩㄣ　順 ㄕㄨㄣ ㄒㄩㄣ

（6）撮口變齊齒的例

嚼 ㄗㄩㄛ ㄗㄧㄛ.　約 ㄩㄛ ㄧㄛ.　略 ㄌㄩㄛ ㄌㄧㄛ.
閭 ㄌㄩ ㄌㄧ　逡 ㄗㄩㄣ ㄗㄧㄣ　皴 ㄘㄩㄣ ㄘㄧㄣ

荀ㄙㄩㄣ ㄙㄧㄣ	氳ㄩㄣ ㄧㄣ	薰ㄒㄩㄣ ㄒㄧㄣ
雨ㄩ ㄧ		

（7）次清兩母互換

軻ㄎㄜ ㄏㄜ	克ㄎㄜ ㄏㄜ	揩ㄎㄞ ㄏㄞ
稿ㄎㄠ ㄏㄠ（修水土音）	欺ㄑㄧ ㄒㄧ	戲ㄒㄧ ㄑㄧ
卿ㄑㄧㄥ（原作ㄑㄧㄣ）ㄒㄧㄣ	群ㄑㄩㄣ ㄒㄩㄣ	詞ㄘ ㄙ
齊ㄘㄧ ㄙㄧ	鵲ㄘㄧㄛ ㄙㄧㄛ	窮ㄑㄩㄥ ㄒㄩㄥ
斜ㄙㄧㄚ ㄘㄧㄚ	晨ㄔㄣ ㄙㄣ	醇ㄔㄨㄣ ㄙㄩㄣ
苛ㄏㄛ ㄍㄛ（按：土音當爲ㄎㄛ）	炭ㄊㄢ ㄏㄢ	

（8）喉音變唇音例

胡ㄏㄨ ㄈㄨ	甫ㄈㄨ ㄆㄨ	吾ㄨ ㄇㄨ
花ㄏㄨㄚ ㄈㄚ	和ㄏㄨㄛ ㄈㄛ	懷ㄏㄨㄞ ㄈㄞ
昏ㄏㄨㄣ ㄈㄣ	洪ㄏㄨㄥ ㄈㄥ	噴ㄆㄣ ㄈㄣ

（9）淺喉牙音變深喉的例

禾ㄏㄨㄛ ㄨㄛ	還ㄏㄨㄢ ㄨㄢ	壞ㄏㄨㄞ ㄨㄞ
會ㄏㄨㄟ ㄨㄟ	鍋ㄍㄨㄛ ㄨㄛ	熊ㄒㄩㄥ ㄩㄥ
籲ㄒㄧㄩ ㄩ	畫ㄏㄨㄚ ㄨㄚ	

（10）ㄋ混作ㄌ例

奴ㄋㄨ ㄌㄨ	泥ㄋㄧ ㄌㄧ	拏ㄋㄚ ㄌㄚ
那ㄋㄛ ㄌㄛ	乃ㄋㄞ ㄌㄞ	鬧ㄋㄠ ㄌㄠ

難 ㄋㄢ ㄌㄢ　　挼 ㄋㄨㄛ ㄌㄛ　　餒 ㄋㄨㄟ ㄌㄟ

嫩 ㄋㄨㄣ ㄌㄨㄣ　　濃 ㄋㄨㄥ ㄌㄨㄥ

（11）ㄖ混作ㄧㄦ的例

日 ㄖ ㄧ　　人 ㄖㄣ ㄧㄣ　　如 ㄖㄨ ㄦ

（12）鼻音變喉音例

倪 ㄬㄧ ㄧ　　虐 ㄬㄧㄛ ㄧㄛ.　　女 ㄬㄩ ㄩ

濃 ㄋㄨㄥ ㄩㄥ

（13）喉音變鼻音

鴉 ㄧㄚ ㄫㄚ　　瓦 ㄨㄚ ㄫㄚ　　厓 ㄧㄞ ㄫㄞ

唉 ㄞ ㄫㄞ　　外 ㄨㄞ ㄫㄞ　　五 ㄨ ㄫ的本音

你 ㄬㄧ ㄋ的本音　　臥 ㄨㄛ ㄫㄛ　　惡 ㄛ ㄫㄛ

咬 ㄧㄠ ㄫㄠ　　顏 ㄧㄢ ㄫㄢ

（14）南音舌葉變齒頭或舌頭、舌前的例

蜘 ㄓ ㄗ，ㄉ乙!，ㄐㄧ　　癡 ㄔ ㄘ，ㄊ乙!，ㄑㄧ　　遮 ㄓㄚ ㄗㄚ，ㄉㄚ

茶 ㄔㄚ ㄘㄚ　　這 ㄓㄝ ㄗㄝ，ㄉㄝ，ㄐㄧㄝ　　扯 ㄔㄝ ㄘㄝ，ㄊㄝ

齋 ㄓㄞ ㄗㄞ　　釵 ㄔㄞ ㄘㄞ　　罩 ㄓㄠ ㄗㄠ

炒 ㄔㄠ ㄘㄠ　　肘 ㄓㄡ ㄗㄡ，ㄉㄡ，ㄐㄧㄨ　　醜 ㄔㄡ ㄘㄡ，ㄊㄡ，ㄘㄧㄨ（按：當爲ㄑㄧㄨ）

盞 ㄓㄢ ㄗㄢ　　剗 ㄔㄢ ㄘㄢ　　真 ㄓㄣ ㄗㄣ，ㄉㄣ

陳 ㄔㄣ ㄘㄣ，ㄊㄣ　　朱 ㄓㄨ ㄗㄨ，ㄉㄨ　　觸 ㄔㄨ ㄘㄨ.，ㄊㄨ.

撾 ㄓㄨㄚ ㄗㄨㄚ　　酌 ㄓㄨㄛ ㄗㄨㄛ.ㄉㄛ.　　綽 ㄔㄨㄛ ㄘㄨㄛ.ㄊㄨㄛ.

中ㄓㄨㄥ ㄗㄨㄥ，ㄉㄨㄥ，ㄐㄩㄥ	充ㄔㄨㄥ ㄘㄨㄥ，ㄊㄨㄥ，ㄑㄩㄥ	祝ㄓㄨ ㄗㄨ.
準ㄓㄨㄣ ㄐㄩㄣ	惷ㄔㄨㄣ ㄑㄩㄣ	順ㄕㄨㄣ ㄒㄩㄣ 兼第五例
詩ㄕ ㄙ，ㄒㄧ	沙ㄕㄚ ㄙㄚ	篩ㄕㄞ ㄙㄞ
哨ㄕㄠ ㄙㄠ	受ㄕㄡ ㄙㄡ	删ㄕㄢ ㄙㄢ
神ㄕㄣ ㄙㄣ	書ㄕㄨ ㄙㄨ，ㄒㄩ	要ㄕㄨㄚ ㄙㄨㄚ
鑠ㄕㄨㄛ ㄙㄨㄛ.	縮ㄕㄨ ㄙㄧㄨ.	鍾ㄓㄨㄥ ㄐㄩㄥ，ㄉㄨㄥ
衝ㄔㄨㄥ ㄘㄩㄥ，ㄊㄨㄥ	人ㄖㄣ ㄌㄣ	蘂ㄖㄨㄟ ㄌㄟ
閏ㄖㄨㄣ ㄌㄣ	若ㄖㄨㄛ ㄌㄧㄛ.	戎ㄖㄨㄥ ㄌㄨㄥ
柔ㄖㄡ ㄌㄧㄨ		

（15）北音齒頭變舌前例

齎ㄗㄧ ㄐㄧ	妻ㄘㄧ ㄑㄧ	西ㄙㄧ ㄒㄧ
爵ㄗㄧㄛ ㄐㄧㄛ	鵲ㄘㄧㄛ ㄑㄧㄛ	削ㄙㄧㄛ ㄒㄧㄛ
節ㄗㄧㄝ ㄐㄧㄝ	切ㄘㄧㄝ ㄑㄧㄝ	些ㄙㄧㄝ ㄒㄧㄝ
蕉ㄗㄧㄠ ㄐㄧㄠ	鍬ㄘㄧㄠ ㄑㄧㄠ	蕭ㄙㄧㄠ ㄒㄧㄠ
啾ㄗㄧㄡ ㄐㄧㄡ	秋ㄘㄧㄡ ㄑㄧㄡ	修ㄙㄧㄡ ㄒㄧㄡ
煎ㄗㄧㄢ ㄐㄧㄢ	千ㄘㄧㄢ ㄑㄧㄢ	先ㄙㄧㄢ ㄒㄧㄢ
津ㄗㄧㄣ ㄐㄧㄣ	親ㄘㄧㄣ ㄑㄧㄣ	心ㄙㄧㄣ ㄒㄧㄣ
將ㄗㄧㄤ ㄐㄧㄤ	鏘ㄘㄧㄤ ㄑㄧㄤ	襄ㄙㄧㄤ ㄒㄧㄤ
精ㄗㄧㄥ ㄐㄧㄥ	清ㄘㄧㄥ ㄑㄧㄥ	星ㄙㄧㄥ ㄒㄧㄥ
斜ㄙㄧㄚ ㄒㄧㄚ（北方有數郡如此）		

（16）正濁上去入變次清陽聲例

技ㄐㄧ ㄑㄧ，ㄒㄧ　地ㄉㄧ ㄊㄧ　被ㄅㄧ ㄆㄧ

癠ㄗㄧ ㄘㄧ　自ㄗ ㄘ　杜ㄉㄨ ㄊㄨ

部ㄅㄨ ㄆㄨ　祚ㄗㄨ ㄘㄨ　巨ㄗㄩ ㄑㄩ

大ㄉㄚ ㄊㄚ（按：原誤爲ㄅㄚ ㄆㄚ）　藉ㄗㄧㄝ ㄘㄧㄝ　墮ㄉㄨㄛ ㄊㄨㄛ

泊ㄅㄛ ㄆㄛ　坐ㄗㄨㄛ ㄘㄨㄛ　懼ㄐㄩㄛ ㄑㄩㄛ

敗ㄅㄞ ㄆㄞ　隊ㄉㄨㄟ ㄊㄨㄟ　罪ㄗㄨㄟ ㄘㄨㄟ

匱ㄍㄨㄟ ㄎㄨㄟ　但ㄉㄢ ㄊㄢ　位ㄅㄣ ㄆㄣ

辦ㄅㄢ ㄆㄢ　盡ㄗㄧㄣ ㄘㄧㄣ　近ㄐㄧㄣ ㄑㄧㄣ，ㄒㄧㄣ

盾ㄉㄨㄣ ㄊㄨㄣ　坌ㄅㄣ ㄆㄣ（按：原誤爲ㄥ）　僔ㄗㄨㄣ ㄘㄨㄣ

窘ㄐㄩㄣ ㄑㄩㄣ，ㄒㄩㄣ　⿸疒雋ㄗㄩㄣ ㄘㄩㄣ　動ㄉㄨㄥ ㄊㄨㄥ

仲ㄓㄨㄥ ㄘㄨㄥ，ㄊㄨㄥ　共ㄍㄨㄥ ㄎㄨㄥ，ㄑㄨㄥ，ㄒㄩㄥ　衆ㄗㄨㄥ ㄘㄨㄥ

獨ㄉㄨ ㄊㄨ˙　族ㄗㄨ ㄘㄨ˙　逐ㄓㄨ ㄘㄨ˙，ㄊㄨ˙

治ㄓ ㄔ，ㄊ乙　乍ㄓㄚ ㄘㄚ˙　墜ㄓㄨㄟ ㄘㄨㄟ，ㄊㄨㄟ

紂ㄓㄡ ㄘㄡ，ㄊㄡ　棧ㄓㄢ ㄘㄢ　陣ㄓㄣ ㄘㄣ，ㄊㄣ

細玩上所舉的例，可知國音和土音所以變動的，是因發音部位相近時，易致混淆，更由混淆漸漸生起變動來。（1）例（2）例是因爲［ㄛ］［ㄣ］發音，口唇在開合之間而相混的。（3）例是因舌前音與舌後音相鄰的。（4）（5）兩例，因舉舌抵上牙床時，易帶起舌前上聲。（6）例因齊撮同是舌前發音。（7）例因次清兩母同是送氣音。（8）例因介音［ㄨ］和輕唇音同是合口，而ㄏㄈ同是送氣的。（9）（12）（13）等例，因淺喉、深喉和帶鼻腔後部都相近的。（10）例因［ㄢ］

［ㄌ］同是舉舌抵上牙床的。（11）例因［ㄖ］［ㄦ］同是硬齶前阻，而［ㄧ］母也是舌前接近硬齶的。（14）（15）兩例，因舌頭、齒頭音和舌葉相近，而舌葉又和舌前相鄰。（16）例因正濁平聲屬次清陽平，而正濁仄聲也混作次清陽聲。

第二節　韻母的變動（計十六例）

（1）『ㄧ』的變動

吉 ㄐㄧ ㄐㄧ!	七 ㄘㄧ ㄘㄧ!	密 ㄇㄧ ㄇㄧ!
細 ㄙㄧ ㄙㄟ!（變ㄟ!）	砌 ㄘㄧ ㄘㄟ!（變ㄟ!）	急 ㄐㄧ ㄐㄧ!
緝 ㄘㄧ ㄘㄧ!	習 ㄙㄧ ㄙㄧ!	揖 ㄧ ㄧ!
翕 ㄒㄧ ㄒㄧ!	粒 ㄌㄧ ㄌㄧ!	的 ㄉㄧ ㄉㄧ!
剔 ㄊㄧ ㄊㄧ!，ㄊㄧㄚ·	壁 ㄅㄧ ㄅㄧ!，ㄅㄧㄚ·	劈 ㄆㄧ ㄆㄧ!，ㄆㄧㄚ·
脊 ㄗㄧ ㄗㄧ!，ㄗㄧㄚ·	錫 ㄙㄧ ㄙㄧ!，ㄙㄧㄚ·	櫟 ㄌㄧ ㄌㄧ!，ㄌㄧㄚ·
易 ㄧ ㄧ!，ㄧㄚ·	盻 ㄒㄧ ㄒㄧ!	鯽 ㄗㄧ ㄗㄝ!（變ㄝ!）

（2）『ㄨ』的變動

骨 ㄍㄨ ㄍㄨ!	窟 ㄎㄨ ㄎㄨ!	柮 ㄉㄨ ㄉㄨ!
突 ㄊㄨ ㄊㄨ!	不 ㄅㄨ ㄅㄨ!，ㄅㄧ!	卒 ㄗㄨ ㄗㄨ!
猝 ㄘㄨ ㄘㄨ!	窣 ㄙㄨ ㄙㄨ!	佛 ㄈㄨ ㄈㄨ!
物 ㄨ ㄨ!	足 ㄗㄨ ㄗㄧㄨ·	促 ㄘㄨ ㄘㄧㄨ·
六 ㄌㄨ ㄌㄧㄨ·		

（變ㄨ!，ㄧ!或ㄧㄨ·）

浮 ㄈㄨ ㄈㄡ!

（3）『ㄩ』的變動

橘ㄐㄩ ㄐㄩ!　屈ㄑㄩ ㄑㄩ!　鬱ㄩ ㄩ!　（變ㄩ!）

恤ㄙㄩ ㄙㄧ!　律ㄌㄩ ㄌㄧ!　（變ㄧ!）

菊ㄐㄩ ㄐㄧㄨ.　麴ㄑㄩ ㄑㄧㄨ.　續ㄙㄩ ㄙㄧㄨ.
玉ㄩ ㄧㄨ.，ㄦ.　（變ㄧㄨ.或ㄦ.）

雨ㄩ ㄦ，ㄨㄧ　雨ㄩ ㄧ，ㄨㄧ　舉ㄐㄩ ㄍㄨㄧ
墟ㄑㄩ ㄒㄩ，ㄈㄨㄧ　閭ㄌㄩ ㄌㄧ　疽ㄗㄩ ㄗㄧ
趨ㄘㄩ ㄘㄧ　須ㄙㄩ ㄙㄧ　（變ㄧ或ㄨㄧ）

（4）ㄜ!的變動

子ㄗ ㄗㄟ!　炙ㄓ ㄗㄜ!，ㄐㄧ!，ㄉㄚ.　赤ㄔ ㄘㄜ!，ㄑㄧ!，ㄊㄚ.
石ㄕ ㄙㄜ!，ㄒㄧ!，ㄙㄚ.　汁ㄓ ㄗ!ㄜ，ㄉ!ㄜ　十ㄕ ㄙ!ㄜ
（變ㄜ!、ㄟ!、!ㄜ）（變ㄜ!、!ㄜ、ㄧ!，並見聲韻同變例）

（5）ㄚ的變動

妲ㄉㄚ ㄉㄚ!　靼ㄊㄚ ㄊㄚ!　八ㄅㄚ ㄅㄚ!
汃ㄆㄚ ㄆㄚ!　髮ㄈㄚ ㄈㄚ!　帀ㄗㄚ ㄗㄚ!
擦ㄘㄚ ㄘㄚ!　辣ㄌㄚ ㄌㄚ!　空ㄨㄚ ㄨㄚ!

刮 ㄍㄨㄚ ㄍㄨㄚ!　　　　（變ㄚ!）

答 ㄉㄚ ㄉㄚ!，ㄉㄛ!　　塔 ㄊㄚ ㄊㄚ!　　哈 ㄏㄚ ㄏㄚ!

法 ㄈㄚ ㄈㄚ!　　靸 ㄙㄚ ㄙㄚ!　　臘 ㄌㄚ ㄌㄚ!　　（變ㄚ!，ㄛ，ㄛ!）

⿰衤立 ㄌㄧㄚ ㄌㄧㄚ!　　他 ㄊㄚ ㄊㄛ

（6）ㄝ的變動

爺 ㄧㄝ ㄧㄚ　　茄 ㄑㄧㄝ ㄑㄧㄚ，ㄑㄧㄛ　　瘸 ㄑㄩㄝ ㄑㄩㄛ

莫 ㄇㄚ ㄇㄛ　　爹 ㄉㄧㄝ ㄉㄧㄚ　　⿰月⿱罒里 ㄏㄧㄝ ㄏㄧㄚ　　（變ㄚ或ㄛ）

姐 ㄗㄧㄝ ㄗㄧㄚ　　且 ㄘㄧㄝ ㄘㄧㄚ　　邪 ㄙㄧㄝ ㄙㄧㄚ

跕 ㄉㄧㄝ ㄉㄧㄚ

謁 ㄧㄝ ㄧㄝ!　　歇 ㄒㄧㄝ ㄒㄧㄝ!　　結 ㄐㄧㄝ ㄐㄧㄝ!　　（變ㄝ!或ㄚ!）

絜 ㄑㄧㄝ ㄧㄝ!　　跌 ㄉㄧㄝ ㄉㄧㄝ!，ㄉㄧㄚ!　　鐵 ㄊㄧㄝ ㄊㄧㄝ!

撆 ㄆㄧㄝ ㄆㄧㄝ!　　滅 ㄇㄧㄝ ㄇㄧㄝ!　　節 ㄗㄧㄝ ㄗㄧㄝ!

切 ㄘㄧㄝ ㄘㄧㄝ!　　屑 ㄙㄧㄝ ㄙㄧㄝ!　　列 ㄌㄧㄝ ㄌㄧㄝ!

越 ㄩㄝ ㄩㄛ!　　血 ㄒㄩㄝ ㄒㄩㄛ!　　厥 ㄐㄩㄝ ㄐㄩㄛ!　　（變ㄛ!）

葉 ㄧㄝ ㄧㄝ!　　協 ㄒㄧㄝ ㄒㄧㄝ!，ㄒㄧㄚ!，ㄏㄚ!　　貼 ㄊㄧㄝ ㄊㄧㄝ!

接ㄗ一ㄝ ㄗ一ㄝ!　妾ㄘ一ㄝ ㄊ一ㄝ!　獵ㄌ一ㄝ ㄌ一ㄝ!　（變ㄝ!或ㄚ!）

乜ㄇ一ㄝ ㄇ一ㄣ!　（變ㄣ!）

諧ㄒ一ㄝ ㄒ一ㄞ　皆ㄐ一ㄝ ㄐ一ㄞ　（變ㄞ）

（7）ㄜ的變動

黑ㄏㄜ ㄏㄝ!，ㄏㄛ　格ㄍㄜ ㄍㄝ!，ㄍㄛ　額ㄫㄝ ㄫㄝ!，ㄫㄛ

克ㄎㄜ ㄎㄝ!，ㄎㄛ　得ㄉㄜ ㄉㄝ!，ㄉㄛ　忒ㄊㄜ ㄊㄝ!，ㄊㄛ

百ㄅㄜ ㄅㄝ!，ㄅㄛ，ㄅㄚ.　拍ㄆㄜ ㄆㄚ.，ㄆㄛ，ㄆㄝ!　默ㄇㄜ ㄇㄝ!，ㄇㄛ

則ㄗㄜ ㄗㄝ!，ㄗㄛ　㳿ㄘㄜ ㄘㄝ!，ㄘㄛ　色ㄙㄜ ㄙㄝ!，ㄙㄛ

摘ㄓㄜ ㄓㄛ　拆ㄔㄜ ㄔㄛ　瑟ㄕㄜ ㄕㄛ

勒ㄌㄜ ㄌㄝ!，ㄌㄛ　葛ㄍㄜ ㄍㄛ，ㄍㄛ!　渴ㄎㄜ ㄎㄛ，ㄎㄛ!

喝ㄏㄜ ㄏㄛ，ㄏㄛ!　國ㄍㄨㄜ ㄍㄨㄝ!，ㄍㄨㄛ　闊ㄎㄨㄜ ㄎㄨㄝ!，ㄎㄨㄛ

杌ㄫㄨㄜ ㄫㄨㄛ　脫ㄊㄨㄜ ㄊㄨㄛ!，ㄊㄨㄛ　奪ㄉㄨㄜ ㄉㄨㄛ!

斡ㄨㄜ ㄨㄝ!，ㄨㄛ　豁ㄏㄨㄜ ㄏㄨㄛ　繓ㄗㄨㄜ ㄗㄨㄛ，ㄗㄨㄛ!

撮ㄘㄨㄜ ㄘㄨㄛ，ㄘㄨㄛ!　酹ㄌㄨㄜ ㄌㄨㄛ　拙ㄓㄨㄜ ㄓㄨㄛ

歠ㄔㄨㄜ ㄔㄨㄛ　率ㄕㄨㄜ ㄕㄨㄛ

（變ㄝ!或ㄛ!、ㄛ!，北音變ㄛ）

（8）ㄛ的變動

合 ㄏㄜ，ㄍㄜ ／ ㄏㄜ!，ㄍㄜ!　榼 ㄎㄜ ／ ㄎㄜ!　（變ㄜ!）

所 ㄙㄨㄛ ／ ㄙㄨ　（ㄨㄛ變ㄨ）

（9）ㄞ的變動

哈 ㄏㄞ ／ ㄏㄞ!　該 ㄍㄞ ／ ㄍㄞ!　開 ㄎㄞ ／ ㄎㄞ!

呆 ㄫㄞ ／ ㄫㄞ!　靆 ㄉㄞ ／ ㄉㄞ!　台 ㄊㄞ ／ ㄊㄞ!

哉 ㄗㄞ ／ ㄗㄞ!　采 ㄘㄞ ／ ㄘㄞ!　鰓 ㄙㄞ ／ ㄙㄞ!　（變ㄞ!）

來 ㄌㄞ ／ ㄌㄟ!　崴 ㄨㄞ ／ ㄨㄟ　（變ㄟ!或ㄟ）

（10）ㄟ的變動

威 ㄨㄟ ／ ㄨㄧ　規 ㄍㄨㄟ ／ ㄍㄨㄧ　魁 ㄎㄨㄟ ／ ㄎㄨㄧ　（變ㄨㄧ）

悲 ㄅㄟ ／ ㄅㄧ　坯 ㄆㄟ，ㄆㄧ ／ ㄆㄟ!　眉 ㄇㄟ ／ ㄇㄧ

非 ㄈㄟ ／ ㄈㄧ　微 ㄪㄟ ／ ㄪㄧ　（變ㄧ或ㄟ!）

（11）ㄠ的變動

蒿 ㄏㄠ ／ ㄏㄠ!　高 ㄍㄠ ／ ㄍㄠ!　尻 ㄎㄠ ／ ㄎㄠ!

傲 ㄫㄠ ／ ㄫㄠ!　刀 ㄉㄠ ／ ㄉㄠ!　叨 ㄊㄠ ／ ㄊㄠ!

褒 ㄅㄠ ㄅㄠ!　袍 ㄆㄠ ㄆㄠ!　毛 ㄇㄠ ㄇㄠ!
遭 ㄗㄠ ㄗㄠ!　操 ㄘㄠ ㄘㄠ!　騷 ㄙㄠ ㄙㄠ!，ㄠ!
勞 ㄌㄠ ㄌㄠ!

（變ㄠ!）

囂 ㄒㄧㄠ ㄒㄧㄡ!　夭 ㄧㄠ ㄧㄡ!　驕 ㄐㄧㄠ ㄐㄧㄡ!
貂 ㄉㄧㄠ ㄉㄧㄡ!　挑 ㄊㄧㄠ ㄊㄧㄡ!　標 ㄅㄧㄠ ㄅㄧㄡ!
飄 ㄆㄧㄠ ㄆㄧㄡ!　苗 ㄇㄧㄠ ㄇㄧㄡ!　蕉 ㄗㄧㄠ ㄗㄧㄡ!
鍬 ㄘㄧㄠ ㄘㄧㄡ!　蕭 ㄙㄧㄠ ㄙㄧㄡ!　聊 ㄌㄧㄠ ㄌㄧㄡ!

（變ㄡ!）

（12）ㄡ的變動

侯 ㄏㄡ ㄏㄡ!　鉤 ㄍㄡ ㄍㄡ!　彄 ㄎㄡ ㄎㄡ!
耦 ㄫㄡ ㄫㄡ!　兜 ㄉㄡ ㄉㄡ!　頭 ㄊㄡ ㄊㄡ!
掫 ㄅㄡ ㄅㄡ!　吥 ㄆㄡ ㄆㄡ!　謀 ㄇㄡ ㄇㄡ!
鯫 ㄗㄡ ㄗㄡ!　螻 ㄘㄡ ㄘㄡ!　搜 ㄙㄡ ㄙㄡ!
樓 ㄌㄡ ㄌㄡ!　彪 ㄅㄧㄡ ㄅㄧㄡ!　滮 ㄆㄧㄡ ㄆㄧㄡ!
繆 ㄇㄧㄡ ㄇㄧㄡ!，ㄇㄧㄨ

（變ㄡ!）

憂 ㄧㄡ ㄧㄨ　休 ㄒㄧㄡ ㄒㄧㄨ　鳩 ㄐㄧㄡ ㄐㄧㄨ
邱 ㄑㄧㄡ ㄑㄧㄨ　丟 ㄉㄧㄡ ㄉㄧㄨ　啾 ㄗㄧㄡ ㄗㄧㄨ
秋 ㄘㄧㄡ ㄘㄧㄨ　秀 ㄙㄧㄡ ㄙㄧㄨ　留 ㄌㄧㄡ ㄌㄧㄨ

（變ㄨ）

（13）ㄢ的變動

干 ㄍㄢ ㄍㄢ!　看 ㄎㄢ ㄎㄢ!　岸 ㄫㄢ ㄫㄢ!
寒 ㄏㄢ ㄏㄢ!　原 ㄩㄢ ㄩㄢ!　玄 ㄒㄩㄢ ㄒㄩㄢ!
彥 ㄧㄢ ㄧㄢ!　軒 ㄒㄧㄢ ㄒㄧㄢ!　涓 ㄐㄩㄢ ㄐㄩㄢ!
圈 ㄑㄩㄢ ㄑㄩㄢ!

（變ㄢ!）

剜 ㄨㄢ ㄨㄣ!　官 ㄍㄨㄢ ㄍㄨㄣ!　寬 ㄎㄨㄢ ㄎㄨㄣ!
般 ㄅㄢ ㄅㄣ!　潘 ㄆㄢ ㄆㄣ!　瞞 ㄇㄢ ㄇㄣ!
煙 ㄧㄢ ㄧㄣ!　賢 ㄒㄧㄢ ㄒㄧㄣ!　堅 ㄐㄧㄢ ㄐㄧㄣ!
邊 ㄅㄧㄢ ㄅㄧㄣ!　偏 ㄆㄧㄢ ㄆㄧㄣ!　眠 ㄇㄧㄢ ㄇㄧㄣ!
顛 ㄉㄧㄢ ㄉㄧㄣ!　天 ㄘㄧㄉ ㄘㄧㄣ!　煎 ㄗㄧㄢ ㄗㄧㄣ!
千 ㄘㄧㄢ ㄘㄧㄣ!　先 ㄙㄧㄢ ㄙㄧㄣ!　連 ㄌㄧㄢ ㄌㄧㄣ!

（變ㄣ!）

喊 ㄏㄢ ㄏㄤ　瞰 ㄎㄢ ㄎㄤ　耽 ㄉㄢ ㄉㄤ
談 ㄊㄢ ㄊㄤ　斬 ㄗㄢ ㄗㄤ　三 ㄙㄢ ㄙㄤ
凡 ㄈㄢ ㄈㄤ　藍 ㄌㄢ ㄌㄤ

（變ㄤ）

憨 ㄏㄢ ㄏㄤ!　甘 ㄍㄢ ㄍㄤ!　堪 ㄎㄢ ㄎㄤ!（原作兀ㄤ!）
貪 ㄊㄢ ㄊㄤ!　簪 ㄗㄢ ㄗㄤ!　參 ㄘㄢ ㄘㄤ!

糝 ㄙㄢ ㄙㄤ!

（變ㄤ!）

炎 ㄧㄢ ㄧㄥ!　嫌 ㄒㄧㄢ ㄒㄧㄥ!　檢 ㄐㄧㄢ ㄐㄧㄥ!

點 ㄉㄧㄢ ㄉㄧㄥ!　添 ㄊㄧㄢ ㄊㄧㄥ!　尖 ㄗㄧㄢ ㄗㄧㄥ!

簽 ㄘㄧㄢ ㄘㄧㄥ!　鐮 ㄌㄧㄢ ㄌㄧㄥ!

（變ㄥ!）

（14）ㄣ的變動

痕 ㄏㄣ ㄏㄣ!　根 ㄍㄣ ㄍㄣ!　懇 ㄎㄣ ㄎㄣ!

吞 ㄊㄣ ㄊㄣ!

（變ㄣ!）

音 ㄧㄣ ㄧㄥ　歆 ㄒㄧㄣ ㄒㄧㄥ　金 ㄐㄧㄣ ㄐㄧㄥ

祲 ㄗㄧ ㄣㄧㄥ　侵 ㄘㄧㄣ ㄘㄧㄥ　心 ㄙㄧㄣ ㄙㄧㄥ

林 ㄌㄧㄣ ㄌㄧㄥ

（變ㄥ）

牝 ㄆㄧㄣ ㄆㄧ

（15）ㄤ的變動

杭 ㄏㄤ ㄏㄤ!　岡 ㄍㄤ ㄍㄤ!　昂 ㄫㄤ ㄫㄤ!

當 ㄉㄤ ㄉㄤ!　唐 ㄊㄤ ㄊㄤ!　幫 ㄅㄤ ㄅㄤ!

滂 ㄆㄤ ㄆㄤ!　茫 ㄇㄤ ㄇㄤ!　方 ㄈㄤ ㄈㄤ!

臧 ㄗㄤ ㄗㄤ!　倉 ㄘㄤ ㄘㄤ!　桑 ㄙㄤ ㄙㄤ!

郎 ㄌㄤ!
薑 ㄐㄧㄤ!
鏘 ㄘㄧㄤ!
汪 ㄨㄤ!
央 ㄧㄤ!
羌 ㄑㄧㄤ!
詳 ㄙㄧㄤ!
光 ㄍㄨㄤ!
香 ㄒㄧㄤ!
將 ㄗㄧㄤ!
良 ㄌㄧㄤ!

（變ㄤ!）

（16）ㄥ的變動

亨 ㄏㄥ ㄏㄣ!
阬 ㄎㄥ ㄎㄣ!
崩 ㄅㄥ ㄅㄣ!
萌 ㄇㄥ ㄇㄣ!
僧 ㄙㄥ ㄙㄣ!
更 ㄍㄥ ㄍㄣ!, ㄍㄤ
登 ㄉㄥ ㄉㄣ!
烹 ㄆㄥ ㄆㄣ!
增 ㄗㄥ ㄗㄣ!
冷 ㄌㄥ ㄌㄣ!, ㄌㄤ
肯 ㄎㄥ ㄎㄣ!
滕 ㄊㄥ ㄊㄣ!
彭 ㄆㄥ ㄆㄤ
層 ㄘㄥ ㄘㄣ!
觥 ㄍㄨㄥ ㄍㄨㄣ!

（變ㄣ!或ㄤ）

影 ㄧㄥ ㄧㄣ, ㄧㄤ
慶 ㄑㄧㄥ ㄑㄧㄣ
柄 ㄅㄧㄥ ㄅㄧㄣ, ㄅㄧㄤ
精 ㄗㄧㄥ ㄗㄧㄣ, ㄗㄧㄤ
領 ㄌㄧㄥ ㄌㄧㄣ, ㄌㄧㄤ
形 ㄒㄧㄥ ㄒㄧㄣ
丁 ㄉㄧㄥ ㄉㄧㄣ, ㄉㄧㄤ
平 ㄆㄧㄥ ㄆㄧㄣ, ㄆㄧㄤ
清 ㄘㄧㄥ ㄘㄧㄣ, ㄘㄧㄤ
鏡 ㄐㄧㄥ ㄐㄧㄣ, ㄐㄧㄤ
廳 ㄊㄧㄥ ㄊㄧㄣ, ㄊㄧㄤ
明 ㄇㄧㄥ ㄇㄧㄣ, ㄇㄧㄤ
星 ㄙㄧㄥ ㄙㄧㄣ, ㄙㄧㄤ

（變ㄣ或ㄤ）

第三節　聲母韻母的共同變動（計十四例）

國音和土音的差異，因聲韻同變動的本極煩瑣，今依聲母變動的例爲綱，韻母的變例也在裏面，可以看的出來。

（1）合變開、齊

（ㄞ變ㄟ或ㄞ!、ㄧ）

揣 ㄔㄨㄞ ㄘㄟ　衰 ㄕㄨㄞ ㄙㄟ、ㄙㄧ　帥 ㄕㄨㄞ ㄙㄞ!
酹 ㄌㄨㄞ ㄌㄟ、ㄌㄧ

（ㄨㄟ變ㄞ!或ㄧ）

堆 ㄉㄨㄟ ㄉㄞ!、ㄉㄧ　退 ㄊㄨㄟ ㄊㄧ、ㄊㄟ　嘴 ㄗㄨㄟ ㄗㄧ
催 ㄘㄨㄟ ㄘㄧ、ㄘㄟ　雖 ㄙㄨㄟ ㄙㄧ　雷 ㄌㄨㄟ ㄌㄞ!、ㄌㄧ

（ㄢ變ㄢ!）

端 ㄉㄨㄢ ㄉㄢ!　團 ㄊㄨㄢ ㄊㄢ!　鸞 ㄌㄨㄢ ㄌㄢ!
鑽 ㄗㄨㄢ ㄗㄢ!　攛 ㄘㄨㄢ ㄘㄢ!　算 ㄙㄨㄢ ㄙㄢ!

（ㄨㄤ變ㄤ!）

匡 ㄎㄨㄤ ㄎㄤ!、ㄑㄧㄤ!　瀧 ㄌㄨㄤ ㄌㄧㄤ!　莊 ㄓㄨㄤ ㄗㄤ!
窗 ㄔㄨㄤ ㄘㄤ!　霜 ㄕㄨㄤ ㄙㄤ!

（2）齊、撮變開、合

（ㄧ變ㄟ!或ㄝ）

雞 ㄐㄧ ㄍㄟ!　去 ㄑㄩ ㄎㄝ、ㄎㄟ!　戲 ㄒㄧ ㄏㄟ!
瞎 ㄒㄧㄚ ㄏㄚ!　洽 ㄒㄧㄚ ㄏㄚ!　戛 ㄐㄧㄚ ㄍㄚ!

甲 ㄐㄧㄚ ㄍㄚ!　恰 ㄑㄧㄚ ㄎㄚ!　（ㄚ變ㄚ!或ㄚ!）

諧 ㄒㄧㄝ ㄏㄞ　協 ㄒㄧㄝ ㄏㄚ!　皆 ㄐㄧㄝ ㄍㄞ　（ㄝ變ㄚ!或ㄞ）（船 ㄔㄨㄢ ㄐㄩㄢ）

降 ㄒㄧㄤ ㄏㄤ!　江 ㄐㄧㄤ ㄍㄤ!，ㄍㄨㄤ!　（ㄤ變ㄤ!）

硬 ㄧㄥ ㄫㄤ　幸 ㄒㄧㄥ ㄏㄤ　（ㄥ變ㄤ）

監 ㄐㄧㄢ ㄍㄤ　嵌 ㄑㄧㄢ ㄎㄤ　鹹 ㄒㄧㄢ ㄏㄤ　（ㄢ變ㄤ）

鳩 ㄐㄧㄡ ㄍㄡ!，ㄍㄚ　坵 ㄑㄧㄡ ㄎㄡ!　休 ㄒㄧㄡ ㄏㄡ!，ㄎㄡ!　（ㄡ變ㄡ!）

（3）開變齊

鞥 ㄥ ㄧㄙ!　（ㄥ變ㄙ!）

（4）合口變齊、撮

朱 ㄓㄨ ㄐㄩ　出 ㄔㄨ ㄔㄩ!　束 ㄕㄨ ㄒㄩ.，ㄑㄩ.　（ㄨ變ㄩ）

除 ㄔㄨ ㄑㄩ　術 ㄓㄨ ㄒㄩ!

追 ㄓㄨㄟ ㄐㄩ　吹 ㄔㄨㄟ ㄑㄩ　誰 ㄕㄨㄟ ㄒㄩ　（ㄨㄟ變ㄩ）

誑ㄍㄨㄤ ㄐㄩㄢ!（ㄤ變ㄢ!）

轉ㄓㄨㄢ ㄐㄩㄢ!　喘ㄔㄨㄢ ㄑㄩㄢ!　船ㄔㄨㄢ ㄑㄩㄢ!，ㄒㄩㄢ!（ㄢ變ㄢ!）

（5）撮口變齊

蕝ㄗㄩㄝ ㄗㄧㄝ!（按：原誤爲ㄐ）　歠ㄘㄩㄝ ㄘㄧㄝ!　雪ㄙㄩㄝ ㄙㄧㄝ!

劣ㄌㄩㄝ ㄌㄧㄝ!（ㄝ變ㄝ!）

瘸ㄑㄩㄝ ㄑㄧㄚ，ㄑㄧㄛ（ㄝ變ㄚ或ㄛ）

埒ㄌㄩㄝ ㄌㄛ!（撮變開，ㄩ變ㄛ!）

鐫ㄘㄩㄢ ㄘㄧㄣ!　全ㄘㄩㄢ ㄘㄧㄣ!　宣ㄙㄩㄢ ㄙㄧㄣ!

戀ㄌㄩㄢ ㄌㄧㄣ!（ㄢ變ㄣ!）

嗅ㄒㄧㄡ ㄒㄩㄥ（齊變撮，ㄡ變ㄥ）

（6）次清二母變動的例

吃ㄑㄧ ㄑㄧㄚ.，ㄒㄧㄚ.　泣ㄑㄧ ㄒㄧ!　替ㄊㄧ ㄏㄟ!

蓆ㄙㄧ ㄙㄧ!，ㄘㄧㄚ.

麯 ㄑㄩ ㄒㄧㄨ．

去 ㄑㄩ ㄒㄧㄝ

達 ㄉㄚ ㄊㄚ!

殖 ㄓ ㄘㄛ!，ㄘㄧ!

謝 ㄙㄧㄝ ㄘㄧㄚ

客 ㄎㄜ ㄏㄚ．

開 ㄎㄞ ㄏㄞ!

瘥 ㄔㄨㄞ ㄙㄟ

垂 ㄔㄨㄟ ㄘㄩ，ㄒㄩ

潰 ㄏㄨㄟ ㄎㄨㄧ

拔 ㄅㄚ ㄆㄚ!

穴 ㄒㄩㄝ ㄑㄩㄛ!，ㄒㄩㄛ!

脱 ㄊㄨㄜ ㄏㄛ!

臺 ㄊㄞ ㄏㄞ!

雜 ㄗㄚ ㄘ!ㄚ，ㄘ!ㄛ

缺 ㄑㄩㄝ ㄑㄩㄛ!，ㄒㄩㄛ!

渴 ㄎㄜ ㄏㄛ!

推 ㄊㄨㄟ ㄏㄞ!

（ㄧ變ㄧ!、!ㄧ或ㄟ!）

（ㄩ變ㄧㄨ．）

（ㄩ變ㄧㄝ）

（ㄚ變ㄚ!、!ㄚ或!ㄛ）

（ㄛ!變ㄛ!、ㄧ!）

（ㄝ變ㄚ或ㄛ!）

（ㄜ變ㄚ或ㄛ!，修水土音）

（ㄞ，ㄨㄟ變ㄞ!）

（ㄞ變ㄟ）

（ㄨㄟ變ㄩ）

（ㄨㄟ變ㄨㄧ，補）

條 ㄊㄠ ㄊㄠ!，ㄏㄠ!　道 ㄉㄠ ㄏㄠ!

（ㄠ變ㄠ!）

蔻 ㄏㄡ ㄎㄡ!　竅 ㄑㄧㄠ ㄒㄧㄡ!　偷 ㄊㄡ ㄏㄡ!

（ㄠ、ㄡ變ㄡ!）

袖 ㄙㄧㄡ ㄘㄧㄨ　酋 ㄘㄧㄡ ㄘㄧㄨ，ㄙㄧㄨ　求 ㄑㄧㄡ ㄑㄧㄨ，ㄒㄧㄨ

（ㄡ變ㄨ）

看 ㄎㄢ ㄏㄢ!　團 ㄊㄨㄢ ㄏㄢ!　斷 ㄉㄨㄢ ㄊㄢ!，ㄏㄢ!

牽 ㄑㄧㄢ ㄒㄧㄣ!　箝 ㄑㄧㄢ ㄒㄧㄥ!

（ㄢ變ㄢ!、ㄣ!、ㄥ!）

吞 ㄊㄣ ㄏㄣ!　欽 ㄑㄧㄣ ㄑㄧㄥ，ㄒㄧㄥ　沁 ㄘㄧㄣ ㄙㄧㄥ

諶 ㄔㄣ ㄙㄥ

（ㄣ變ㄣ!、ㄥ）

湯 ㄊㄤ ㄏㄤ!　強 ㄑㄧㄤ ㄑㄧㄤ!，ㄒㄧㄤ!　像 ㄙㄧㄤ ㄘㄧㄤ!

（ㄤ變ㄤ!）

肯 ㄎㄥ ㄏㄣ!　趟 ㄓㄥ ㄊㄤ　螣 ㄊㄥ ㄏㄣ!　成 ㄔㄥ ㄑㄧㄤ

輕 ㄑㄧㄥ ㄑㄧㄣ，ㄒㄧㄣ，ㄑㄧㄤ，ㄒㄧㄤ

（ㄥ變ㄣ!、ㄣ、ㄤ）

燥 ㄙㄠ ㄗㄠ　（次清變正清，附此）

（7）淺喉變輕唇

忽ㄏㄨ ㄈㄨ!　（ㄨ變ㄨ!）

聒ㄏㄨㄚ ㄈㄚ!　（ㄚ變ㄚ!）

豁ㄏㄨㄜ ㄈㄝ!　（ㄜ變ㄝ!）

回ㄏㄨㄟ ㄈㄧ，ㄈㄟ!　（ㄟ變ㄟ!）

桓ㄏㄨㄢ ㄈㄣ!　完ㄨㄢ ㄈㄣ!　（ㄢ變ㄣ!）

荒ㄏㄨㄤ ㄈㄤ!　（ㄤ變ㄤ!）

勿ㄨ ㄈㄨ!　戊ㄨ ㄇㄡ　（深喉變輕唇附此）

鎬ㄏㄠ ㄍㄠ!　（淺喉音變牙音附此）

（8）淺喉牙音變深喉例

滑ㄏㄨㄚ ㄨㄚ!

畫ㄏㄨㄜ ㄨㄚ.　活ㄏㄨㄜ ㄨㄝ!　（ㄚ變ㄚ!）

（ㄜ變ㄚ·、ㄝ!）

換ㄏㄨㄢ ㄨㄣ!　（ㄢ變ㄣ!）

黃ㄏㄨㄤ ㄨㄤ!　（ㄤ變ㄤ!）

橫ㄏㄨㄥ ㄨㄤ!　（ㄥ變ㄤ!）

媧ㄍㄨㄚ ㄨㄛ　（ㄚ變ㄛ）

熊ㄒㄩㄥ ㄩㄥ

（9）ㄋ、廣、ㄉ變ㄌ的例

溺ㄋㄧ ㄌㄧ!　笛ㄉㄧㄉ ㄧㄚ·　（ㄧ變ㄧ!、ㄧㄚ）

肉ㄋㄨ ㄌㄨ!　捺ㄋㄚ ㄌㄚ!　納ㄋㄚ ㄌㄛ!　（ㄚ變ㄚ!、ㄛ!）

肭ㄋㄨㄚ ㄌㄛ!

得ㄉㄜ ㄌㄝ!　訥ㄋㄜ ㄌㄛ!　（ㄜ變ㄝ!、ㄛ!）

腦ㄋㄠ ㄌㄠ!　鳥ㄏㄧㄠ，一舊作ㄉㄧㄠ ㄌㄧㄡ!　猱ㄋㄠ ㄌㄡ!　（ㄠ變ㄠ!、ㄡ!）

耨 ㄋㄡ ㄌㄡ!　（ㄡ變ㄡ!）

喃 ㄋㄢ ㄌㄤ　渜 ㄋㄨㄢ ㄌㄢ!　典 ㄉㄧㄢ ㄌㄧㄣ!

點 ㄉㄧㄢ ㄌㄧㄥ!　念 ㄋㄧㄢ ㄌㄧㄥ!　撚 ㄋㄧㄢ ㄌㄧㄣ!　（ㄢ變ㄤ、ㄢ!、ㄣ!、ㄥ!）

囊 ㄋㄤ ㄌㄤ!　（ㄤ變ㄤ!）

能 ㄋㄥ ㄌㄣ!　寧 ㄋㄧㄥ ㄌㄧㄣ　（ㄥ變ㄣ!、ㄣ，補）

（10）ㄖ變ㄧㄦ例

肉 ㄖㄨ ㄧㄨ.

熱 ㄖㄝ ㄧㄝ!　（ㄝ變ㄝ!）

蕊 ㄖㄨㄟ ㄦ　饒 ㄖㄠ ㄧㄡ!　（ㄠ變ㄡ!）

染 ㄖㄢ ㄧㄥ!　（ㄢ變ㄥ!）

讓 ㄖㄤ ㄧㄤ!　（ㄤ變ㄤ!）

軟 ㄖㄨㄢ ㄩㄢ!

（ㄢ變ㄢ!，補）

（11）鼻音變喉音

逆ㄬㄧ ㄧ!，ㄧㄚ.　　孽ㄬㄧㄝ ㄧㄝ!　　枂ㄫㄨㄜ ㄨㄝ!

牛ㄬㄧㄡ ㄧㄨ，ㄫㄡ!　　年ㄬㄧㄢ ㄧㄣ!　　念ㄬㄧㄢ ㄧㄙ!

凝ㄬㄧㄥ ㄧㄣ　　迎ㄬㄧㄥ ㄧㄣ（按：原誤作ㄙ）

（12）喉音變鼻音例

鴨ㄧㄚ ㄫㄚ!　　厄ㄜ ㄫㄝ!　　遏ㄜ ㄫㄛ!

罌ㄬㄧㄝ ㄫㄚ!　　哀ㄞ ㄫㄞ!　　鏖ㄠ ㄫㄠ!

謳ㄡ ㄫㄡ!　　安ㄢ ㄫㄢ!　　闇ㄢ ㄫㄤ!，ㄫㄤ

玩ㄨㄢ ㄫㄢ!　　恩ㄣ ㄫㄣ!　　盎ㄤ ㄫㄤ!

硬ㄧㄥ ㄫㄤ

（13）南音舌葉變齒頭、舌頭或舌前的例

織ㄓ ㄗㄛ!，ㄉㄛ!，ㄘㄧㄚ.，ㄐㄧ!　　隻ㄓ ㄉㄚ.　　執ㄓ ㄗㄛ!，ㄉㄛ!，ㄐㄧ!

尺ㄔ ㄘㄛ!，ㄊㄚ.，ㄑㄧ!　　石ㄕ ㄙㄛ!，ㄙㄚ.　　失ㄕ ㄒㄧ!

十ㄕ ㄙㄛ!，ㄒㄧ!　　日ㄖ ㄉㄛ!　　吃ㄑㄧ ㄔ（北）

粥ㄓㄨ ㄐㄩ.　　畜ㄔㄨ ㄑㄩ.，ㄑㄧㄨ.　　入ㄖㄨ ㄉㄨ!

紮ㄓㄚ ㄗㄚ!　　刹ㄔㄚ ㄘㄚ!　　插ㄔㄚ ㄘㄚ!

殺ㄕㄚ ㄙㄚ!　　箑ㄕㄚ ㄘㄚ!　　茁ㄓㄨㄡ ㄐㄨㄛ!，ㄉㄛ!

頒ㄔㄨㄚ ㄊㄨㄛ　　刷ㄕㄨㄚ ㄙㄨㄛ!　　者ㄓㄝ ㄗㄚ，ㄉㄚ

扯ㄔㄝ ㄘㄚ，ㄊㄚ　　奢ㄕㄝ ㄙㄚ　　惹ㄖㄝ ㄉㄚ

浙 ㄓㄝ ㄗㄝ!，ㄉㄝ!
徹 ㄔㄝ ㄘㄝ!，ㄊㄝ!
熱 ㄖㄝ ㄖㄝ!
拆 ㄔㄜ ㄘㄚ·，ㄘㄝ!
歠 ㄔㄨㄜ ㄑㄩㄛ，ㄊㄛ!
照 ㄓㄠ ㄗㄡ!，ㄉㄡ!
繞 ㄖㄠ ㄌㄡ!
瘦 ㄕㄡ ㄙㄡ
善 ㄕㄢ ㄙㄣ!
染 ㄖㄢ ㄌㄥ!
霑 ㄓㄢ ㄗㄥ!，ㄉㄥ!
穿 ㄔㄨㄢ ㄑㄩㄢ!
臻 ㄓㄣ ㄗㄣ!
砧 ㄓㄣ ㄗㄥ!
枕 ㄓㄣ ㄗㄥ，ㄉㄥ
深 ㄕㄣ ㄙㄥ
昌 ㄔㄤ ㄘㄤ!，ㄊㄤ!
争 ㄓㄥ ㄗㄤ
正 ㄓㄥ ㄗㄣ，ㄉㄤ

跕 ㄌㄧㄝ ㄌㄧㄚ
舌 ㄕㄝ ㄙㄝ!
掇 ㄓㄝ ㄗㄛ!，ㄉㄛ!
瑟 ㄕㄜ ㄙㄝ!
率 ㄕㄨㄜ ㄙㄨ!
超 ㄔㄠ ㄘㄡ!，ㄊㄡ!
鄒 ㄓㄡ ㄗㄡ!
展 ㄓㄢ ㄗㄣ!，ㄉㄣ!
然 ㄖㄢ ㄌㄣ!
蘸 ㄓㄢ ㄗㄤ
諂 ㄔㄢ ㄘㄥ!，ㄊㄥ!
栓 ㄕㄨㄢ ㄙㄢ!
櫬 ㄔㄣ ㄘㄣ!
岑 ㄔㄣ ㄘㄥ!
甄 ㄓㄣ ㄗㄥ，ㄉㄥ
稔 ㄖㄣ ㄌㄥ
商 ㄕㄤ ㄙㄤ!
撐 ㄔㄥ ㄘㄤ
程 ㄔㄥ ㄘㄤ，ㄊㄤ

摺 ㄓㄝ ㄗ!ㄝ，ㄉ!ㄝ
涉 ㄕㄝ ㄙ!ㄝ
摘 ㄓㄜ ㄗㄚ·，ㄗㄝ!
拙 ㄓㄨㄜ ㄐㄩㄛ!，ㄉㄛ!
衰 ㄕㄨㄞ ㄙㄟ，ㄙㄞ，ㄙㄧ
邵 ㄕㄠ ㄙㄡ!
愁 ㄔㄡ ㄘㄡ!
纏 ㄔㄢ ㄘㄣ!，ㄊㄣ!
閃 ㄕㄢ ㄙㄥ!
懺 ㄔㄢ ㄘㄤ
囀 ㄓㄨㄢ ㄐㄩㄢ!
緛 ㄖㄨㄢ ㄌㄢ!
扇 ㄕㄢ ㄙㄣ!
參 ㄕㄣ ㄙㄥ!
琛 ㄔㄣ ㄘㄥ，ㄊㄥ
張 ㄓㄤ ㄗㄤ!，ㄉㄤ!
穰 ㄖㄤ ㄌㄤ!
生 ㄕㄥ ㄙㄤ
仍 ㄖㄥ ㄌㄣ

（14）正濁仄聲變次清陽聲

極 ㄐㄧ ㄑㄧ!，ㄒㄧ!
羅 ㄌㄧ ㄊㄧㄚ.
集 ㄗㄧ ㄘㄧ!
杼 ㄓㄨ ㄑㄩ，ㄒㄩ
達 ㄉㄚ ㄊㄚ!
拔 ㄅㄚ ㄆㄚ!
耋 ㄉㄧㄝ ㄊㄧㄝ!
捷 ㄗㄧㄝ ㄘㄧㄝ!
白 ㄅㄜ ㄆㄚ.
奪 ㄉㄨㄜ ㄊㄛ!，ㄏㄛ!
在 ㄗㄞ ㄘㄞ!
墜 ㄉㄨㄟ ㄘㄩ
肇 ㄓㄠ ㄘㄡ!，ㄊㄡ!
豆 ㄉㄡ ㄊㄡ!，ㄏㄡ!
舊 ㄐㄧㄡ ㄑㄧㄨ，ㄒㄧㄨ
伴 ㄅㄢ ㄆㄣ!
湛 ㄓㄢ ㄘㄤ，ㄊㄤ
簟 ㄉㄧㄢ ㄊㄧㄥ!
棧 ㄓㄢ ㄘㄤ（按：當爲ㄣ!）
倦 ㄐㄩㄢ ㄑㄩㄢ!，ㄒㄩㄢ!

及 ㄐㄧ ㄑㄧ!，ㄒㄧ!
粥 ㄅㄧ ㄆㄧ!
直 ㄓ ㄘㄛ!，ㄊㄛ!
聚 ㄗㄩ ㄘㄩ
踏 ㄉㄚ ㄊㄚ!
雜 ㄗㄚ ㄘㄛ!
別 ㄅㄧㄝ ㄆㄧㄝ!
掘 ㄐㄩㄝ ㄑㄩ!
賊 ㄗㄜ ㄘㄝ!
代 ㄉㄞ ㄊㄞ!，ㄏㄞ!
跪 ㄍㄨㄟ ㄎㄨㄧ
皂 ㄗㄠ ㄘㄠ!
裒 ㄅㄡ ㄆㄡ!
道 ㄉㄠ ㄊㄠ!，ㄏㄠ!
就 ㄗㄧㄡ ㄘㄧㄨ
綻 ㄓㄢ ㄊㄣ!
件 ㄐㄧㄢ ㄑㄧㄣ!，ㄒㄧㄣ!
卞 ㄅㄧㄢ ㄆㄧㄣ!
斷 ㄉㄨㄢ ㄊㄢ!，ㄏㄢ!
矜 ㄐㄧㄣ ㄑㄧㄥ

狄 ㄉㄧ ㄊㄧ!
寂 ㄗㄧ ㄘㄧ!，ㄘㄧㄚ.
織 ㄓ ㄘㄧㄚ.
局 ㄐㄩ ㄑㄧㄨ.，ㄒㄧㄨ.
大 ㄉㄚ ㄊㄞ，ㄏㄞ
傑 ㄐㄧㄝ ㄑㄧㄝ!，ㄒㄧㄝ!
截 ㄗㄧㄝ ㄘㄧㄝ!
絕 ㄗㄩㄝ ㄘㄧㄝ!
宅 ㄓㄜ ㄘㄝ!
怠 ㄉㄞ ㄊㄞ!，ㄊㄛ
倍 ㄅㄟ ㄆㄧ，ㄆㄟ!
掉 ㄉㄧㄠ ㄊㄧㄡ!
抱 ㄅㄠ ㄆㄠ!
僽 ㄓㄡ ㄘㄡ!
淡 ㄉㄢ ㄊㄤ，ㄏㄤ
暫 ㄗㄢ ㄘㄤ
甸 ㄉㄧㄢ ㄊㄧㄣ!
踐 ㄗㄧㄢ ㄘㄧㄣ!
篆 ㄓㄨㄢ ㄑㄩㄢ!
朕 ㄓㄣ ㄘㄥ，ㄊㄥ

蕩ㄉㄤ ㄊㄤ!　棒ㄅㄤ ㄆㄤ!　髒ㄗㄤ ㄘㄤ!

匠ㄗㄧㄤ ㄘㄧㄤ!　仗ㄓㄤ ㄘㄤ!，ㄊㄤ!　誆ㄍㄨㄤ ㄎㄨㄤ!

狀ㄓㄨㄤ ㄘㄤ!　鄧ㄉㄥ ㄊㄣ!，ㄏㄣ!　贈ㄗㄥ ㄘㄣ!

鄭ㄓㄥ ㄘㄣ，ㄊㄣ，ㄊㄤ　競ㄐㄧㄥ ㄑㄧㄣ　定ㄉㄧㄥ ㄊㄧㄣ，ㄊㄧㄤ

净ㄗㄧㄥ ㄘㄧㄣ，ㄘㄧㄤ

第四節　平仄的變動（計五例）

土音的平仄和國音不對的也有數例

（1）上聲混作去聲（按：上讀上聲，下讀去聲）

（一董）　動ㄉㄨㄥ ㄊㄨㄥ

（二腫）　奉ㄈㄥ ㄈㄥ　重ㄓㄨㄥ ㄊㄨㄥ，ㄘㄨㄥ　蚌ㄅㄤ ㄆㄤ

（三講）　項ㄒㄧㄤ ㄏㄤ!

諟ㄕ ㄕ　市ㄕ ㄕ　柹ㄕ ㄘ

仕ㄕ ㄙ　士ㄕ ㄙ　視ㄕ ㄕ

氏ㄕ ㄕ　恃ㄕ ㄕ　耜ㄙ ㄘ

兕ㄙ ㄙㄧ　似ㄙ ㄙ　姒ㄙ ㄙ

巳ㄙ ㄘ　祀ㄙ ㄙ　疵ㄘ ㄘ

俟ㄙ ㄙ　妓ㄐㄧ ㄑㄧ，ㄒㄧ　技ㄐㄧ ㄑㄧ，ㄒㄧ

痔ㄓ ㄘ乙!，ㄊ乙!　雉ㄓ ㄘ乙!，ㄊ乙!

（四紙）

卉ㄏㄨㄟ ㄈㄧ

（五尾）

拒ㄐㄩ ㄑㄩ　距ㄐㄩ ㄑㄩ　炬ㄐㄩ ㄑㄩ

鉅ㄐㄩ ㄑㄩ　櫃ㄐㄩ ㄑㄩ　詎ㄐㄩ ㄑㄩ

苣ㄐㄩ ㄑㄩ　紵ㄓㄨ ㄑㄩ，ㄘㄩ　貯ㄓㄨ ㄑㄩ，ㄘㄩ

佇ㄓㄨ ㄑㄩ，ㄘㄩ　苧ㄓㄨ ㄑㄩ，ㄘㄩ　敘ㄙㄩ ㄙㄩ

序ㄙㄩ ㄙㄩ　緒ㄙㄩ ㄙㄩ　嶼ㄙㄩ ㄙㄩ

墅ㄕㄨ ㄒㄩ　禦ㄩ ㄩ

（六語）

簿ㄅㄨ ㄆㄨ　部ㄅㄨ ㄆㄨ　柱ㄓㄨ ㄑㄩ，ㄒㄩ

隖ㄨ ㄨ　豎ㄕㄨ ㄑㄩ，ㄒㄩ　杜ㄉㄨ ㄊㄨ

戶ㄏㄨ ㄈㄨ　扈ㄏㄨ ㄈㄨ　雇ㄏㄨ ㄈㄨ

俯ㄈㄨ ㄈㄨ　父ㄈㄨ ㄈㄨ　愈ㄩ ㄩ

（七麌）

弟ㄉㄧ ㄊㄧ　悌ㄊㄧ ㄊㄧ　娣ㄊㄧ ㄊㄧ

陛ㄅㄧ ㄆㄧ

獬 ㄒㄧㄝ ㄏㄞ　豸 ㄔㄞ ㄘㄞ　罷 ㄅㄚ ㄆㄚ

（八薺）

（九蟹）

賄 ㄏㄨㄟ ㄈㄧ　匯 ㄏㄨㄟ ㄈㄧ　待 ㄉㄞ ㄊㄞ!

殆 ㄉㄞ ㄊㄞ!　怠 ㄉㄞ ㄊㄞ!　亥 ㄏㄞ ㄏㄞ!

罪 ㄗㄨㄟ ㄘㄟ　猥 ㄨㄟ ㄨㄟ　倍 ㄅㄟ ㄆㄟ、ㄆㄧ

在 ㄗㄞ ㄘㄞ!

（十賄）

盡 ㄗㄧㄣ ㄘㄧㄣ　脤 ㄕㄣ ㄙㄣ　腎 ㄕㄣ ㄙㄣ

臏 ㄅㄧㄣ ㄅㄧㄣ　隕 ㄩㄣ ㄩㄣ　殞 ㄩㄣ ㄩㄣ

（十一軫）

蘊 ㄩㄣ ㄩㄣ　惲 ㄩㄣ ㄩㄣ　忿 ㄈㄣ ㄈㄣ

憤 ㄈㄣ ㄈㄣ　近 ㄐㄧㄣ ㄑㄧㄣ、ㄒㄧㄣ

（十二吻）

遯 ㄉㄨㄣ ㄊㄣ　苑 ㄩㄢ ㄩㄢ!　飯 ㄈㄢ ㄈㄢ

（十三阮）

旱 ㄏㄢ ㄏㄢ!　悍 ㄏㄢ ㄏㄢ!　盥 ㄍㄨㄢ ㄈㄣ!

伴 ㄅㄢ ㄆㄣ!　誕 ㄉㄢ ㄊㄢ　但 ㄉㄢ ㄊㄢ

算 ㄙㄨㄢ ㄙㄢ!

（十四旱）

撰 ㄓㄨㄢ ㄘㄨㄢ!　限 ㄒㄢ ㄏㄢ　棧 ㄗㄢ ㄘㄤ

（十五潸）

辯ㄅㄧㄢ ㄆㄧㄣ!　辮ㄅㄧㄢ ㄆㄧㄣ!　鱓ㄕㄢ ㄕㄣ!

單ㄕㄢ ㄕㄣ!　善ㄕㄢ ㄕㄣ!　篆ㄓㄨㄢ ㄑㄩㄢ!

踐ㄗㄧㄢ ㄘㄧㄣ!　件ㄐㄧㄢ ㄑㄧㄣ!，ㄒㄧㄣ!

（十六銑）

兆ㄓㄠ ㄘㄡ!ㄊㄡ!（按：原爲ㄠ）　詔ㄓㄠ ㄘㄡ!ㄊㄡ!　肇ㄓㄠ ㄘㄡ!ㄊㄡ!

趙ㄓㄠ ㄘㄡ!ㄊㄡ!　紹ㄕㄠ ㄕㄡ!（按：當爲ㄙㄡ!）　掉ㄉㄧㄠ ㄊㄧㄡ!

（十七篠）

鮑ㄅㄠ ㄆㄠ

（十八巧）

皓ㄏㄠ ㄏㄠ!　昊ㄏㄠ ㄏㄠ!　灝ㄏㄠ ㄏㄠ!

道ㄉㄠ ㄊㄠ!　稻ㄉㄠ ㄊㄠ!　造ㄗㄠ ㄘㄠ!

皂ㄗㄠ ㄘㄠ!　燥ㄙㄠ ㄙㄠ!　抱ㄅㄠ ㄆㄠ!

（十九晧）

惰ㄉㄨㄛ ㄊㄛ　墮ㄉㄨㄛ ㄊㄛ　柂ㄉㄨㄛ ㄊㄛ

禍ㄏㄨㄛ ㄈㄛ　坐ㄗㄨㄛ ㄘㄛ

（二十哿）

夏ㄒㄧㄚ ㄒㄧㄚ，ㄏㄚ　社ㄕㄜ ㄙㄚ　瀉ㄙㄧㄝ ㄙㄧㄚ

（二十一馬）

象ㄙㄧㄤ ㄙㄧㄤ!　像ㄙㄧㄤ ㄙㄧㄤ!　丈ㄓㄤ ㄘㄤ!，ㄊㄤ!

（二十二養）

仗 ㄓㄤ ㄘㄤ!，ㄊㄤ!
蕩 ㄉㄤ ㄊㄤ!

（二十三梗）

靖 ㄗㄧㄥ ㄘㄧㄣ
杏 ㄒㄧㄥ ㄒㄧㄣ
倖 ㄒㄧㄥ ㄒㄧㄣ
靜 ㄗㄧㄥ ㄘㄧㄣ
荇 ㄒㄧㄥ ㄒㄧㄣ
境 ㄐㄧㄥ ㄐㄧㄣ
幸 ㄒㄧㄥ ㄒㄧㄣ

（二十四迴）

竝 ㄅㄧㄥ ㄆㄧㄣ
濘 ㄬㄧㄥ ㄬㄧㄣ

（二十五有）

後 ㄏㄡ ㄏㄡ!
舅 ㄐㄧㄡ ㄑㄧㄨ，ㄒㄧㄨ
受 ㄕㄡ ㄙㄧㄨ
牖 ㄧㄡ ㄧㄨ
黝 ㄧㄡ ㄧㄨ
阜 ㄈㄨ ㄈㄡ!
紂 ㄓㄡ ㄘㄡ!
厚 ㄏㄡ ㄏㄡ!
臼 ㄐㄧㄡ ㄑㄧㄨ，ㄒㄧㄨ
授 ㄕㄡ ㄙㄧㄨ
誘 ㄧㄡ ㄧㄨ
婦 ㄈㄨ ㄈㄨ
糗 ㄑㄧㄡ ㄑㄧㄨ，ㄒㄧㄨ
扣 ㄎㄡ ㄎㄡ!
後 ㄏㄡ ㄏㄡ!
咎 ㄐㄧㄡ ㄑㄧㄨ，ㄒㄧㄨ
右 ㄧㄡ ㄧㄨ
莠 ㄧㄡ ㄧㄨ
負 ㄈㄨ ㄈㄨ
垢 ㄍㄡ ㄍㄡ!

（二十六寢）

飪 ㄖㄣ ㄌㄣ
噤 ㄐㄧㄣ ㄑㄧㄥ
衽 ㄖㄣ ㄌㄣ
朕 ㄓㄣ ㄘㄥ，ㄊㄥ
甚 ㄕㄣ ㄕㄥ

（二十七感）

澹 ㄉㄢ ㄊㄤ
闇 ㄢ ㄤ

儉ㄐㄧㄢ ㄑㄧㄥ!，ㄒㄧㄥ!　芡ㄑㄧㄢ ㄑㄧㄥ!，ㄒㄧㄥ!　慊ㄑㄧㄢ ㄑㄧㄥ!，ㄒㄧㄥ!

漸ㄗㄧㄢ ㄘㄧㄥ!　歛ㄌㄧㄢ ㄌㄧㄥ!（按：原均作ㄥ）

（二十八琰）

湛ㄓㄢ ㄘㄤ　範ㄈㄢ　犯ㄈㄢ

範ㄈㄢ

（二十九豏）

（2）去聲變入聲

鼻ㄅㄧ ㄆㄧ!

（3）去聲混作上聲

屢ㄌㄩ ㄌㄧ　屨ㄐㄩ ㄐㄩ　娶ㄘㄩ ㄘㄧ

捕ㄅㄨ ㄆㄨ

（七遇）

（4）平聲誤作仄聲的例①

閩ᵕㄇㄧㄣ ᵕㄇㄧㄣ　丕ᵕㄆㄧ ᵕㄆㄧ　茨ᵕㄘ ㄘᵕ

齎ᵕㄗㄧ ㄉㄟᵕ　儕ᵕㄗㄧ ᵕㄗㄧ　竣ᵕㄗㄩㄣ ㄗㄧㄣᵕ，ᵕㄘㄩㄣ

勍ᵕㄐㄧㄥ ᵕㄐㄧㄣ　摟ᵕㄌㄡ ㄌㄡ!　樫ᵕㄔㄥ ㄙㄣᵕ

跳ᵕㄊㄧㄠ ㄊㄧㄡ!ᵕ　疵ᵕㄘ ㄘᵕ

（5）仄聲誤作平聲的例

咀ᵕㄗㄩ ᵕㄗㄧ　蜃ᵕㄕㄣ ᵕㄙㄩㄣ　恣ㄗᵕ ᵕㄘ

① 原書標調法『ᵕ』在左下角爲平，左上角爲上，右上角爲去，右下角爲入。今竪排則左上角爲平，右上角爲上，右下角爲去，左下角爲入。

閧 ㄏㄨㄥ ㄈㄥ　庾 ㄩ ㄩ　璉 ㄌㄧㄢ ㄌㄧㄣ

療 ㄌㄧㄠ ㄌㄧㄡ　酗 ㄒㄩ ㄒㄩㄥ　鱒 ㄗㄨㄣ ㄗㄣ

遴 ㄌㄧㄣ ㄌㄧㄣ

（1）例的變動和第一節（12）例很有關係，因爲上聲的陰陽差别很微，所以正濁的上聲（本屬次清的上聲）往往讀如次清的陽去聲。久之，便把陽上聲混作陽去聲，甚至陰上聲，也有混作陰去聲。（2）（3）兩例，只是緩急的關係，緩讀是去聲，讀急變上聲，加急又變入聲了。陸法言説：『吴楚則時傷輕淺，燕趙則多涉重濁，秦隴則去聲爲入，梁冀則平聲似去。』可見古音也有這樣的差異呢。至（4）（5）兩例，本因近時鄉塾的疏略，平仄相混的字很不少，更當留意矯正。李佛雲撰《字聲指訛》，談的很詳，也可拿來參考。

第五節　北方入聲的變動（略）

第十二章　國音和古音的差異（計三例，略）

贛南方音考

著者　南康　鄔榮治

赣南方音考敘

民國九年夏，我往京都研究國音學。師友們都這樣説：『我國方言，無慮百千種，但大别可分南音、北音。南音有入聲，北音無入聲。南音濁平往下拖，北音陽平往上揚。這是最鮮明的異點了。』問：南音以何地爲界？有人説：『長江以南爲南，長江以北爲北。』有人説：『不盡然。』這種界限難題，誰也不能十分指明。但南北異音那句話，終没有哪個敢駁他。

數月南旋，和校友重理舊業。偶發一理想：中國四萬萬，不是號稱『黄帝』子孫麽？各姓譜牒記載，不是都由黄河流域轉徙過來的麽？種族住處都同，方言也許從同，怎麽有這絶對的差異呢？課餘無事，散步街市，偶聽縫師，課兒《賢文》。朗朗地念道：『近水樓臺先得月。』讀時將『月』字的音拉長，成了長聲。不覺恍然道：『贛州官音亦無入聲麽？』立即調查，果然説話多無入聲。父老相傳：贛州官音，是王陽明先生口授的。陽明，浙人。浙省官話，是趙宋南遷後所流傳的。這贛州官音豈不很有來歷？雖不敢説可代表南音，亦必爲南音之一種。那末『南音有入聲，北音無入聲』這話便靠不住了。

贛二師校，薈萃贛南十七縣，及余縣學子。因著手調查各縣方音。結果：説話入聲甚少的，有贛縣、信豐、上猶、南康、奉新等縣。説話五音同北音的，有會昌、寧都、瑞金、南康、南昌、瑞昌等縣注一。那『南音讀濁平，北音讀陽平』，這話不又推翻了？我國方音，無慮百千種，爲研究便利起見，或可大别爲二爲三。但必要呆定某音爲長江以南人所操，某音爲長江以北人所操，在學術上、事實上，是萬萬辦不到的。

這樣一來，便觸發第二個理想了。贛南民族，多數由粵閩遷移而來。粵閩民族，又多是漢唐時，由北方遷移而去。今相距數千年，五聲猶可相同，他必保存漢唐古音無疑。他必爲古音的好材料更無疑。那時便鼓起勇氣，要做長期研究。一方面注意方音，一方面搜集古音，如《爾雅》《説文》《方言》《廣韻》等。結果錢大昕先生注二所發明的『古無輕脣音』啊，『古無舌上音』啊，以及泥、娘、日不分啊，舌葉、舌齒不分啊，舌根、舌前不分啊，在方音都有確鑿的憑證。並且近人汪榮寶君所主張的『古無麻韻』的翻案，亦覺有不謀而合的疑點注三。又往下更發現了許多：言文不一致的——如説『虹』爲『降』（借音），説『蘆菔』爲『羅白』（借音）；有話無字的——如説『躲匿』爲『㔷』，説『肩挑』爲『克』。在《爾雅》《説文》《廣韻》内，都可證明方音是古音古義。若能再費精深的工夫，鑽研下去，或者一切古音不能解決的問題，都可在方音上解決；一切方言不能找出的字，都能在古書上找出。到了那時，提倡言文一致，真是毫不費力了。

冬夏休假，忙裏偷閒。或執卷深林，或獨居暖閣。偶得一言半語，隻字片文，口喃喃念，手索索書。那時一種快活，髣髴蔘蟲食苦，癖士嗜痂，個中滋味，有不足爲外人道的。日積月累，現得百餘條。既未卒業，稍加詮次，名曰《贛南方音考》。雖有時旁及他縣，大要以贛南爲主。自問：音韻一道，研究未深，粗略錯誤，當所不免。尚望宗匠，多所匡正。

一三，十，二一，著者自敍

【注一】調查表見後。

【注二】錢大昕，清乾隆時人。發明：輕脣音，古讀重脣音；舌上音，古讀舌頭音。

【注三】今日偶閲《學衡》二十六期『讀汪榮寶君「歌戈魚模古讀考」書後』，略説：汪榮寶君發明『古無麻韻』一大翻案。急取拙考『古無麻音』條參校，方音實多麻韻。惜尚未見汪君原著。

贛南方音考凡例

一　著者對於音學，研究甚淺，是編於課餘握管，疎略必多。非敢奢談著作，聊供研究方言者之一助云。

一　前人考究古音，都在書本上研究；今從方音證求，好像起古人於地下，用活口證明矣。豈非考古音之又一途徑乎？

一　是編付印後，忽發現古無『曉』母之推測，試略言之：古音十九紐的喉音『曉』母，即注音字母的ㄏ母。余近考今之ㄏ母字，古多讀ㄍ母，或別母。如狐、瓠，瓜聲；胡，古聲；湖，古文作沽；合亦讀ㄍㄜ；禍，咼聲；輠，果聲；紅、虹、訌，工聲；洪、鬨，共聲。又ㄏ轉爲ㄒ的字，亦同樣轉爲ㄐ母。如見ㄒㄧㄢ，閒ㄒㄧㄢ，都讀ㄐㄧㄢ。解、懈古通，《詩大雅》『夙夜匪解』。《廣韻》：懈，古隘切。今讀ㄒㄧㄞ。假，方音讀ㄍㄚ，古與遐通。揚子《法言》：『假言周於天地，贊於神明。』注：『假通作遐。』又與格通，《易·萃卦》『王假有廟』。假ㄐ母，格ㄍ母，遐ㄒ母也。降ㄐㄧㄤ，亦讀ㄒㄧㄤ，《廣韻》有下江、古巷二切。種種證據，異日當細爲考訂。若能成立，亦一發明也。

一　古韻、通轉，據方音研究，前人所定的表，多有未合。

一　《方言》《新方言》已經證明之字，雖與贛南方音相合，亦不采入，恐陳陳相因也。

一　是編所參考之書太少，而《說文》《廣韻》等復未能一一推求。僅就一時耳目記憶所及，略爲考定；掛漏錯誤，知所不免，尚希 大雅，賜函指正！

一　贛南一隅的方音要研究徹底，尚不容易，著者更抱一奢念，要進而研究全國。伏願同志，加以贊助。

一　研究方音，與文言一致，大有補益。

贛南方音考目録①

① 此爲原書目録，然按原書排列方式，『敍』『凡例』皆置於目録前。後正文部分，編著者未按背録層級編排及原頁碼整理。

贛南方音考　南康鄔榮治心普著

天文地理類

虹

《説文》：「虹，螮蝀也，狀似蟲，從虫，工聲。」《禮·月令》：「季春虹始見，孟冬虹藏不見。」《廣韻》：户公切，又古巷切。

方音（指贛南方音，下仿此）謂虹爲降（借音），即古巷切之陽平。又《集韻》《正韻》亦音降。可見音降是古音。

雺、霧

《廣韻》：「天氣下，地不應，曰雺，莫紅切，音蒙。」《爾雅》：「地氣發，天不應，曰霧。」方音謂霧曰霧露。

電申

申古文作「[illegible]」，即電之古文，象形。方音謂「電」爲「火閃」，「閃」即「申」字之誤，「申」國音讀ㄕㄣ。攷籀文，「虹」作「[illegible]」，從申。申，電也（見《説文》「虹」字解）。《説文句讀》據此，謂申是古電字，誠然。元應曰：「關中名覞電。」覞，《唐韻》音閃。《説文》：「暫見也。」《公羊傳·哀六年》：「覞然公子陽生。」今本作「闖然」。「閃」，《説文》「窺頭門中也」。按：「閃」「覞」皆不訓作「電」，可見是假借。但《説文》「申，神也。七月陰氣成，體自申束。從臼自持也」。《説文》「電，古文作[illegible]」。許氏已不敢定申爲電古文，方音今可證明之，誠快事。

又《説文》干支等字，最難索解。若知申是電之古文，讀作「閃」音，古時字少，當可借作垛閃字。人到申時，闕頭門中，酉時萬物已入，閉門象也（見《説文》「酉」字解）。申、酉二字，已可連類解釋矣。

雹

《説文》：「雹，雨冰也，蒲角切。」《集韻》音僕，方音同，今人每誤作暴音。

霢霂

《説文》：「霢霂，小雨也。」方音誤作「迷毛雨」。贛官音（指贛州城内所操官音，下仿此）又誤作「毛毛雨」，人每不知其字。

暗忥忥

《爾雅》：「忥，静也。」本或作氣，許氣反。方音謂黑暗地方曰暗忥忥，或曰暗静静，暗沉沉。

宛丘

《爾雅》：「丘上有丘爲宛丘。」方音謂爲「勒（借音）宛丘」。

敦

《爾雅》：「丘一成爲敦丘。」注：「今江東呼地高堆者爲敦。」方音同。今俗作墩。

墳墓

《方言》：「塚，秦晉之間謂之墳，凡葬而無墳謂之墓。」注：「言不封也。」方言概謂爲墳墓，俗亦謂爲地墳。墳作坟，非是。

人事類

畀、把

《爾雅》：「畀，賜也。」陸音必寐反。方音以物畀人，曰把他，把即畀之音轉。方音亦有説杯（借音）的（即必寐反）。

欿

《爾雅》：「欿，合也。」注：「謂對合也，古答反。」方音謂金屬擊成一片，曰打欿，即造字從攴、合會意。

滕

《爾雅》：「滕，虛也。」方音謂空房讓人曰滕出，俗作騰，非是。

洋

《爾雅》：「洋，多也。」方音謂市廛人多爲洋，或亦作攘。《老子》：「天下攘攘，皆爲利往。」

戁

《爾雅》：「戁，動也。奴板反。」方音以足觸物曰戁，又足亂伸亦曰戁戁動。

啜

《爾雅》：「啜，茹也。」郭音鋭。《説文》「嘗也」。方音謂一人獨飲爲啜，讀若兑之入聲。

絢

《爾雅》：「絢，絞也。」《詩》「宵爾索絢」。方音謂以索繫物爲絢，官音謂爲綁。

㯤

《爾雅》：「㯤，盝。」注：「漉漉出涎沫，吕其反。」方音以舌吐物，或舌伸出，皆謂爲㯤，讀來音。《史記·樊噲傳》：「從攻蘊㯤城。」注：「通作虆，郎才反。」

夢夢訰訰

《爾雅》：「夢夢訰匕，亂也。」注：「皆闇亂。」顧舍人云：「煩懣亂也。」方音謂夢夢董董，訰轉董音也。

八開

《説文》：「八，别也。」方音謂分物爲八開。

叩罵

《説文》：『吅，驚譁也。』今俗別作喧。方音謂罵人爲吅罵。

走

《説文》：『走，趨也。』方音謂行爲走。

㢟

《説文》：『㢟，安步㢟匕也。』方音謂行不快曰『㢟呀㢟』。

拱、共

拱，今讀ㄍㄨㄥ；《説文》作[illegible]，居悚切；方音讀ㄐㄧㄥ。共，今讀ㄍㄨㄥ，《説文》渠用切，方音讀ㄑㄧㄥ，可見方音是古音。

歺、歹

《説文》：『列骨之殘也。五割切。』今俗用好歹字，讀ㄉㄞ切。方音呼人之桀驁者爲歺，讀ㄨㄞ切，與古音最相近。

克

《説文》：『肩也。』徐鍇曰：『肩，任也。負何（今作荷）之名也。』方音謂挑擔爲克（陰平），是也。《説文》又云：『象屋下刻木之形。』『克、刻』古通。《宋書》：『性儉剋少恩。』『剋』即『克』之俗字，此假借刻訓肩義，非作刻鏤解也。小篆『[illegible]』，丨象頭，一象匾擔，乚象起肩時側面脚形，可謂惟妙惟肖。

彔

《説文》：『刻木彔匕也。』方音謂背長物，一頭拖地爲彔（陰平），或曰拖，當是此字。小篆作□，從克，古文□，小變其體焉。□表示拖物至地形，故克後承以彔也。又方音謂勞苦爲勞彔，又謂行動爲彔匕動。小徐謂『彔彔猶歷歷』，非也。

疒

《説文》：『倚也。人有疾病，象倚箸之形。』《廣韻》：『疾也，尼戹切。』方音謂人困疲爲疒，讀广丫音。當即此字。

弇、蓋

《爾雅》：『弇，蓋也。』《説文》：『弇，蓋也。從廾從合。古南切。』方音呼弇爲梗，與古南音近。

攪

《説文》：『攪，亂也。』《詩》：『祇攪我心。』方音謂戏玩爲攪。

勑

《説文》：『勑，勞也。』《爾雅》：『勞，來，勑也。』方音謂勞苦爲勑，或作累，非是。

剴

《説文》：『摩也。公哀反。』方音謂輕摩爲剴。

跑、簸

方音謂跑爲簸。因跑步時，人身忽上忽下，如簸物狀，當是古音。或作奔波字，亦通。跛，則非是。《説文》：『跛，行不正也。』《易·履卦》：『跛能履。』皆非跑義。

跑一彼

彼，《説文》：『往有所加也。』俗謂馬跑一趟爲一彼，即其義。或作比較之比。

跳、趯

方音謂跳爲趯。匕，《説文》：『輕行也。』

趕、趁、跈、躐

《正字通》：『趕同赶，追也。』贛官音説爲趁，讀ㄏㄧㄢ。《説文》：『趁，邅也。』徐曰：『自後及之也。』或作跈，音撚。《類篇》：『逐也。』方音謂爲躐。《禮·學記》：『學不躐等也。』疏：『逾越也。』有趕的意思，或亦可作獵。《説文》：『放獵，逐禽也。』

躲、匿、匧

方音謂躲匿爲匧。《説文》：『匧，側逃也，從匸丙聲。一曰箕屬。臣鉉等曰，丙非聲。義當從内會意，疑傳寫之誤，盧候切。』段氏改側逃爲側匧，謂即《堯典》云側陋，以《玉篇》側匧字爲據。然改匧爲匧，又犯改字之弊。

按：方音既謂躲匿爲匧，讀ㄅㄧㄤ，則《説文》丙聲毫無疑義。甚矣，訓詁之難也。或作屏。《禮·王制》：『屏之遠方。』亦作迸，《大學》：『迸諸四夷。』恐非是。又《説文》無躲字，或當作垛。

懂、晓

《方言》：「黨、曉、哲，知也。」方音轉黨爲懂，亦云曉。

哭、叫

方音謂哭爲叫。《方言》：「楚謂之噭咷。」噭即叫也。

奘、嘏

《方言》：「凡物壯大謂之嘏，凡人之大謂之奘。或謂壯。」（嘏）俗作牯。

瞷、睇

《方言》：「瞷、睇、睎、略，眄也。」《説文》：「江淮之間，謂眄爲瞷。」《孟子》：「王使人瞷夫子。」又《陽貨》：「瞯孔子之亡也，而饋孔子蒸豚。」張衡《思玄賦》：「瞰瑶谿之赤岸。」《正字通》：「瞷、瞰、闞、矙、覸，並通。」方音説若闞，平聲。又《方言》：「矔、眮，轉目也。梁益之間，瞋目曰矔，轉目顧視亦曰矔（音貫）。」又《爾雅》：「監，視也。」《説文》：「南楚謂眄曰睇。」今河源客籍説爲睇。亦曰望，其古南楚音乎？

熬、炒、焙、烘

《方言》：「熬、焣、煎、僃、鞏，火乾也。」注：「焣，即𩱴字，𩱴與鬻同。」《説文》：「熬也。別作炒，非是。」僃，今作焙。鞏當即烘字。

逗住

《方言》：「傺、眙，逗也。」注：「逗，即今住字也。」」。方音謂勞作休息爲逗，音豆。《説文》：「止也。」則古有豆、住二音矣。《後漢·光武紀》：「追鹵料敵，不拘以逗遛法。」

篡錢

《方言》：「秦晉之間，凡取物而逆，謂之篡，楚或謂之挻。匕，取也，音羶。」《新方言》：「汎稱得利爲篡錢。」《爾雅》：「篡，取也。」方音説篡錢，贛官音説挻錢。挻今作賺，恐非。《集韻》：「直陷切，音詀，賣也。一曰市物失實。」

覓諞

《新方言》：「《方言》「⿰山𠂢，慧也」。《説文》「諞，便巧言也」。今通謂善欺者爲諞子，亦曰⿰山𠂢諞。」⿰山𠂢讀如覓，方音誤爲篾片，謂從中播弄是非者。

爪袖

《新方言》：「今衣工謂袂端接袖爲爪袖。」《釋名》：「爪，紹也。」方音作找。

鏤

《新方言》：「今人謂以刀刳物，中間使空，爲婁空。婁，亦鏤也。」方音謂以刀刺物曰鏤。贛官音亦謂洞。《爾雅》：「鏤，鋑也。」注：「刻鏤物爲鋑。」

逢、碰

《新方言》：「《説文》「⿱髟並，⿱髟彔也。⿱髟彔，忽見也」。今人謂忽見爲⿱髟並著，俗作碰。」方音亦謂爲碰。

按：《説文》：「逄，遇也。」古無輕脣音，當讀若蓬。《詩·大雅》：「鼉鼓逄逄。」後讀輕脣音，乃另作碰字。

哆

《説文》：「哆，張口也。敕加切。」方音謂誇口者爲哆牙，哆交，恐即此字。

㬉

《新方言》：「《説文》「㬉，安㬉，温也。奴案切」。今江南運河而東，至於浙江，謂微温爲温㬉，音如暾。」

案：方音熱物燒人爲㬉，音如納。其意與《説文》正同。以水温物又另作燉。

舀、抭

《新方言》：「《説文》「舀，抒臼也」，以沼切。今謂以器抒水爲舀水。」案：《説文》：「抭，抒也」，「抒，抭也。」《大雅》：「抭彼注滋。」抭、舀，當一音之轉。

食、噬、喫、齕、喝

凡食物，方音呼食，或呼噬。《方言》：「噬，食也，或呼喫。」《新方言》謂此即「齕」字，甚有理。但齕音「五割切」。北方呼飲爲喝。喝字無飲義，當是「齕」字或「嗑」字。呼食爲吃，彳音，當是食噬音轉。若呼喝酒爲吃酒，吃飯爲喝飯，北人必以爲笑。而杜甫《送李校書詩》：「對酒不能喫。」可知古語不分别也。

叿

《廣韻》：「叿匕，市人聲，呼東切。」方音同。

春

《廣韻》：『舂，書容切。』方音同。

耘

《廣韻》：王分切。以今音讀之，當同聞，方音同。

蹲

《廣韻》：『坐也，徂尊切。』音存。《説文》：『踞也。』方音謂蹲踞爲甯，謂兩足據地，作勢向下爲蹲（音存），與《廣韻》同。

孱头

《廣韻》：『孱，不肖也。士連切（與今音禪同）。』《漢書·張耳傳》：『吾王，孱王也。』孟康曰：『冀州人謂懦弱爲孱。』《新方言》：『今謂下劣怯弱爲孱頭。』與南昌方音駡人愚蠢爲孱頭（孱同禪音）正同。《廣韻》潺、孱同音，今讀潺如饞，鋤山切。方音謂言行不順理者爲孱（音饞）頭，其爲士連切之轉音無疑也。

鐉

《廣韻》此緣切，音銓。《説文》：『所以鉤門户樞也。』方音讀若選。

挼

《廣韻》：『挼，莏。』《説文》：『摧也，一曰兩手相切摩也。奴禾切。』方音謂搓繩搓線爲挼，俗作挪。

惱

《百法明門》：『隨煩惱：一忿、二恨、三惱。』『釋惱』曰：『多發凶鄙麤言，蛆螫於他。』南康河源客籍謂罵爲惱，與《百法明門》意同，可見是古義。

愚

南康方音謂愚爲而，即愚字音轉，而字古亦讀ㄩ音。今俗有作（悉）爲而字音者，《字典》無。『二』『耳』字，方音皆讀ㄏㄧ，因兒母與舌根阻最相近，故轉爲舌曲阻也。

結急

南康方音謂憂愁爲格。ㄐㄍ同爲見母，當爲結或急之音轉。《詩·檜風》：『我心藴結兮。』『藴結』釋爲『係思不解』，即憂愁意。

闌單

方音謂物之孤懸者，爲闌闌單單。《清異録》：『闌單帶，堆垛衫，肥人也。』注：『闌單，不整飭貌。』又《史通·二體篇》：『將恐碎瑣多蕪，闌單失力者矣。』《束皙賦》：『駕闌單之疲牛。』皆訓爲疲貌。竊謂：訓爲孤懸，意亦合。

勿要、不要、弗要

方音謂勿要爲ㄥ要，ㄨ變ㄥ也，如五讀ㄥ，吴讀ㄥ，皆方音之變。

一个、一介

《大學》：『若有一个臣』。《左傳》：『又弱一个焉。』《孟子》：『一介不以與人。』《方言》：『物無耦，曰特；獸無耦曰介。』南康官音説一个，亦作一個。《方言》：『個，枚也。』方音説一介。

扛、擡

扛，《説文》：『横關對舉也。』《史記·項羽紀》：『藉長八尺餘，力能扛鼎。』擡，《廣韻》：『擡，舉也。』元稹詩：『大都只在人擡舉。』贛南官音説抬，方音説扛。《説文》無擡字，可見扛爲古音。

玩、頑、攪

玩，《説文》：『弄也。』《玉篇》：『戲也。』《書·旅獒》：『玩人喪德，玩物喪志。』今京音作頑，《説文》：『頑，㮯頭也。』《廣韻》：『愚也。』《書·堯典》：『父頑母嚚。』俗謂頑梗不化，都無戲弄義。方音謂玩爲攪，《説文》：『攪，亂也。』《詩·小雅》：『祇攪我心。』足見攪是古音。

掽、撞、迸

方音兩物無意相觸，曰掽，亦曰撞。掽，蒲孟切，亦作碰。《牧豬閒話》：『今凡鬭牌，皆曰碰和。』方音呼作ㄅㄨㄥ。又方音謂人淘氣跳叫，曰碰匕跳，或曰迸迸跳跳。方音謂魚出水亂跳，曰迸。《石頭記》八十一回：『却是活迸的（謂魚）。』

落拓

《北史·楊素傳》：『少落拓有大志。』落拓，不拘小節也。方音謂人與事不關心，曰落落脱脱。又謂接門不牢固，亦曰落落脱脱。又俗謂字遺漏曰脱落。

空落落

《石頭記》：『你瞧這地方，一時間就空落落的了。』方音讀落爲陰平。

睡覺，歇晧

贛官音謂睡覺，方音謂爲歇晧。《瑜伽師・地論卷十一》：『初夜後夜，不常晧寤。』注：『晧，古孝切；寐，覺也；悟與寤同。』釋門譯師，精研字學，不用覺而用晧，當有所本。又雩都謂睡覺爲歇眼。

炙、烤

官音謂烤火，方音謂炙火。《説文》：『炙，炮肉也。從肉在火上。』《詩・小雅・瓠葉》傳：『炕火曰炙。』古無烤字，當是熇之訛。《説文》：『熇，火熱也。火酷切。』《集韻》：『苦浩切，音考。本作燺，燥也。』

凴

《集韻》：『依也，託也。』《書・顧命》：『凴玉几。』又叶蒲蒙切，音蓬。華覈《自責文》：『越從朽壞，蟬脱朝中。熙光紫闥，青瑣是凴。』方音謂依傍欄杆等爲凴，讀蓬的去聲。

絡索

俗以説話累贅爲絡索，二字皆讀陰平。

尷尬

《説文》：『行不正也。』贛州謂人之好生支節者爲尷尬。方音謂事不順遂爲打尷尬。《水滸》第三回批：『不尷不尬，宛然外宅。』『尴尬』二字當作『間界』。

溲

小便也。《漢書》：『遺矢溲便。』方音呼作解手，手即溲音之誤。

亨、烹

據《説文》，亯、亨、烹，古只一亯字，後變作亨，作享，《易》：『亨者，嘉之會也。』今讀許庚切。《易》：『公用亨於天子。』今讀許兩切，與享同。方音讀甑下煮物爲亨（許庚切，陽平）。雞卵和菜，加水煮久，則謂之烹。

咄

《廣韻》：『呵也。當没切。』讀若得。《戰國策》：『嚮籍叱咄。』又《後漢嚴光傳》：『帝即其卧所，撫光腹曰：「咄咄子陵，不可相助爲理耶？」』。方音急呼其人，使特别注意，每曰：『得！』（或作『特』），即『咄』字。《國音字典》作ㄉㄨㄛ，即都活切，古音之變也。當知方音即古音。

妄謂

方音謂人亂言，爲好ㄨㄤㄨㄡ，即妄謂也。

佻、弔

《方言》：『佻，抗縣也。燕趙之郊，縣物於臺之上，謂之佻（縣同懸）。』注：『丁小反，當讀若弔。』今以弔唁字代之，誤。又注：『了佻縣物。』方音謂物之孤懸，亦曰了了佻佻。

昏蜑

《新方言》：『《左傳》「渾敦」，杜解「謂不通之貌」。莊子云：「中央之神，名混沌，無七竅。」亦此義也。今音轉謂人不開通者爲昏蜑。』方音謂爲混賬。

莫

《新方言》：『毛，無也。』《漢書·高惠高后文功臣表》曰：『靡有孑遺，秏矣。』按：毛當作莫。方音謂無，與莫音相近，又謂没有爲莫有。《論語》：『文莫吾猶人也。』《詩》：『白日莫空過。』其義似較長。

對、是

南方官音謂是不是，京音謂對不對。《廣韻》：『傥，可也。』《新方言》謂即對字。按：鞮、鍉，《廣韻》都奚切。提、題、醍，《廣韻》杜奚切。諸字皆從是得聲，則古音是爲舌頭音，轉爲今之對音，從可知也。

了

方音謂休息爲了（讀陰平）。了，訖也，畢也，故有休息義。《方言》：『了，快也。秦曰了。』

嫽

《廣韻》：『相嫽戲也。』方音謂戲弄小孩爲嫽。

踼

《廣韻》：『踼，跌頓伏貌，徒郎切。又跌踼行失正，徒浪切。』揚雄《甘泉賦》：『廻猋肆其碭駭兮。』注：『碭與踼同，盪駭，風勢震動貌。』方音呼滑跌爲盪，當爲踼本字。

瞪

《説文》：『目小作態，瞢瞪也。作滕切。』方音謂用力開眼爲瞪。

鬮

《廣韻》：『鬮，取也。居求切。』音鳩。方音呼作勾，斑鳩亦呼作斑勾，廣東呼九作苟。皆足證明今之ㄐ母，古讀ㄍ母。

妝憨

《廣韻》：『憨，癡也，呼談切。』南昌謂妝憨（讀若歡），當是此字。方音謂妝憨若妝奸。憨從敢聲，讀若奸，亦未爲誤。

嬭、奶

《廣韻》：『嬭，乳也，奴蟹切。』方音謂乳爲嬭，又稱祖母爲嬭嬭。《廣韻》：『嬭，楚人呼母，奴禮切。』此一字轉兩音，俗作奶，字書無此字。

囂言囂語

《孟子》：『囂囂然曰：「我何以湯之聘幣爲哉？」』注：『囂然自得之志，無欲之貌也。』方音囂言囂語，當本此。

人類

崽

《方言》：「崽者，子也。」（聲如宰）贛州官音同，方音讀若者，當是音轉。

新婦

《爾雅》：「弟之妻爲婦。」注：「猶今言新婦是也。」方音讀新婦若新鋪。

細伢子

《新方言》：「萌芽，亦始之義也。古衹作牙，《後漢書·崔駰傳》「甘羅童牙而報趙」。今揚州、鎮江、杭州通謂小兒爲小伢。芽變伢也。」方音謂爲細伢子，伢讀兀ㄢ。

門斗

《方言》：「淮西謂童僕爲斗子，即豎子也。」方音：前清謂學署使役爲門斗。

火計

《新方言》：「朋輩謂之火計。」方音謂合本經商爲火計（火或作夥），與別處謂雇役爲火計者不同。

比肩民

南康縣北有劉姓雙生子，臍旁有肉帶毗連，比肩而坐，挽肩而行。此病則彼困，彼飲則此醉。耕則共執鋤，獵則一火一器。家極貧，父攜往中外，博錢賣觀。外人租入博物院，數年得萬金。昨年返康，營田宅，娶妻生子，今猶健存，面團團做富家翁矣。《爾雅》：『北方有比肩民焉，迭食而迭望。當謂此種人。』注：『此即半體之人，各有一目、一鼻、一孔、一臂、一脚。亦猶魚鳥之相合，更望備警急。』恐非是。

語詞類

呰、己、者

《爾雅》：『兹、斯、呰、呰、己，此也。』郭注：『呰、己皆方俗異語。』陸音『呰，子爾反』，與『者』音最近。（『者個』當作『者』，俗誤作『這』）南康廣客籍謂『此』爲『己』，與陸音『己音以』相合，可見亦古音也。

曰

《説文》『詞也，王伐切』。方音謂説話爲ㄨㄚ，音最相近；或作謂，《説文》『謂，報也，于貴切』，知當作『曰』。

呵呀

《新方言》：『嚄唶，驚歎聲也，轉爲夥頤。』方音更轉爲『呵呀』。

或者

方音讀『者』爲ㄓㄚ，再加『子』字語尾，説爲『或者子』。

底介

南康的信豐客籍，謂甚麽爲底介，不得其解。偶閲《言鯖》：『唐方言底字作何字解。』《顔氏家訓》云：『何物爲底物。』此本言何等物耳，後遂省何，直言等物也。又宋人劉季孫詩：『呢喃燕子語梁間，底事來驚夢裏閑。』底事，何事也。雩都説ㄓ介，或什介。龍南説甚介。皆同意。

吆喝

《五音集韻》：『吆匕，聲也。』《集韻》：『喝，呼也。何葛切。』國音讀ㄏㄛ，方音謂打吆喝，喝音誤作火。

器物類

罶

《爾雅》注：『今之百囊罟，亦謂之罶。』方音謂以竹器盛魚，形似凸字者爲畾。亦猶羅本鳥罟，今謂竹器盛穀者爲羅，而别作籮也。

篧

《爾雅》：『篧謂之罩。』注：『捕魚籠也。』疏：『李巡云：「編細竹以爲罩，捕魚也。」』方音讀若濠，與鶴音相近。

鍋

《方言》：『車釭，齊燕海岱之間謂之鍋，自關而西謂之釭，盛膏者乃謂之鍋。』方音謂釜爲鍋。當是鬲字。《説文》：

「齊名土釜曰鬴，讀若過。」

甖、甕、盎

《方言》：「自關而東，趙魏之郊，謂之甕，或謂之甖。」《廣韻》：「烏莖切，同甕。」廣客籍謂若翁，與國音同。人每不知其字。《方言》：「罃甀謂之盎。」方音讀盎爲尢，人每不知其字。

鐮、鎌

《方言》：「刈鉤，自關而西或謂之鐮。」《説文》：「鍥也，或作鎌。」

弓

《説文》「居戎切」，方音同，國音ㄍㄨㄥ。

耒

《説文》：「耒，手耕曲木也，盧對切。」今俗別作犁。方音或讀犁若耒。

舄、鞵、鞾、屐

舄本鳥名（見前），爲象形字。《博雅》：「舄，履也。音昔」。是假借。《釋名》：「複其下曰舄。舄，腊也。行禮久立地，或泥濕，故複其末下，使乾腊也。」《古今注》：「舄以木置履下，乾腊不畏泥濕也。」《詩·豳風》：「赤舄几几。」疏：「舄有三等，赤舄爲上，冕服之舄，下有白舄、黑舄。」

屐，《廣韻》「奇逆切」。《説文》「屩也」。《增韻》「木屐也」。贛州官音呼爲板鞋，方音呼爲屐子。

鞵，《説文》：『革生鞮也。從革，奚聲。』《玉篇》同鞋。

鞾，《説文》『鞮屬』，《廣韻》亦作『靴』。

案：舄、鞵、鞾、屐四字，音都相近，當爲鞵音轉。

磕磕響

《集韻》：『石聲。』

餹

《方言》：『餳謂之餹。』今作糖。《説文》：『糖，飴也。』爲新坿字。王灼《糖霜譜》：『唐大曆間，有僧號鄒和尚者，不知從來。跨白驢，登繖山，結茅以居。須鹽米薪菜之屬，即書付紙，繫錢，遣驢，負至市，人知爲鄒也，取平直掛物於鞍，縱驢歸。一日，驢犯山下黄氏蔗田。黄請償於鄒。鄒曰：「汝未知蔗爲霜糖，利當十倍。」試之果信。鄒來年走通泉山縣，靈鷲山龕中。其徒追躡及之，但見一文殊石像。衆始知大士化身，而白驢者，師子也。』

餻、粢、䬼

《方言》：『餌謂之餻，或謂之粢，或謂之䬼。』贛南餻之種類，有雲片、雪片、芙蓉等。粢之種類有油粢，麻粢等。䬼有黄䬼。三物制法形式大不相同。

骰子

《廣韻》：『骰子，博陸采具，出《聲譜》。』音投。方音呼爲猴子，不得其解。偶思泰和呼頭若猴，人每以爲笑，當是古音。方音亦呼骰子爲色子。《言鯖》：『唐時投瓊，唯幺一點紅，餘五子皆黑。明皇與楊妃彩戰，將北，唯四可解。

唯一子旋轉未定，連叱之，果成四。上悅，顧高力士，令賜四緋，至今不易。』呼爲色子者，以其紅黑燦爛乎？

廈、厙

《集韻》：『廈，旁屋也。所嫁切。』方音呼旁屋曰披厙，另作厙字。

鳥獸類

鳥

《説文》都了切。方音讀刁之陰平，古音也。

黄鶯

《爾雅》：『鵹黄，楚雀。』《音義》：『鵹，詩傳作離。』《廣韻》：『今用鸝爲鸝黄，借離爲離别也。』《毛詩·草木疏》云：『幽州人謂之黄鸎。一名楚雀。』方音呼爲黄雀（或誤作脚）鴝，鴝當爲鸝之轉音。

斑鳩

《爾雅》：『鳲鳩，鴶鵴。』注：『今之布穀也。』斑鳩當春而鳴，聲似布穀二字，故名之。方音呼若鋪姑，與布穀音最相近。

豺狗

《爾雅》：「豺，狗足。」《音義》：「豺，仕皆反。」方音呼豺狗，豺亦讀仕皆反。

雞健

《爾雅》：「未成雞，健。」注：「江東呼雞少者曰健。匕，郭音練。」方音呼小雞母爲雞㹀，字書無此字，㹀讀ㄌㄢ，當是健之音轉。

雞棲

《爾雅》：「雞棲於弋爲榤，鑿垣而棲爲塒。」方音謂塒爲雞寄，寄爲棲之轉音。

舄、鵲、鴉鵲

舄，《説文》：「誰也。誰，篆文鵲。」《韻會》：「喜鵲也。」一名乾鵲，一名鳱鵲。陶宏景謂之飛駮鳥。《本草》：「鵲大如鴉，而尾長、尖嘴、黑爪、緑背、白腹，上下飛鳴。」《詩經》：「維鵲有巢。」今音雀。方音呼爲鴉鵲（音昔），當是古音。

焉鳶、之芝、乎吁

周伯琦曰：「古人因物制字，如㞢（之）本芝草，乎本吁氣，焉本鳶鳥，後人借爲助語，助語之用既多，反爲所奪，又制字以別之，乃有芝字，吁字，鳶字。」

貓

《廣韻》有苗、茅二音，贛官音呼若茅，方音呼若苗。貓字既從苗得聲，則方音較古矣。

翹

《說文》：「尾之長毛也。從羽堯聲。」段氏曰：「尾長毛必高舉，故凡高舉曰翹。」《詩》：「翹翹錯薪。」方音謂物高舉者，曰「翹起來」。

孵

《廣韻》：「卵化也，芳無切。」方音讀重唇音。

秧雞、禾雞

《本草綱目》：「秧雞大如小雞，白頰、長嘴，尾短，背有白斑。多居田澤畔，夏至後，夜鳴達旦，秧後即止。」方音謂禾雞。又《本草綱目》時珍曰：「䳕大如雞雛，頭細而無尾，毛有斑點，甚肥，雄者足高，雌者足卑，其性畏寒。其在田野，夜則群飛，晝則草伏，人能以聲呼取之，畜令鬥搏。」當亦秧雞之一種。

鸜鵒、八哥

《本草綱目》時珍曰：「鸜鵒，身首俱黑，兩翼下各有白點。其舌如人舌，翦剔能作人言。」方音呼為八哥，人喜畜之，能學作種種聲。

翠鳥

《爾雅》名鴗，《本草》名魚狗，亦名翠碧鳥。《藏器》曰：「此即翠鳥也。穴土為巢，大者名翠鳥；小者名魚狗，青色似翠，其尾可爲飾。」方音呼爲翠子。

鷦鷯

《説文》：「鷦䳟，桃蟲也，一名鷦鷯。」俗呼爲黄脰雀，喙鋭如錐。李時珍曰：「鷦鷯狀似黄雀而小，灰色有斑，聲如吹噓，取茅葦毛毳而窠，大如雞卵，而繫之以麻髮，至爲精密，懸於樹上。」方音呼爲緑脰子，或青絲子，當是此鳥也。

鷂鷹

方音呼捉雞雛者爲麻鷂，或呼牙鷹。呼捉鳥雀者爲捉鷂，《正韻》：「鷂，弋笑切，音燿。」《爾雅翼》云：「在北爲鷹，在南爲鷂。一云大爲鷹，小爲鷂。」《本草綱目》：「鷹，一名角鷹、鷞鳩、鴟，一名鳶、隼鷂。」

按：方音呼紙鳶亦呼紙鷂，可見鳶、鷂一物無疑。

貓頭鷹

李時珍曰：「此物有二種：鴟鵂，大如鴟鷹，黄黑斑色，頭目如貓，有毛角兩耳，晝伏夜出，鳴則雌雄相喚，其聲如老人，初若呼，後若笑，所至多不祥。《莊子》云：「鴟鵂夜拾蚤，察毫末，晝出而不見邱山。」一種鵂鶹，大如鴝鵒（即八哥）。毛色如鷂，頭、目亦如貓，鳴則後竅應之，其聲連轉，如云「休留」，故名鵂鶹。」

按：貓頭鷹或名爲鴞、梟、鵩。《藏器》曰：「鴞即梟也，一名鵩。」《詩大雅》：「爲梟爲鴟。」子長大食母，不孝鳥也。方音呼爲貓頭䳄。

驢、騾

《唐韻》：「驢，力居切。」《玉篇》：「似馬，長耳。」方音呼爲驢狗，言其小也。騾，《廣韻》落戈切。李時珍曰：「騾大於驢，而健於馬。」牡驢交馬而生者，騾也。古文作蠃。方音呼爲騾子。

蟲魚類

蟬蜺

《爾雅》：「蜺，寒蜩。」方音呼爲蟬，一呼野蜺，象聲也。

螳螂

《爾雅》：「不過，蟷蠰。」注：「蟷蠰，螗蜋別名。」方音呼爲猴哥，與不過音相近。

蛭

《爾雅》：「蛭，蟣。」蟣，郭音祈。《説文》：「今俗爲馬蜞。」方音呼爲馬芒蜞（衍義名馬蟥）。

杜狗

方音謂螻蛄爲杜狗。《方言》：「螻蛭謂之螻蛄，南楚謂之杜狗，或謂之蛞螻。」杜或作土。

蟅蟒

《方言》：「宋魏之間謂之蚮，南楚之外謂之蟅蟒，或謂之蟒，或謂之螣。」方音亦謂之草蟒，亦謂之螸蟅（音近木遮），即蝗也。《本草》作「蚱蜢」。

蝝

《廣韻》：『蝝，蝗子，一曰蟻子。』音緣。按：蝗是蚱蜢，方音所謂蝝蟲者（旱稻害蟲），即農學書所謂之浮蟲子。形如蟬而小，爲稻害最烈。由方音證之，《廣韻》釋爲蝗子，誤矣。

鱅

方音讀若熊。熊，《廣韻》羽弓切。今南昌讀若容，古音也。

蚯蚓、寒螿

蚯蚓，《尔雅》谓之螼蚓，吴楚呼爲寒螿。螿，《玉篇》许偃切。今南昌等縣呼寒螿，方音呼爲螿公，公當蚓之音轉。

竈馬、竈雞

《本草綱目》：『竈馬，俗名竈雞。』方音同。

鱮魚、鰱魚

陸佃云：『鱮好群行，相與也。故曰鱮；相連也，故曰鰱。』方音呼爲鰱。

鯇、草魚

《本草綱目》：『鯇，音患，又音混。郭璞作鱓，其性舒緩，故曰鯇、曰鰀，俗名草魚，因其食草也。』贛官音呼爲草魚，方音呼爲鯇魚，鯇讀ㄨㄢ。

草木類

蘆菔

方音謂蘆菔，音若羅白，以爲是音誤也。及考《爾雅》：『葖，蘆萉。』注：『萉，宜爲菔。』《音義》：『蘆，力何反。』音羅；『萉音菔，蒲北反。當音白。』

繇瓜

《爾雅》：『瓞瓝，其紹瓞。』《廣韻》：『繇，瓜名，式照切。』與紹同音。方音呼菜瓜爲繇瓜，即《爾雅》之紹瓞也。

藗茅

《爾雅》：『藗，牡茅。』注：『白茅屬。』《音義》：『藗音速。』方音謂爲絲茅。

茦

《爾雅》：『茦，刺。』《音義》：『茦，初革反，音册。』《方言》云：『凡草木而刺人者，北燕朝鮮之間謂之茦。』《説文》：『朿，木芒也，象形，讀若刺。七賜切。』徐鍇曰：『草木之朿。茦、刺二文，音義並同。』按：朿，篆文作『朿』，像木芒。本無須加草頭。方音呼茦若勒，與初革反最相近。

萍薸

《爾雅》：『萍，荓。』注：『水中浮蓱，江東謂之薸。』方音亦謂薸。

澱、靛

《爾雅》：『葴，馬藍。』《疏》郭氏：『今大葉冬藍也。今爲澱者是也。』澱，今俗作靛。《本草綱目》：『藍質，浮水面者爲靛花。』

按：《說文》無靛字，靛即藍之沉澱。

烏桕、木梓

《爾雅》：『大而散，楸。散，七路反。』方音呼爲烏桕，音之轉也。南昌呼爲木梓。《爾雅》『椅梓』注：『即楸。』更可證楸即烏桕。

荼、茶

《爾雅》：『檟，苦荼。』注：『樹小如梔子，冬生葉，可煮羹飲。今呼早采者爲荼，晚采者爲茗。』《音義》：『荼音徒。』《埤蒼》作『搽』。案：今蜀人以作飲，直加反。可見荼、茶爲古今字。古音徒，今音直加反。

覃

《爾雅》：『覃，延也。』《詩》：『葛之覃兮。』方音謂物蔓延爲覃，讀陰平。

茄

《廣韻》：『茄子，菜，可食。求迦切。』方音呼若求，與古音相近。贛官音呼爲鎚子，誤。

梂

《廣韻》：『《説文》「櫟實也」，一曰擊首。』方音呼一種最堅硬木爲梂樹。爲用甚廣，出深山中，或即櫟樹，以實得名，待考！

瓤瓜

《廣韻》：『瓜實也。汝陽、女娘二切。』方音讀若囊。

稻

《説文》：『稻，稌也。徒晧切』，『稌，稻也，徒古切。』《詩·周頌》：『豐年多黍多稌。』稻、稌實一音之轉。稻之種類不下百餘種，大别可分爲二：一者性黏，方音呼爲糯。糯，愞也，可以釀酒。一者性不黏，方音呼爲占。李時珍曰：『得種于占城國，故謂之占，俗作黏者，非也。』南人日常所食者即占稻。但簡稱稻。孔子云『食夫稻』是也。《説文》：『穛，稻不黏者。力兼切。』占即穛之轉音，亦未可知。醫書所謂粳米，粳即秔之或體。《正韻》音庚，『稻之不黏者』。李時珍曰：『入解熱藥，以晚粳爲良爾。』故醫書謂粳米爲晚稻米者，此也。

粟

粟之種類，當亦甚多，大别亦分爲黏、不黏二種。黏者爲黍。《説文》：『黍，禾屬而黏者也。孔子曰：「黍可以爲酒，禾入水也」』，『稷，齋也，五穀之長。』李時珍曰：『黍與稷，一類二種也。黏者爲黍，不黏者爲稷。稷可作飯，黍可釀酒。猶稻之有粳與糯也。』《説文》：『粟，嘉穀實也。粱，米名也。』李時珍曰：『粱即粟也。』考之《周禮》九穀六穀之名，有粱無粟，可知矣。《説文解字注》：『生曰苗，秀曰禾，橐實並刈曰禾，其實曰粟。粟中（人）「仁」曰米，米可食曰粱。自漢以後，始以大而毛長者爲粱，細而毛短者爲粟。』

秫

《説文》：『稷之黏者。』李時珍曰：『北人呼爲黄糯，亦曰黄米。北土多以釀酒。』醫方所用黄米即此。

蜀粟

一名高粱，有黏、不黏二種。方音呼爲高粱粟。按：贛南粟之出産甚少，就所知者，有高粱粟、狗尾粟，數種而已。方音通呼爲粟。若性分黏、不黏，老農或有不知，無怪士人。陶弘景曰：『《詩》云「黍稷稻粱，禾麻菽麥」，此八穀也，俗猶未能辯證，況芝英乎？』蓋歎博物之難也。今一一分别之，數年之疑，涣然冰釋，真快事也！

禾、穀

《説文》：『禾，嘉穀也，二月始生，八月而熟，得時之中，故謂之禾。』《詩·豳風》：『十月納禾稼，黍稷重穋，禾麻菽麥。』疏：『苗生既秀，謂之禾。禾是大名，非徒黍稷重穋四種，其餘稻秫苽粱，皆名禾。惟麻與菽麥無禾稱。故再言禾以總之。』贛南所食者爲稻，故專呼稻苗爲禾。

穀，《説文》：『續也。百穀之總名。』《周禮·天官·大宰》：『三農生九穀。』《天官·膳夫》：『食用六穀。』《天官·疾醫》：『五穀養其病。』《論語》：『五穀不分。』《齊民要術》：『今人專以稷爲穀，當指北方言，因北人多種稷故也。』方音專呼稻爲穀，贛官音呼爲稻子。

按：南人食稻，北人食麥。以爲南人農事以稻爲重，北人農事亦當以麥爲重。何以通書二十四節，曰穀雨，曰芒種。又先王春省耕，秋省斂，諸善政皆非指麥而言，不啻爲種稻者言歟？不知北人雖食麥，古時重要食品，首在於稷（即粟），故稷爲五穀之長。《爾雅翼》曰：『麥者，接絶續乏之穀。』所謂春耕夏耘秋獲者，其謂稷也。

荞麥

蕎麥亦名花蕎。方音呼爲花麥。豆科植物也。

梯、椑

梯，本作「㭢」，俗作「柹」。《説文》：「赤實果。」「椑」音「卑」，《唐韻》：「木名，似梯。」《爾雅翼》：「梯有七絶，一壽，二多陰，三無鳥巢，四無蟲蠹，五霜葉可玩，六佳食可啖，七落葉肥大可以臨書。」蘇軾《答秦太虚書》：「柑橘椑梯。」方音呼爲梯椑。

贛南方音古音對照表

	雙唇音	唇齒音	舌尖音	舌根音	舌前音	舌齒音
贛南方音	ㄅㄆㄇ	ㄈㄪ	ㄉㄊㄋㄌ ㄬ ㄖ	ㄍㄎㄫㄏ	ㄐㄑㄒ	ㄗㄘㄙ ㄓㄔㄕ
古音	幫滂明 並		端透泥來 定	見溪疑曉 匣		精清心 從

觀上聲母表，方音共有十九個聲母，ㄋㄬㄖ不分，ㄗㄘㄙ和ㄓㄔㄕ不分。

今之國音讀唇齒音的，雖在方音常常讀雙唇音，但考今之方音，齒唇音已不少。

今之國音讀舌前音的，雖在方音常常讀舌根音，但考今之方音，舌前音亦不少。

近人考訂古音爲十九聲類，除影母屬於介母韻母外，餘並、定、匣、從皆爲濁音。由是古音聲類，和方音聲母，可謂大體相同了。

	贛南方音	古音
介母	ㄧ ㄦㄝ	齊
	ㄨ	模
	ㄩㄝ	
純韻母	ㄚㄝ	歌
	ㄛ	
	ㄜ	德
複韻母	ㄞ	哈
	ㄟㄝ	灰
	ㄠ	豪蕭
	ㄡ	侯
鼻音母	ㄢ	覃先添
	ㄢ 閏母讀贛南方音安	寒
	ㄣ	痕
	ㄤ 閏母讀贛南方音唐的后一音	唐
	ㄥ	東冬青登

觀上韻母表，方音共有十五個韻母（閏母在內）。近人考訂古韻爲二十八部。平聲十八部，方音可並爲十二韻母。入聲十部，除德部，即ㄜ韻外，餘九部可併入平聲。

古無ㄝ韻，方音亦無ㄝ韻。國音ㄝ韻字，方音大概讀ㄚ或ㄟ的居多，亦間有讀ㄧ或ㄩ的。

古韻無撮口，方音有少數撮口韻，故列ㄩ母。

古韻無麻部，方音呼人，往往ㄚ音開頭，故ㄚ韻最多。除麻部尚屬懷疑外，其餘亦大體相同了。

古無輕唇音

錢大昕曰：『古無輕唇音，（今改名唇齒音）凡今音讀輕唇音的，古時都讀重唇音。』他便把古書去證得千真萬確。我得了他這個發明，方音上便有好多話，可以找得字出來。以下略舉數條：

蚊、蟁

《説文》：『齧人飛蟲也。從䖵民聲。』蚊，《説文》：『俗蟁，從虫從文。』古讀文如門，無輕唇音也。《水經注·漢水篇》：『文水，即門水也。』贛官音稱蚊子，方音稱蠓子。蠓，《郭璞圖贊》曰：『小蟲似蜹。』廣客籍呼若民子，與《説文》民聲正合。呼蠓、呼民，皆重唇音也。

父、爸爸

俗呼父爲爸爸，廣客籍呼若補爸。父，輕唇；爸及補皆重唇，斧頭亦呼若補頭。《爾雅》：『斧謂之補。』古禮服刺繡如斧形者曰黼。《左傳》：『火龍黼黻。』釜，《説文》作鬴，甫聲字。孚卵之孚（俗作孵），古甫殳反。方音亦呼若鋪，或呼若抱，皆足證明父音讀重唇。

飯、餅

福建人呼喫飯爲喫餅，亦古音。陸德明《爾雅音義》曰：『餅字又作餅，俗作飯。』餅，重唇，今讀飯則輕唇也。

胡子

贛州官音呼有鬍的爲鬍子。鬍即胡的俗字。方音則呼爲ㄨ子，麵糊，方音亦呼麵ㄨ。

又前清製錢之兩面，有滿字的，俗呼滿子，有漢字的，俗呼爲㐅子。有人說：『漢人呼清爲滿，滿清人呼漢爲胡。互相詆之詞也。』

又《漢書·西域傳》曰：『以金銀爲錢，文爲騎馬，幕爲人面。』如淳曰：『幕音漫。』漫、滿音相近，則稱錢一面爲漫，是中國古語，非指滿字。

味

廣客籍呼飲子（菜湯等）爲妹，即味字也。味，輕唇；妹，便讀重唇。

未、毋、不要

《論語》：『毋，與而鄰里鄉黨乎？』方音凡不要，曰妹（陽平）妹，《說文》『未聲』，可見古時未、妹同音。或謂爲毋要，毋，方音讀ㄥ。

飛

尋鄔縣說飛爲ㄅㄟ，亦輕唇說重唇，古音也。悲、排皆從非得聲，可以類推。

古無麻韻之懷疑

顧炎武曰：『古無麻部。』（即是無ㄚ韻母）今考方音，ㄚ音最多。案：韻母發音原理，可得而分別者，略有數端：一、口開合之全、半；二、舌之前後升降；三、唇之圓、不圓；四、帶鼻；五、複疊。變化甚微，而通轉最易。今略舉

『丨』『ㄨ』『せ』與『丫』韻之通轉（亦間及別韻母），供學者之研究焉。

蛇（古讀移），射（無射之射讀亦），易（雩都讀丫韻），掖、液、腋方音都讀丫韻。

唱喏、作揖

《西遊記》：『行者朝上唱個大喏。』南康方音教小孩作揖曰唱喏，成人則曰唱喏，喏讀若雅。《廣韻》：『喏，今作㖇，人者切。』與雅音最相近。文言則爲揖字。

揶癢

《禮》：『疾痛屙癢，而敬抑搔之。』方音呼揶癢，當是抑之轉音。

以上『丨』與『丫』之通轉

模糊、麻糊、磨刀、麻刀

方音謂模糊爲麻糊，謂磨刀爲麻刀。

母　媽

方音呼母親爲媽媽，呼伯母爲伯㜷，呼叔母爲㜷㜷，或嬷匕，皆母字之音轉。又廣客籍呼祖母爲阿媽，呼伯叔祖母爲阿婆。呼雞鴨母爲雞婆、鴨婆。亦呼爲雞麻、鴨麻，麻即媽也。

又**汙**，古本讀若蛙。**烏鳥**，今呼作鴉；**鶩**，今呼作鴨。**商賈**二字，古亦通作價。**呱孤罛觚**，皆從瓜聲，今讀ㄍㄨ。

（以上『ㄨ』與『丫』之通轉）

國音ㄧㄝ有椰、斜（谷名）、揶、爺、琊、耶、邪、也、冶、野、夜、射（僕射），方音都讀ㄚ韻，與《廣韻》同，但在國音，並轉爲ㄝ韻。

（以上「ㄝ」與「ㄚ」之通轉）

蛙

《說文》作鼃，「蝦蟇也，從黽，圭聲，烏媧切」。方音呼若怪子，別作蛙字，與圭最相近，安知今之蛙字，古音不呼若怪乎？然則哇、娃、媧、窪，古音皆不讀作「ㄚ」韻也。

剜、空、挖

剜，《說文》「削也」，如「剜肉補瘡」，注音爲ㄨㄢ。挖，《字彙補》「挑挖也」。注音爲ㄨㄚ，如俗云「挖補」。《說文》無挖字，當是剜之音轉。空，《說文》：「空，空也，烏黠切。」南康方音亦謂挖爲空。

（以上「ㄚ」與別韻母之通轉）

古無舌上音

錢大昕曰：「古音字紐，有端透定，無知徹澄。」南康方音，尚無其證。但奉新、泰和，此類的例很多。如奉新呼張爲當，呼中爲東。泰和呼尺爲塔，呼丈爲湯。這是無知徹澄的明證。

古音ㄍㄎㄫㄏ與ㄐㄑㄬㄒ不分，或说古無ㄐㄑㄬㄒ音。

證之方音，信然。如織布的直紗方音呼爲干，即經之古音。《廣韻》：「經，古靈切。」橫紗呼爲ㄩ，或亦緯之古音。

又如更鼓之更，官音呼爲ㄐㄧㄥ，斤兩之斤，廣東呼爲ㄍㄣ。窮，方音或亦呼ㄎㄥ。裙方音或亦呼爲ㄎㄨㄥ；雞方音或呼ㄍㄟ；諸如此類，不可勝舉。又英文g，亦分剛音，柔音。可見音理，中外從同。

鬮，《廣韻》：『鬮，取也。居求切。』音鳩。方音呼作勾，斑鳩亦呼作斑勾，廣東呼九作苟。皆證明今之ㄐ母，古讀ㄍ母。

五聲研究

我國字音，分平上去入，由來已久，但各地讀法不同：有分清濁八聲的，也有分七聲的。書面上雖已統一，按諸實際，却很紛歧。余初研究時，謂大概分南音北音罷了，今切實調查，始知贛南各縣説話的五聲，和北方相同的很多。可見贛南民族，皆由黄河流域轉徙而來，時間雖久，聲音尚多未變。俗話説：『寧肯賣了祖公廳，不可賣了祖公聲。』這話可代表吾民的特性了。兹爲便利起見，將國音、贛官音、贛南土音，列表于左，再將調查各縣的音，參伍比較，便覺格外明瞭呢。

五聲比較表

五聲／音别	陰平	陽平	上	去	入
國音	輕而平	高而揚	強而曲	遠而墜	急而促
贛官音	平道莫低昂	重濁	高呼猛烈強	分明哀遠道	短促急收藏
贛南土音	同	重濁	似國音略高	似國音略高	短促

調查各縣五聲表

縣別	同某音或相近	特異點	調查人姓名 調查人住址
贛縣	贛官音	説話人入聲甚少，入聲字多轉去聲	著者自調查
興國	同贛官音	有入聲	劉步升話
信豐	同贛官音		羅蔭楨話 城内人
龍南	同贛官音	惟去聲略平，有入聲	徐慶年話
虔南	同贛官音	有入聲	陳嘉猷話
定南	同贛南土音		黄輔廷話
安遠	同贛南土音		歐陽海話
尋鄔	同贛南土音		劉育英話
雩都		陰平讀若官音之陽平，陽平同國音而略低，上、去、入同贛官音	易鎮寰話
會昌	同國音	陽平略低，有入聲	謝民新話
甯都	同國音	缺陽平，陽平上聲不分，但有時上聲讀略高	劉永蔚話
瑞金	同國音	缺陽平，陽平讀上聲，有入聲	郭上堤話
石城		陽平同贛官音，略高；上、去不分，讀若贛音去聲；有入聲	黄光瑶話 城内人
上猶	同贛官音	入聲甚少，轉入各聲	曾珊話
崇義	同贛官音	有入聲	黄德華話

（續表）

縣別	同某音或相近	特異點	調查人姓名 調查人住址
大庾	同贛南土音	惟去聲略低	温恭話
南康	同國音（本地） 同贛南土音（客籍）	缺陽平，陽平讀上聲，入聲甚少（此指本地音説）	著者自調查
安福	同贛官音		歐陽燀話
萍鄉		陰平略重，陽平略似陰平，上、去、入同贛官音	陳啟癸話
宜豐		陰平同，陽平同國音，去聲缺，讀同陽平，上聲略低	盧榮光話
南昌	同國音	去聲略低，有入聲	胡家駿話
奉新	同贛官音	陽平略高	閔頤萱話
武寧	同贛南土音	去聲特高	郭元梁話
瑞昌	同國音	陰平、陽平不甚分，無入聲陰平讀若陽平	田汝梅話 離城五里

説明

一、贛州官音，相傳由明代王守仁傳授，與浙江官話、四川官話相同，或可代表南方官音。在贛縣操官音，惟城内及附郭而已。鄉間操贛南土音者，仍居多數。

二、北京音無入聲，南方官音有入聲，近世音學家所公認也。今調查贛縣所説的官音，入聲甚少，在外縣者，往往有入聲。何以故？因爲入聲短促，説話稍從容悠緩，便失其所以爲入了。交通地方，話較柔軟，鄉僻地方，話較硬直。故贛南土音，多有入聲。

三、陰平，國音、贛官音、贛南土音都相同。調查各縣，惟雩都、萍鄉、瑞昌讀法特別，可異也。陽平，國音提高，贛官音、贛南土音放低。上、去，贛南土音與國音相近也。

四、雩都、石城音異各地，其故或因雩都建縣甚古，或受古音異族方言之變化，石城位贛南道屬之東北隅。贛官音或是由北而南，贛土音或是由南而北（贛南民族由廣東轉徙而來者甚多）。石城交通不便，故略異也。

五、贛南土音，與廣東嘉應州（今改稱梅縣）音最相近。南康客籍，凡由嘉應遷徙來者，皆操是音。其勢力之大，不但贛南屬縣，人人領解，即自遂川、萬安以及修水、武寧、南昌鄉間，皆覺很相近。

六、南康話，大別可分二種：一本地聲，二廣老聲（俗語）。廣老聲，即所稱贛南土音，由嘉應遷來客籍，人口占南康多數。本地聲，即南康土著，現城區操是音，大致與國音同。回憶北京國語講習所，教授王蘊山先生所授五聲，亦覺陽平上聲不分。現中華書局國音留聲機片，王先生讀音，陽平、上聲，分明的固多，但亦有缺陽平的（陽平讀上聲）。可見缺陽平，是京兆音之一種。南康建邑甚古，其音與京音相同（如讀手、繩、周等字更相近），實研究國音學之好材料也。

七、所謂同某音者，據五聲之高低而言也。若説話之語尾，以及字同而聲母韻母不同者，所在多有。故雖同某音，而説話仍不相通，閲者幸勿誤會。

八、每縣土音，必在三、四種以上，茲所調查，以城區音爲準。若離城稍遠，亦必請説話者，説城内的話，免致混淆。

五聲練習

練習五聲，最感困難。科舉時，有功名關係，作詩又只限平仄，學者尚往往失黏，其難可知也。餘近悟得一法：真覺淺而妙，平而奇。法以各人説話之土音爲標準。無論何縣何音，其所具五聲，每極分明。蓋中國字，同音的多，若無五聲輔助，必聽不懂也（間有缺某音或有少數字音相混者，宜特别注意）。

今舉普通常説之字十餘音（文言字附後），學者按照家鄉説話的土音（讀書的音，便多靠不住），反復唸熟。隨舉一字，能辨明他爲某聲。後再唸準國音的高低。更細審土音某聲如何？國音某聲如何？心念念，口悱悱，久習自然，不覺脱口而出，真快事也！謂余不信，請嘗試之（余現依法教授試驗，成績甚好）。

五聲練習表（見下頁）

字母＼五聲	陰平	陽平	上聲	去聲	入聲
ㄕ	師獅詩屍	匙時	使屎史矢豕	世事勢始施使是蒔	十失實識食飾室
ㄧ	衣依醫噫伊	姨夷宜遺儀疑移飴	椅倚以蟻矣	意易異義裔議藝肄	一亦億役抑揖易益
ㄨ	烏嗚鄔汙	吴吾梧無蜈誣	五伍侮武午鄔䳇	務惡戊汙悮霧鶩	屋物勿沃
ㄧㄚ	鴉丫	牙芽呀衙涯	亞雅	亞訝迓	壓押鴨軋揠
ㄆㄧ	披批砒丕	皮枇玭	庀圮	屁痞跛譬	匹劈辟僻闢
ㄑㄧ	欺溪豁	奇旗其期碁騎麒耆	啟起豈企稽	器契氣棄企	喫乞訖迄泣
ㄏㄨ	呼	壺胡湖糊狐鬍衚乎	户虎琥扈滬	戽互護	忽惚斛穫笏鵠
ㄙㄩ	須鬚需糈		壻醑鱮	序敘絮緒	戌恤卹續
ㄏㄛ	呵訶	何河荷和禾	荷	賀和	合喝曷盍壑鶴郃褐
ㄙㄧㄝ	些	斜邪	寫瀉灺	謝卸榭瀉	洩泄屑薛燮
ㄘㄞ	猜	才材纔財裁	采採彩睬跴	菜蔡采	
ㄧㄠ	腰要邀夭妖么	遥謡摇窯堯姚	舀夭咬齩	要曜耀樂	
ㄧㄡ	憂優幽黝	油由游尤郵	有友酉	又右佑幼	
ㄧㄢ	煙咽胭淹燕	簷鹽延言閻顔嚴沿	掩眼演衍兗	厭宴燕艷雁驗饜焰	
ㄑㄩㄢ	圈	拳權顴	犬畎	勸券	
ㄧㄣ	音陰殷慇因姻	寅婬淫銀齦吟夤	引飲尹隱癮	印蔭胤	
ㄈㄤ	方坊芳	房防魴	紡彷倣髣	放訪	
ㄊㄨㄥ	通恫痌侗	同童桐筒銅衕僮彤	桶	痛慟統	

贛方言考

鄔心普

一　赣方言字考

二　赣方言新考

《方言新考》叙

《方言》一書，創自西漢揚子雲。近人章太炎先生復爲《新方言》一書。揚氏之書，自謂採于上計孝廉，内郡衛卒，凡曆二十余載始成，可謂勤矣。章氏之書，則遠承揚許之學，近習戴、段、王、錢諸家之説。身經憂患，東渡扶桑，慨文獻之日就衰微，諸夏之不獲寧壹。謂世人習左行文字，且多尋其語根，溯之希臘羅甸。獨於國語，憚於推究本始。家人簞席間，造次談論，勿能自證其故，良爲可愳。適同時劉子申叔，爲《方言札記》數十條，黄子季剛次《蘄州語》一卷，遂乃發憤，廣搯殊語，徵之古音，得八百餘事，分爲六例，成書十有一章，可謂精矣。論者謂揚氏之書雖稱博洽，以今日觀之，僅文章辭彙之助，其足爲語音研究之資料者殊少。章氏之書，由一鄉一州詘詰之言語，進而求之於《爾雅》《説文》，得其鰓理，遂使已死之語，一旦昭蘇，擴而充之，可以收言文一致之效果，振民族統一之精神。然則各地方音之攷證，烏容緩哉？

鄔君心普，蚤歲於音韻訓詁之學，獲窺堂奥。已復負笈北平，研習國音。於發音之學，治之益精。遂乃師揚氏之方法，採章氏之精神，得贛南方音百餘事，登之學校刊物。如説虹爲降，蘆服爲羅白，躲藏爲匧，肩挑爲克。均可以古音古義證明方音。由是興味醰醰，進求不已。近更斂屏筆耕，端居潛研，所獲益廣，裒然成書。若心普者，不亦勤且精乎？

夫方言之學，其大要，疑於義者，以音求之，疑於音者，以義正之，故音韻與訓詁爲治斯學之利器。其最終目的，在即今音以求古音，即古音以求言文之一致。近來治語言學者，頗異此説。古音古義，殆唾棄勿道，既切音之紐攝，注音之字母，亦以爲疏簡，不給於用，而根據語音學所定之符號，輔之以機械，分地調查，隨人收集。謂據此可以知各地方音之性質，知方音之性質，即可以知各地方音與國語不同之原因。知不同之原因，即可以謀改進方言，而獲統一之國語。心普其謂之何哉？余於二者之學，均乏講求，喜心普書成，妄綴數語，知於讀者略無裨補，然信是書千載之下，其不爲子雲之覆瓿也必矣。

民國二十五年夏奉新濬初周蔚生敘

目　録①

① 原書無目録，衹在卷首附加了『贛方言字考』和『贛方言新考』標題頁，及『方言新考』敘一篇。今據該書内容增加目録於卷首。

甲　赣方言字考

凡例

一 本考分十二類，以便檢查。

一 本考於字音，多用反切，及注音符號。如未諳者，宜先閱本考注音符號易知，即可粗得音韻知識。於國音，亦可自行研究。

一 本考字義，每多創解。如申即火閃之閃，辵即踱字，夲即超字，克即肩挑，𠥔即躲匿，皆於方音有確鑿證據。故不敢以古訓自封，非好立異也，閱者諒之。

一 著者於考據學甚爲淺陋，何敢侈談發明，特於庚耕清青韻，及[①]深喉、舌尖、舌葉之通轉，及古無曉匣紐考，覺爲創獲。就正情殷，詒笑方家，殊非所計。

一 韻母通轉二圖，依新音理創立，與吾國古法多不合，閱者細玩焉。

一 形聲字之從某聲，後人僅就韻母立論，於聲紐多忽略。如『旭』，《説文》：『從日，九聲。臣鉉等曰「九非聲，未詳，許玉切」。』拙考古無曉匣紐，則『九聲』允矣。其餘形聲字，亦多從聲紐得聲，皆爲揭出。

一 本攷於作文甚多補助，如知把爲畀，嫂爲姒，扛抬爲舁，如然爲様，拔菜爲芼，拗酸爲餕，筷爲夬爲箸，笪打爲

① 該書頁眉有題名爲『綱誌』字樣者，對相關内容進行了標誌，並建議删、改，今皆省去。此外，正文有相關補充校訂的内容，如倒文符號、增添落文。倒文均據原文改，增添的落文随文填入。如斜體字『庚耕清青韻，及』即爲正文所增内容，下文不再標出。

撻爲笞，擔枷爲荷校，登枱爲飣席，㲉茈爲荸薺，火鳹鳥爲穫穀，迭即挨迭，埴俗作垟。文言選字，則古色古香，白話寫實，則有此話即有此字。

一 本書『方言新考』原名『贛南方音考』，以就贛南考證者多，但亦旁及他處。又贛南方言多吾國古代方言之遺存，故不啻考證全國方言也，故易以今名。然一隅方言，尚無窮盡，况全國乎？願有志方言者，各就方隅，集爲專書，庶可蔚爲大觀，不致罣漏。

一 著者性喜内典，不能專事方言，其錯訛闕略，所不能免。閱者若發現謬誤，祈賜函指正，無任歡迎。

一 本考三易稿，謄正者爲曹君耀珍，小兒覺華等。

緒　言①

炎黄裔胄，於黄河上下，華嶽遠近，披荊斬棘，闢地開天，生息經營，肇基創國。厥後繁殖大江南北，徧布震旦神洲。國史家乘，記其遷徙，省縣方音，存其遺韻。若蛛之引絲，馬之留跡，事理之固然，足堪徵信者。

間嘗於友朋晉接，農牧絮談，獲古語佐證，不啻堯舜羹牆，夫子聞韶之在齊也。南康謂知若諦，奉新謂著若鐸，古無舌上音也；南康呼父爲爸，呼婦若鋪，古無輕唇音也；呼濃若寧，呼日若匿，古音娘日歸泥也。泰和呼尺爲塔，奉新呼鐘若東。南方官音，讀之爲資，癡爲雌，尸爲私，其古無正齒音歟？南康呼虹爲槓，呼壑若殼，余之所徵，古無曉匣紐也。進而求之，旭，九聲，釁，分聲，許氏所定，後人疑焉。耿、羔皆從火聲，兄、杏、后、喜皆從口聲，許氏未詳，可藉余徵，以抉古今疑網也。

顧炎武曰古無麻部，已引經據典矣，或云崑山方言亦然。近人翻案，謂古有丫音。余孜粵東贛南，呼人以丫冠首，則丫音特多矣。

北言陰陽，南云清濁。北讀陽平，高而揚也；南讀濁平，重而濁也。聲之急促名入，北無南有。南柔北剛，音隨口轉，學者之韙言也。孰意南昌、會昌、甯都、瑞金、南康，五聲同北注一，贛康附廓，讀入引長，入名而實亡乎？時之先後數千年，地之相去萬千里，亭林，錢、章二君注二，探玄索隱，古籍爛然，僻域遐方，婦語童謳，談笑活現。謂非一宗

① 『緒言』及下文均根據内容適當分段。

派流傳，一家言嬗遞，胡能若合符節如是耶？

嗟我華衆，護族情殷，愛國念薄。争墳擁祖，義憤無前，衛國保邦，當仁或讓。涉獵斯編，其於方言演變，識其源流，而愛國熱忱必悠然而生，沛然莫禦也夫！

注一，見本考「五聲研究」。

注二，顧炎武云「古無麻部」，錢大昕云「古無舌上音，及古無輕唇音」，章炳麟云「古音娘日二紐歸泥」，「古無曉匣紐」見下本考。

贛方言字考

南康心普鄔榮治著

天文類

1. 申①

古文作「□」，即電之古文，象形。贛南方音（以下簡稱方音）謂「電」爲「火閃」，「閃」即「申」字之誤。「閃」國音讀ㄕㄢ，「申」國音讀ㄕㄣ。考籀文，「虹」作「□」，從虫從申。申，電也。（見《説文》「虹」字解。）《説文句讀》據此謂「申」即古「電」字，誠然。元應曰：「關中名覢電。」「覢」《唐韻》音閃，《説文》「暫見也」。《公羊傳哀六年》：「覢然公子陽生。」今本作「闖然」。「閃」，《説文》：「窺頭門中。」

按：「閃」「覢」皆不訓作「電」，當爲假借。但《説文》「申，神也。七月陰氣盛，體自申束。從臼自持也」。《説文》「電，古文作□」。許氏已不敢定「申」爲「電」之古文矣，方音今可證明之，誠快事。

又《説文》干支等字，最難索解。若知申是電之古文，讀作「閃」音。古時字少，當可借作垛閃字。人到申時，闚頭門中，酉時萬物已入，閉門象也。（見《説文》「酉」字解。）「申」「酉」二字，已可連類解釋矣。

---

① 原文無編號，今以類爲單位編號。

2. 霢霂

《說文》：「霢霂，小雨也。」方音誤爲「迷毛雨」。贛官音（指贛縣城内所操官音，下仿此。）又誤作「毛毛雨」，人每不知其字。

3. 霿霧

《說文》：「霿，天氣下，地不應，曰霿。霿，晦也，莫弄切」。「霚，地氣發，天不應。從雨敄聲。臣鉉等曰，「今俗從務」，亡遇切。雺，籀文省。」《廣韻》：「天氣下，地不應曰雺，莫紅切，音蒙。」

按：《廣韻》誤雺爲霿。《爾雅》：「地氣發，天不應曰霧」。《詩》：「零雨其蒙。」「蒙」即「霿」也。所謂「天氣下，地不應」者，即蒙蒙細雨也。所謂「地氣發，天不應」者，即地氣上蒸爲霧也。方音不能辨，總稱爲「霿霧」或「蒙沙」。

4. 虹

《說文》：「虹，螮蝀也，狀似蟲，從虫，工聲。」《禮·月令》：「季春虹始見，孟冬虹藏不見。」《廣韻》「户公切，又古巷切」。贛南方音謂虹爲降（作槓），即古巷切之虹字音也。又《集韻》《正韻》亦音降，可見「虹」音「降」爲古音。

攷國音尢韻字，《廣韻》分爲江講絳、陽養漾、唐蕩宕等韻。其以江韻次東、冬、鍾之後者，以古音相通也。故江韻字「江、杠」從「工」聲，「膿、氄、鬞」從「農」聲，「瀧、龐、啌、腔、幢、樁、淙」者，所從聲皆東冬鍾韻内字。陶淵明《停雲詩》「濛、江、窗、從」爲韻；李波《小妹歌》「容、蓬、雙」爲韻；謝惠連《七夕詩》「蹤、雙」爲韻。

方音讀「窗」爲「悤」，倉紅切；讀「雙」爲「鬆」，私宗切，讀「鬞」爲「農」，奴冬切（互詳下肛鬞𤢊。）

5. 雪霰

霰，俗謂爲雪珠，細宴切。方言謂爲米頭雪。雪，方音謂爲棉花雪，或謂爲棉花膨。《詩》：「如彼雨雪，先集維霰。」

6. 雹

《説文》：「雹，雨冰也，蒲角切。」《集韻》音僕，方音同。今人每誤作暴音。

7. 烈日

方音呼烈日之烈爲ㄌㄚ；風火之烈，人性之烈，亦呼爲ㄌㄚ。《書》：「烈風雷雨弗迷。」亦作颲。《孟子》：「如水益深，如火益烈。」人有烈士，烈女、烈婦等。

8. 㬉、焫

《説文》：「安㬉，温也。」《集韻》音捺，「暖狀也」。

方音謂日甚熱烈爲㬉人，謂火烈灼手亦爲㬉，讀若納。或作焫，焫，燒也。

9. 曬、曝、⿰日良、⿰日穹、晸

曬，《説文》「暴也」。《前漢・中山靖王傳》：「白日曬光，幽然皆照。」曝，俗㬥字。《顔氏家訓》：「㬥曬字與暴疾字相似，唯下少異，後人輒加日旁耳。」《孟子》：「秋陽以暴之。」今以暴爲暴虐字，曝爲㬥曬字。⿰日良，《集韻》音浪，「㬥也」。⿰日穹，《集韻》去仲切，音穹，「日乾物」。晸，《集韻》知領切，貞上聲。《玉篇》：「日初出貌。」

方音謂日乾物爲曬，微曬爲曝，爲⿰日良、爲晸、爲⿰日穹。⿰日穹音變爲殘。

10. 普光

《説文》：「普，日無色也，从日从竝。」徐鍇曰：「日無光，則遠近皆同，故從竝。」

方音謂天將曉曰普光，又曰天色普普。

按：當作「竝聲」，或「竝亦聲」。《詩・小雅》：「溥天之下。」《孟子》引詩作「普」。《説文》：「溥，大也。」溥爲溥偏正字，今借普作溥，而日無色之普又隱矣。顧炎武博極群經，不知『普』訓『日無色』爲何理。今以方音攷之，《說文》可稱顛撲不破矣。

11. 青天

英人『耐端』發明：以三菱鏡置日中照之，其透過之光線，分析爲紅、橙、黄、緑、青、藍、紫七色。但方俗對於顔色辨别每多錯誤。方言謂藍布之藍，即青也。所謂青布之青，即玄或黑也。欲知青，當以無雲之青天爲準，故舉之以正方俗之錯誤。

12. 昴，七姑星

方音之七姑星，即二十八宿之昴宿。因昴宿七星，故有七姑之傳述。城鄉各地徧建七姑廟以祀之。秋冬時，農家以是星定夜之早晚。有『七中八斜，九倒十落』之古諺。謂陰曆七月，是星當天中而天曉，至八月略斜，九月仄倒，十月落西而天曉也。考昴宿爲立冬節子正三刻四分之中星，與方俗所推測正同。

13. 彗，孛星

《說文》：『彗，掃竹也，从彐持拜。』『彐』即『又』字，手也。《爾雅・釋天》：『彗星爲欃槍。』《左傳・昭十七年》：『冬，有星孛於大辰，西及漢。』《前漢・文帝紀》：『有長星出於東方。』注：『文穎曰，「孛、彗、長，三種星，其形象小異，孛星光芒短，其光四出，蓬蓬孛孛也。彗星光芒長，參差如埽篲。長星光芒有一直指，或竟天，或十丈，或三丈、二丈，無常也」。』方音總謂彗、孛、長三種星爲掃敗星。彗俗名埽，孛、敗音近。

14. 啟明星

《爾雅》：「明星謂之啟明。」注：「太白星也。」晨見東方爲啟明，昏見西方爲太白，亦曰長庚。《詩》：「東有啟明，西有長庚。」實即一星，即金星之別名。方言謂爲曉星，曉讀作昊。方言亦謂天曉爲天昊，ㄒ母讀ㄏ母也。方俗遂誤以昊星爲帝星矣孝、效，方音皆讀ㄏㄠ。

15. 白皚皚

《說文》：「皚，霜雪之白。五來切。」《集韻》「疑開切」，艾平聲。劉歆《遂初賦》：「漂積雪之皚皚。」晉左貴嬪《離思賦》：「霜皚皚而依庭。」

方音謂霜雪之白曰「霜雪皚皚」，「皚」讀「艾」之陽平。

地理類

1. 鄉、堡、都、啚、甲

清分縣爲四鄉或六鄉，鄉分爲若干堡。堡者，堡障小城也，一作保。保分爲若干甲，有鄉堡甲長，治地方事宜。或鄉分爲若干都，若干啚。啚，鄙之古文。《周官》：「五酇爲鄙，五鄙爲縣。」

方音讀啚爲圖，但今糧册，猶作啚字。民國鼎革，分縣爲四區或六區，區分爲若干鄉，鄉分爲若干村。

2. 市、墟

《說文》：「虛，大丘也。」俗别作墟。古者日中爲市，必擇大丘空曠處爲之。故相沿以商賈聚集處爲墟，俗借作圩。南康之潭口仍讀墟爲市音。

3. 壩、塅、壟

壩，《集韻》：「壩堰也，必駕切。」所以止水使不泛濫也。亦作垻，音霸。蜀人謂平川曰垻。黃庭堅詩：「殊勝垻里紫彭淳。」一作灞、䃻，如灞水，灞橋。方音謂沿川田畝爲壩裏，誤作垻。《字彙》：「垻音垻，堤塘。」

塅，俗字，字書無，本作段。《說文》：「椎物也，一曰分段也，从殳，耑省聲。」田分段畝，有田塅名。方音謂近山田畝爲段裏，作塅。亦猶段匹字，俗加糸作緞。

壟，揚子《方言》：「秦晉之間冢謂之壟，又田中高處」。《史記・陳涉世家》：「輟耕而之壟上。」方音謂田之低處爲壟。不知何故，或曰：「即有高壟，必有低田。」故因近而誤會耶？

4. 坵、疇

《正字通》：「坵，俗丘字。」「疇」，古文作「𤰝」，本作「𠃬」，既耕既䎱地之形也。田坵字當作疇，讀壽音。《說文》：「丘，土之高也。」本丘陵、丘虛字。

5. 堊

《正韻》：「遏各切，音惡。色土也。」《山海經》：「葱龍之山，其中太谷，多白堊，黑、青、黃堊。」今專以白土爲堊，方音呼爲白水冶。冶、堊，一音之轉。以其多出水中，故云然。

6. 宛丘

《爾雅》：「丘上有丘爲宛丘。」方音謂爲「勒[借音]碗丘」。

7. 圳、塍

圳，《字彙補》：『市流切，音酬。江楚間田畔水溝謂之圳。』圳，方音讀ㄓㄨㄣ，若『准』之去聲。塍同塖，《集韻》：『神陵切，稻田畦也。』班固《西都賦》：『溝塍刻鏤。』

8. 𥖁、墈

《集韻》：『𥖁，北角切。』音剥。《篇海》：『石𥖁岸也。』方音有塘𥖁、𥖁頭等名。或作壆，《集韻》：『訖嶽切，音覺，器之壆坼。又轄角切，音學，土堅也。』與剥音異，恐誤。《廣韻》：『墈，險岸也』。俗謂土突起立者爲墈。

9. 敦

《爾雅》：『丘一成爲敦丘。』注：『今江東呼地高堆者爲敦。』方音同。今俗作墩，如謝公墩。

10. 墳、墓

《方言》：『冢，秦晉之間謂之墳，凡葬而無墳謂之墓。』注：『言不封也。』方音概謂墳墓，俗亦謂爲地墳，作坟，非是。

11. 某黨

《新方言》：『今人謂屬於某處者曰某某上。』其實正是黨字，黨從尚聲。方音謂某處，即謂某黨，不謂某上也。

12. 窟窿，孔竉

《禮・禮運》：『昔者先王未有宮室，冬則居營窟。』窟，《廣韻》苦骨切，《篇海》：『孔穴也。』窿，《廣韻》力中切，音隆。

窟窿音轉爲孔竉。《廣韻》：『竉，力董切。』孔竉又轉爲㝩㝗，《集韻》㝗音郎，穴也。㝗又轉爲⿱穴靈，《篇海》音靈，穴也。又轉爲窲，《集韻》音弄，穴也。

贛南官音謂賊穴牆竊物爲打洞，或挖竉。方音謂爲挖唻，當爲竉之音轉。

13. 土田

《說文》：『土，地之吐生萬物者也。二，象地之下。地之中，物出形也』，『田，陳也，樹穀曰田，象四口，十，阡陌之制也。』《正韻》：『土已耕曰田。』

方音陸地可種植者爲土，水利充足可植稻爲田。

14. 草坺，泥坺

《說文》：『坺，治也，一曰鍤土謂之坺。』《廣韻》『房越切，又蒲撥切』。

方音謂以鍬切草地泥，使成磚形曰草坺，謂耕地泥，使成塊者曰泥坺。惟讀坺音近坏，知非坏字也。

15. 隈角

隈，《說文》：『水曲也。』《爾雅·釋地》：『隩，隈。』《楚辭·天問》『隅隈多有。』《正字通》：『弓之曲處曰隈。』

方音謂地之彎曲處爲隈角，隈讀上聲。

時令類

1. 十二時

以一歲十二月言。《說文》：「子，十一月，陽氣動，萬物滋（潛滋暗長）。丑，紐也，十二月，萬物動用事（子種根芽轉紐）。寅，髕也，正月陽氣動。卯，冒也，二月萬物冒地而出。辰，震也，三月陽氣動，雷電振，民農時也。巳，已也，四月陽氣已出。午，牾也，五月陰氣午逆陽冒地而出。未，味也，六月滋味也，五行木老於未。申，神也，七月陰氣成體自申束。酉，就也，八月黍成，可爲酎酒。戌，滅也，九月陽氣微，萬物畢成。亥，荄也，十月微陽起，接盛陰。」

以一日十二時言。《說文》：「時加丑，亦舉手時也」。《書》：「寅賓出日。」注：「寅，敬也。」

按：《說文》「髕」當作「賓」，古者祭重拜日，於文從宀，從人，臼手致敬，一，敬神物也。卯時開門而出。辰時作農事。午，陰陽交午，日中也。未，行食，食滋味。申，古電閃字。《說文》：「閃，窺頭門中。」人到申時歸家，或再敬神，古文酉象閉門，酉時閉門也。戌息同音，戌時滅燈休息。亥黑音近，《元史·祭祀志》：「黑帝位亥。」火黑就寢，又字形从二人，《說文》：「一人男，一人女也。」「亥」「會」音近，亦可作男女會合解乎？

2. 晨，晝，晡

俗謂早飯前爲早晨，或晨朝。謂巳午未爲晏晝，謂未後至夜爲下晡。《說文》晨作晨，「早昧爽也」，「晝，日之出入，與夜爲界，从畫省，从日」，「晏，天清也。於諫切」。故晏晝亦謂清晝。又《禮》：「問日之早晏。」

晏，《廣韻》烏旰切，國音讀ㄧㄢ，方音讀若按之官音。《呂氏春秋》：「下餔至日夕。」《說文》：「餔，日加申時食也。」因謂日加申爲晡時，字變作晡，奔模切。《玉篇》：「申時也。」

3. 占鴛天

《南康縣誌·氣候》：『白露後逢巳，俗曰占甲天，或謂「蒹葭天」之誤。』凡占甲天，多陰雨，少晴。俗傳蟒蛇占天位十八日，故每不見天日也。方音謂爲占鴛天，不知孰是。

4. 牙祭

《禮·王制》：『禡於所征之地。』禡，祭名，師祭也。《宋史·禮志》：『軍前大旗曰牙，師出必祭，謂之禡牙。』方俗正月初二（因初一彌勒生辰齋，故改）殺牲祭祀，謂之起牙；臘月十五謂之倒牙。起倒蓋指牙旗言。又凡大興作，或大店鋪、棚廠，每月初一十五，祭後酒肉勞工，謂之牙祭，或即禡牙之遺風也。

5. 禱穰耕

《南康縣誌·風俗》：『四月插禾畢，鄰里歡聚飲酒，謂之脱秧根。』證之方音，實謂禱穰耕。蓋作志者不知其字，誤爲脱秧根也。古謂穰田，《史記·滑稽列傳》：『淳于髡曰：「今者臣從東方來，見道旁有穰田者，操一豚蹄，酒一盂，而祝曰：『甌窶滿篝，汙邪滿車，五穀藩熟，穰穰滿家。』」』

水火類

1. 嶺潦

潦，路上流水也。《詩·大雅·泂》：『酌彼行潦。』音老。方音謂大雨後山嶺路傍流水爲嶺潦水。

2. 滲瀝

《說文》：『泉，水源也。』方音謂泉爲滲，滲漏而出也。謂溪小者爲小瀝，謂家庭污水停蓄爲汙瀝，讀作ㄌㄧㄚ。張衡《思玄賦》：『漱飛泉之瀝液。』注：『瀝液，微流也。』微流與小瀝義近。又灌蔭之水，灌後放乾，亦謂爲瀝。《說文》：『瀝，浚也。一曰水下滴』，『浚，抒也。』徐曰：『抒，取出之也。』

3. 漩渦水

漩渦，回旋水也。朱子《答吕子約書》：『只因在筠州，陷入此漩渦中。』

方音謂漩渦爲糾螺水，蓋以水之旋轉，作螺糾狀。

4. 漚

《詩·陳風》：『東門之水，可以漚麻。』《考工記·㡆氏》：『以涚水漚其絲。』《廣雅》：『漚，漬也。』

方音以物久浸水中爲漚，引申謂水久在鍋中，使其漸熟，亦謂爲漚。

5. 洸漾

《說文》：『洸，水涌光也。』音光，或作潢，與滉同。司馬相如《上林賦》：『灝溔潢漾。』漾，水搖動貌。

方音謂上下搖動爲漾，讀ㄏㄧㄤ。又謂爲涣，當即洸滉之音轉。

6. 衍

《說文》：『水溢也。』方音謂以器盛水溢出爲衍，或作灩。《瑜伽師地論》卷三十二：『可持如是平滿缽油，勿令灩溢。』《廣韻》：『瀲灩，水動貌。』灩作衍較善。

7. 凜

《説文》：『凜，寒也。』方音謂寒氣入骨爲凜，讀爲ㄌㄧㄤ。

8. 淬、泂

《説文》：『淬，滅火器也。』徐曰：『淬，劍燒而入水也。』王褒《聖主得賢臣頌》：『清水淬其鋒。』

方音謂淬爲泂。《廣韻》：『泂，寒也。』《唐韻》泂，古迥切。方音讀ㄍㄣ。

9. 凅

《唐韻》：『古慕切，音顧。凝也，閉也。』方音謂結冰爲硬搆（借音），即硬凅之音誤。

10. 夳滑

夳，今作太、泰。又《六書故》：『他達切，音獺，滑夳也。』俗作汰、澾。韓愈詩：『磴蘚澾拳跼。』

方音謂泥滑爲夳滑，謂滑跌爲夳交，當是讀獺音之夳字。

11. 徹没

《説文》：『没，沉也。莫勃切。』本作𠬛，隸做殳。入水有所取也，从又在回下，回，淵水也。《集韻》莫佩切，音妹，亦沉也。

方音謂善泅水者没入水中，爲打徹没，没讀若妹，或讀入ㄇㄧ之陰平。又賈誼《弔屈原賦》：『沕潛深以自珍。』注：『徐廣曰，「沕，亡筆切」。鄧展曰，「沕音昧」。』沕或没之假借。

12. 清，鮮，洗，濃，稠，溽

《説文》：「清，朖也，澂水之貌。」方音謂清水爲鮮水。《廣韻》：「鮮，潔也。」謝靈運詩：「秋水共澄鮮。」本作洗，《白虎通・五行論》：「洗者，鮮也。」《廣韻》：「濃，厚也。」《説文》：「稠，密也。」《增韻》「濃，露多也。」《詩・小雅》：「零露濃濃。」《説文》：「稠，密也，又穠也。」《禮・儒行》：「其飲食不溽。」疏：「言飲食尚質，不濃厚也。」溽音辱，方音讀ㄋㄨ。

濃、溽、稠，皆一音之轉。

13. 涿、濯

《説文》：「涿，流下滴也。」《周禮》：「壺涿氏。」注：「涿，擊之也。竹角切。」段注：「音如篤。」

贛官音謂人在雨下受雨爲涿雨，方音謂爲濯雨，濯讀若兆；又浴終以水淋身，亦曰濯。《詩・大雅》：「可以濯罍。」傳：「濯，滌也。」段玉裁云：「有假借洮爲濯者，如鄭玄「顧命之洮」。」可見方音謂濯雨爲洮雨亦古音也。段注又云：「今俗謂一滴曰一涿。」方音同。

14. 澆、淋

《説文》：「澆，沃也」，「淋，以水沃也」，「渶，溉灌也，隸作沃。」贛官音以水灌菜爲澆，讀ㄐㄧㄠ；方音謂爲淋。

15. 滫

《説文》：「滫，久泔也。」《唐韻》「思酒切」。《大戴禮》：「久泔臰（同臭）蔵也。」方音謂肉類腐臭爲滫，又方音謂存積之米汁水爲糙水，糙即滫之音轉，久泔意也。滫亦作糔、溲，讀ㄙㄧㄡ。

16. 溲溺

《集韻》：「溲，踈鳩切，音搜，小便也，亦作溲。」方音謂行小便爲解溲，音若解手。

17. 䨣

《說文》：「䨣，雨濡革也。從雨、革，讀若膊。匹各切。」段注：「雨濡革則虛起。」今俗語若朴。方音謂蚊蚋齧人皮膚，起一小泡爲䨣，猶雨䨣革而虛起也。

18. 溓

《說文》大徐本：「溓，薄水也。一曰絕小水。力鹽切。」薄水，別本作薄冰。《廣韻》「良冉切」。潘岳《寡婦賦》：「水溓溓以微凝。」丁儀《寡婦賦》：「水溓溓而晨結。」

方音謂水乾爲溓，如俗云「天晴瓦溓」。又謂涓滴無餘爲溓溓檢檢。以兩賦及方音證之，則大徐本「溓」訓「薄水」爲長。

19. 溶

俗謂物質化于水曰溶，方音讀若揚。攷溶字古無訓溶化者，或當作融、鎔乎？鎔轉煬，俗作烊。又「熔、容、蓉、融、庸、鎔」，《廣韻》皆「余封切」。容，古音叶「與章切」，音陽。韓愈《獨孤申叔哀辭》：「如聞其聲，如見其容。嗚呼遠矣，何日而忘？」又《參同契》：「天道甚浩廣，太玄無形容。虛寂不可睹，匡廓以消忘。」《隋書·五行志》：「時人呼楊氏多爲嬴。」《三蒼解詁》曰：「楊音嬴。」參考芙蓉字。

20. 浼

《孟子》：『若將浼焉。』趙歧注：『浼，汙也。』《集韻》：『母罪切，音每；又謨官、莫半切，義同；又美辨切，音免，水貌。』《方言》：『氾、浼、㵎、洼，洿也。自關而東，或曰窪，或曰氾。東齊海岱之間或曰浼，或曰㵎。』

方音謂浼爲扁，蓋浼從免聲，由ㄇㄧㄢ轉ㄅㄧㄢ。氾、浼、㵎、洼、汙、浼、漫，皆一音之轉。

21. 燂、焫、㷅

《廣韻》燂，徒含切，音覃，火爇也。《説文》：『爇，燒也。』方音謂以火燒毛髮爲燂。《廣雅》：『𤆍、焫、爇也。』《廣韻》：『𤆍①，徒甘切。』《詩》：『憂心如惔。』《毛詩》：『惔，燔也。』燂、𤆍、惔音義並同。焫，《玉篇》本作爇，亦音吶。

贛南謂火近爲焫，讀如納。㷅，《集韻》：『燥也』。贛南謂炕魚爲㷅，讀若學之土音。又《説文》：『夏有水，冬無水曰㶅。』㷅、㶅音義近似。

22. 熬、炒、焙、烘

《方言》：『熬、聚、煎、㷭、鞏，火乾也。』注：『聚，即鬻字，鬻與鬻同。』《説文》：『熬也。别作炒，非是。』㷭，今作焙，鞏當是烘字。

23. 炙、烤

官音謂烤火，方音謂炙火。《説文》：『炙，炮肉也。從肉在火上。』《詩·小雅·瓠葉》傳：『炕火曰炙。』古無烤字，

① 本條『𤆍』原皆作『𤇾』。

當爲熇之訛。《説文》：『熇，火熱也。火酷切。』《集韻》『苦浩切，音考。本作熇，燥也。』

24. 烙手

烙，《説文》：『灼也。』《廣韻》：『燒也。』方音謂以熱水温手謂爲烙，讀ㄌㄨ，亦謂爲賴，皆烙之音轉。

25. 熊

《史記·天官書》：『熊熊，青色有光。』《山海經》：『槐江之山，南望[①]崑崙，其光熊熊，其氣魂魂。』《集韻》音能，熱也。《正字通》：『俗書分作兩音兩義，誤！』方音謂火之熱者爲恒，日之熱亦爲恒，即熊之音轉。

26. 曄

《廣韻》：『筠輒切。』《集韻》：『域輒切。』音饁。《説文》：『光也。』《玉篇》：『雷震貌。』方音謂電光忽過爲曄火䙝。

27. 暗炁炁

《爾雅》：『炁，静也。』本或作氣，許氣反。方音謂黑暗地方曰暗炁炁，或曰暗静静。

28. 燮

《説文》：『燮，大熟也，從又持炎辛。辛者，物熟味也。』按：辛亦聲。方音謂番薯以水久煮之而乾爲燮。與大熟之

① 『望』原作『無』。

義合。

人事類

類一　全身動作

1. 勑、像

《説文》：『勑，勞也。』《爾雅》：『勞，來，勤也。』或作像、儽。《廣雅》：『像，疲勞也。』方音謂勞苦爲勑。

2. 克

《説文》：『肩也。』徐鍇曰：『肩，任也。負何今作荷之名也。』方音謂挑擔爲克讀陰平。《説文》又云：『象屋下刻木之形。』『克、刻』古通。《宋書》：『性儉剋少恩。』『剋』即『克』之俗字，此假借刻訓肩義，非作刻鏤解也。小篆『[seal script]』，丨象頭，一象匾擔，[seal script]象起肩時側面脚形，可謂惟妙惟肖。

3. 彔

《説文》：『刻木彔彔也』。方音謂背長物一頭拖地爲彔陰平，或爲拖。當即此字。小篆作[seal script]，從克，古文[seal script]，小變其體。[seal script]表示拖物至地形，故克後承以彔也。又方音謂勞苦爲勞彔，又謂行動爲彔彔動。小徐謂『彔彔猶歷歷』，《六書正訛》：『彔，古稑字，禾麥之穗下垂彔彔也。』皆非是。

4. 擔枷、荷校

《說文》：「校，木囚也。」《易》：「何校滅耳。」清代有枷號示衆之刑。方音謂爲「擔枷」，「枷」即《易》之「校」。可見古音校，今音枷也。互見打架條。

5. 㔷

方音謂躲匿爲㔷。《說文》：「㔷，側逃也，從匸丙聲。一曰箕屬。臣鉉等曰，丙非聲。義當從內會意，疑傳寫之誤，盧候切。」段氏改「側逃」爲「側㔷」，謂即《堯典》之「側陋」，以《玉篇》「側㔷」字爲據。然改「㔷」爲「㔷」，又犯改字之弊。

按：方音既謂躲匿爲㔷，讀ㄅㄧㄤ，則《說文》丙聲毫無疑義。甚矣，訓詁之難也。或作屏。《禮·王制》：「屏之遠方。」亦作迸，《大學》：「迸諸四夷。」恐非是。又《說文》無躲字，或當作垛。按㔷避逋亡爲雙聲，垛匿逃遯爲雙聲。

6. 逢、碰、撞、迸

《新方言》：「《方言》「䯱，𩭵也」，「𩭵，忽見也」。今人謂忽見爲䯱者，俗作碰。」方音亦謂爲碰。

案：《說文》：逢，遇也。古無輕唇音，當讀若蓬。《詩·大雅》「鼉鼓逢逢」。後讀輕唇，乃另作碰字。方音兩物無意相觸曰掽，亦曰撞。掽，蒲孟切，亦作碰。《牧豬閒話》：「今凡鬥牌，皆曰碰和。」方音呼作ㄅㄨㄥ。又方音謂人淘氣跳叫曰碰碰跳，或曰迸迸跳跳。方音謂魚出水亂跳曰迸。《石頭記》八十一回：「却是活迸的。謂魚」

7. 等、待

《廣韻（雅）》：「傺、眙、止、待、立，逗也。」文言云待，方音爲等。等待皆從寺聲，舌上音。古無舌上音。當爲一聲之轉。《篇海》：「等，候待也。」又《廣韻》：「等，多改切。」

8. 逗、住

《方言》：「傺、眙，逗也。」注：「逗，即今住字也。」。方音謂勞作休息爲逗，音豆。《説文》：「止也。」則古有豆、住二音矣。《後漢・光武紀》：「追鹵料敵，不拘以逗遛法。」

9. 夾

《説文》：「盜竊褱物也，从亦有所持。失冉切。」《集韻》「施隻切」，音釋，義同。

方音謂匿物爲夾，讀若釋。又垛閃字亦可作夾。陝西字從此。

10. 凴

《集韻》：「依也，託也。」《書・顧命》：「凴玉几。」又叶蒲蒙切，音蓬。華覈《自責文》：「越從朽壞，蟬脱朝中。熙光紫闥，青瑣是凴。」

方音謂依傍欄杆等爲凴，讀若蓬之去聲。

11. 疒

《説文》：「倚也。人有疾病，象倚箸之形。」《廣韻》：「疾也，尼戹切。」

方音謂人困疲爲疒，讀广丫音。當即此字。《正譌》：「即疾字，從牀省，一聲。」恐非。

12. 爿

疑即僵之本字。疒，篆文作[illegible]，當作[illegible]。此即人殭臥之側面形。一手向上，一足向下，頭倚枕。知臥枕爲疒，《説文》訓人有疾痛，象倚箸之形。不知臥枕則殭死矣。古今誤爿爲反片，故聚訟不休，無法解決。

13. 泄沓、拖沓、邋遢

《詩》：『天之方蹶，無然泄泄。』《孟子》：『泄泄，猶沓沓也。』一訓舒徐貌，一訓雜遝。朱訓『怠緩悅從貌』。俗謂不整飭爲拖沓。人不整飭及不乾净爲邋遢。介母一，轉爲舌尖組也。《廣韻》：邋遢，不謹事也。讀若臘榻。

14. 滾、㔣、運

方音謂圓物推轉爲打滾，或打㔣，或打滾㔣。《說文》：『㔣，推也。』方音又謂走一圓圈爲打鄆鄆，鄆，讀陰平，即運字之音轉。故小兒音亦謂爲打運運。《廣雅》：『斡、運、逭，轉也。』《天問》『斡』字一作『筦』。《方言》：『逭、遁，轉也』。郭璞注：『逭音換，亦音管。逭猶斡也』。按：滾即斡逭之轉，《新方言》謂即卷字，恐非是。故謂水沸爲滾。《說文》：『涫，灊也。』謂奔逃爲滾蜑。《說文》：『逭，逃也。』

15. 要姦

《字彙補》：『要，居希切。』音飢。楊氏《正韻箋》：『律有要姦罪條，將男作女。』俗謂爲雞姦。

類二　心之動作

1. 是、韙、對、著

官音謂是，方音謂爲ㄒ丨，復轉爲ㄏㄟ，與韙字音最相近。《說文》：『韙，是也，从是韋聲。』《左傳・隱公十一年》：『犯五不韙。』《唐韻》于鬼切，國音ㄨㄟ上聲。《論語》『子曰：「參乎，吾道一一貫之。」曾子曰：「唯！」』注：『唯，應辭。』譯爲今音，當云『曾子曰「是」』；或『曾子曰「ㄏㄟ」』，『曾子曰「對」』。唯、韙，訓詁雖不同，而音與義从同。

北音謂是爲對，《廣雅》：「侻，可也。」《新方言》謂侻即對字。方音謂對爲著，謂著實如此是也，著讀ㄔㄛ入聲；湖南人謂對爲昭。皆著之音轉。

按：是、著爲舌上音，古讀舌頭音。如提、題、醍，從是得聲，《廣韻》讀杜奚切。可知是、踶、對、著，皆一聲之轉。

2. 勿要

方音謂勿要爲ㄥ要，ㄨ變ㄥ也，如五讀ㄥ，吴讀ㄥ，皆方音之變。

3. 懂、曉、諦

《方言》：「黨，曉，哲，知也。」《王制》：「西方曰狄鞮。」鄭注曰：「鞮之言知也。」《公羊傳》注云：「禘，猶諦也。審諦無所遺失。」

方音謂知爲曉、爲懂、爲諦。懂即黨音之轉，諦即知音之轉。

4. 桰

方俗迷信曰課，富貴之家，每於葬日，格外謹慎。既請地師，揀選吉日，再將是日，求日課專家，較定可否，謂之桰日子，俗讀爲ㄍㄚ。《説文》：「桰，檃也。」《廣韻》古活切。注：「揉曲曰檃，正方曰桰。」《淮南子・務修訓》：「其曲（正）［中］規，檃桰之力。」《後漢・鄧訓傳》：「考量隱桰。」桰俗作栝，誤。

5. 亟

《方言》：「亟、憐、憮、㤿，愛也。東齊海岱之間曰亟，自關而西秦晉之間，凡相敬愛謂之亟。」

方音謂愛之甚曰亟，如愛兒女爲亟。《廣雅》作㥛。

6. 結急、憂、格

南康方音謂憂爲格ㄍㄛ，ㄐㄍ同爲見母，當爲結、急之音轉。《詩・檜風》：「我心蘊結兮。」「蘊結」釋爲「繫思不解」，即憂愁意。

7. 耐得

《廣韻》：「能，忍也。」《禮運》：「故聖人耐以天下爲一家。」注：「耐，古能字。」

方音謂忍得爲耐得，耐讀能之入聲。

8. 怖、怕

《廣雅疏證》：「《料敵篇》云「敵人心怖可擊。」今人或云怕者，怖聲之轉耳。」

9. 遺忘

遺忘方音謂爲迷忘，或謂爲迷記。《史記・廉頗傳》：「一飯三遺矢。」矢，屎也。遺屎方音亦謂爲迷屎。其遺音轉爲迷乎？

10. 夢夢訰訰

《爾雅》：「夢夢訰訰，亂也。」注：「皆闇亂。顧舍人云，煩懣，亂也。」方音謂夢夢董董，訰轉董音也。

11. 詑詐

《説文》：『俄，行頃也。』《廣雅》：『俄，衺也。』《新方言》：『今自揚州至浙東西，皆謂無賴訶人受錢者爲俄王。』俗謂欺詐取財爲詑詐，與俄字義同。

12. 妝憨

《廣韻》：『憨，癡也，呼談切。』南昌謂妝癡曰妝憨，憨讀若歡，當是此字。方音謂妝憨爲妝奸。憨從敢聲，讀若奸，亦未爲誤。

13. 鼓動

官音鼓動，方音謂鼓董，如俗諺『做賊莫種，怕人鼓董』，去聲轉上聲。《周禮·春官》：『大祝辨九𢷎，四日振動。』鄭大夫云：『動讀董，書亦或爲董。』

14. 衇諞

《新方言》：『《方言》「衇，慧也」。《説文》「諞，便巧言也」。今通謂善欺者爲諞子，亦曰衇諞。』衇讀如覓，方音誤爲篦片，謂從中播弄是非者。

15. 妬、⿰女虘

《廣雅》：『妬，⿰女虘也。』《疏證》：『今俗語謂争色曰⿰女虘，音若酒酢之酢（酢俗作醋）。《在閣知新録》「世以妬婦比獅子」。《續文獻通考》「獅子食醋酪各一瓶」，喫醋之説殆本此。』《集韻》⿰女虘，七慮切，音覷。

按：妬、⿰女虘，一音之轉。醋、妬、⿰女虘古音相近，或相同。故借爲隱語。獅子食醋之説，未免穿鑿。

16. 落脱

《北史・楊素傳》：『少落拓有大志。』落拓，不拘小節也。方音謂人與事不關心，曰落落脱脱。又謂接鬬不牢固亦曰落落脱脱。又俗謂字之遺漏曰脱落。落拓、落脱音義相近。

17. 戲、玩、媱、攪

《詩》：『敬天之怒，無敢戲豫。』《説文》：『玩，弄也。從玉元聲，五換切。翫，習厭也，從習元聲。《春秋傳》曰：翫歲而愒日，五換切。』《廣雅》：『媱、愓、嬉，戲也。』《方言》：『媱，愓，遊也。江沅之間，謂戲爲媱，或謂之愓，或謂之憘。』《説文》：『攪，亂也』。《詩・小雅》：『祇攪我心。』《廣雅》：『愮，攪亂也。』

按：戲、豫、愓、媱、攪，皆一音之轉，或又轉爲元音之玩。通語謂爲戲或玩，玩讀作頑。大庾謂爲唫，音近元。南康謂爲媱或聊，雩都謂爲攪。

18. 嬾、慵、愓

《廣韻》：『嬾，洛旱切，怠也。』方音讀音同。亦謂倦爲來，當即嬾，從賴聲之本音，或懈之音轉。《廣韻》：『慵，嬾也，蜀庸切，又音庸。』《説文》：『愓，放也。』《唐韻》徒朗切，音蕩。又《集韻》余章切，音羊。《方言》：『媱、愓，遊也。』方音又謂人之嬾惰爲陽蕩，當即慵音轉陽。參見水火類「溶」，草木類「芙蓉」。愓讀蕩之陰平也。

類三　耳目之動作

1. 耳

方音讀ㄋㄧ，古音也。如《説苑》：『孔子歌云，「違山十里，蟪蛄之聲，緧猶尚在耳。」』里、耳叶韻。《唐韻》而止切，《集韻》《韻會》《正韻》忍止切，皆切ㄋ丨，不切儿也。又耳字用做語決辭，即白話呢字。你古作爾，女、汝、兒字有儿、ㄫ丨兩讀，二貳字方音亦讀ㄋ丨，皆足證儿韻爲丨韻分出。《釋名》爾，昵也。《釋名》多用同音相訓。

2. 耳倍

方音謂人耳聾，不好直言，轉謂爲耳倍。意謂倍風不聞也。倍與背通。《説文》：「聵，聾也。」聵倍疊韻，或一音之轉。

3. 眼珠子

《廣雅》：「目謂之眼，珠子謂之眸，或謂之眸子。」《孟子》：「存乎人者，莫良於眸子。」

方音謂眼爲眼睛或眼珠，謂眸子爲眼珠子。

4. 看、望、睇、睞、瞯、盱、𥄎、覗、覒、瞟

《説文》：「看，睎也」，「睎，望也。」贛南謂遠望爲望，隨意略視爲睞，爲瞯，音如關。竊視爲𥄎，擇視爲覒，河源客籍謂看爲睇。

《方言》：「瞯、睇、睎、略，眄也。」《孟子》：「王使人瞯夫子。」又《陽貨》：「矙孔子之亡也，而饋孔子蒸豚。」《正字通》：「瞯、瞰、闞、覵，並通。」《説文》：「南楚謂眄曰睇。」《集韻》盱音千，盱瞑，遥視也。睩，《廣韻》戚細切，《説文》「察也」。《廣雅》「視也」。《類篇》或作𥄎。《説文》「覗覰，闚觀也。七四切。」音刺，本作覗。《玉篇》「盜視貌」。贛北謂闚觀爲覗，讀陰平。又《方言》：「凡相竊視，自江而北謂之覗。」《集韻》本作伺，音思。

按：覗、覒當爲一音之轉。《説文》：「覒，擇也，讀若苗。」俗作瞄，如瞄準。《説文》「瞟，睩也。」段注：今江蘇俗謂以目伺察曰瞟，音如瓢，上聲。

5. 贈

《廣韻》：『目小作態，瞢贈也。作滕切［昨棱切］。』方音謂用力開眼爲贈。

6. 苜斜眼

《説文》：『苜，目不正也。從丫從目。模結切。』《集韻》音蔑。國音與乜同音。《集韻》：『乜，眼乜斜也。』《儒林外史》五十三回：『當下虔婆前後共喫了幾大杯，喫的乜乜斜斜，東倒西歪。』

方音謂女人目不正爲乜眼，當以苜爲本字。苜蓿之苜，從艸，不可誤合。

7. 睡覺，歇皓

贛官音謂睡覺，方音謂爲歇皓。《瑜伽師・地論》卷十一：『初夜後夜，不常皓悟。』注：『皓，古孝切，寐覺也；悟與寤同。』釋門譯師，精研字學，不用覺而用皓，當有所本，又雩都謂睡覺爲歇眼。

類四　口鼻動作及語詞

1. 咼

《説文》：『口戾不正也，從口冎聲冎音寡。』《唐韻》『苦媧切』，徐鍇『本古柴反』。

方音凡説不正之物，皆曰ㄎㄨㄞ，即咼也。

2. 哆

《説文》『哆，張口也。敕加切。』方音謂誇口爲哆牙、哆交，恐即此字。

3. 舓

《説文》：「舓，以舌取物也，」今作䑛，或作舐、踶，神旨切，音士。國音讀屍上聲，又作咶、狧。《前漢・吴王濞傳》：「狧糠及米。」皆從舌得聲。

方音讀舓爲ㄕㄝ陰平，即從舌音也。亦謂爲撩，《廣雅》：「撩，取也。」

4. 漦

《爾雅》：「漦，盝也。」注：「漉漉出涎沫，吕其反。」

方音以舌吐物，或舌伸出，皆謂爲漦，讀來音。《史記樊噲傳》：「從攻雍漦城。」注：「通作斄，郎才反。」

5. 食、噬、喫、齕、喝

食物，方音呼食，或呼噬。《方言》：「噬，食也。」或通呼喫。《新方言》謂此即齕字，誠然。但齕字五割切。北方呼飲爲喝。喝字無飲義，當是齕字或嗑字。呼食爲喫，ㄔ音，當是食噬音轉。若呼喝酒爲喫酒，喫飯爲喝飯，北人必以爲笑。而杜甫《送李校書詩》：「對酒不能喫。」可知古語不分也。

6. 吮、欶、啐、啜

《説文》：「吮，欶也，徂沇切。」國音ㄘㄩㄢ上聲。《史記・吴起傳》：「卒有病疽者，起爲吮之。」方音讀陰平。

《説文》：「欶，吮也。」國音ㄕㄨㄛ入聲，音朔。《通俗文》：「含吸也。」韓愈詩：「酒醪傾共欶。」方音謂飲茶酒爲欶。與韓愈詩意同，但讀若述。

又《説文》：「啐，小飲也。」音刷。《爾雅》：「啜，茹也。」郭注「音鋭」。《説文》：「啜，嘗也。」方音謂一人緩飲爲啜，讀兑之入聲。

7. 噇

噇，《集韻》傳江切，音幢，本作「鐘」，「食無廉也」。《玉篇》：「喫貌。」《水滸》第三回：「你是佛家弟子，如何噇得爛醉。」

方音罵人食物無度爲噇。

8. 飣席

《廣韻》飣，丁定切，音訂。《玉海》：「唐少府監御饌，用九盤裝纍，名九飣食。」今俗燕會，黏果列席前，曰看席飣坐。古稱釘坐，謂釘而不食者。

贛南鄉俗，女客宴會，將菜物分俵攜回，名曰折菜。或亦潁考叔食舍肉之古風。又作客以二人爲例，若祇一人，主人必飣一席與之，名曰飣一席台，但謂飣若登也。

9. 餕

《說文》：「食之餘也。」《禮·玉藻》：「日中而餕。」注：「餕，食朝之餘也。」凡食之餘及日晚食饌之餘，皆云餕。《六書故》：「餕亦作籑。」

南康方音爲餕爲拗酸。餕、酸皆從夋聲，籑又從算聲，則謂餕爲酸，或古音如是。

10. 叨飯

叨飯，乞食也。「叨」同「饕」，《說文》「貪也，號聲。」又號食會意，謂呼號乞食也。《廣韻》：「叨濫。」叨飯者，猶云叨光一飯也。

俗作「討飯」，陳造詩：「討飯充腸上岳陽。」《說文》：「討，治也。从言从寸。徐曰：寸，法也。」奉辭伐罪，故從言會意。《論語》：『世叔討論之。』注：『討，尋究也。』《類篇》遂訓討爲求。討由治義，引申爲尋究，可；轉爲求乞，似未可。

《説文》：『匃，氣也。亾人爲匃。』《唐韻》：『匃，古泰反。』國音讀ㄍㄞ，音轉爲ㄑㄧ，遂借雲气字爲之，省作乞。ㄑㄧ更轉爲ㄑㄧㄡ，復借衣求字爲之。氣爲所奪，復借氣作气，求爲所奪，復制裘字。

又俗謂叨乞爲囉去聲，《廣韻》：『囉，魯何切。』《集韻》：『郎佐切，歌也。』或曰唱歌行乞，故謂乞爲囉乎？叨、囉爲一聲之轉。

11. 曰

《説文》詞也，王伐切。方音謂説話爲ㄨㄚ，音與［曰］相近。或作謂，《説文》：『謂，報也，于貴切。』知當作曰。

12. 呵呀

《新方言》：『嘍、啖，驚歎聲也。』轉爲夥頤，方音更轉爲呵呀。

13. 吆喝

《五音集韻》：『吆吆，聲也。』《集韻》：『喝，呼也。何葛切。』國音讀ㄏㄜ，方音謂打吆喝，喝音誤作火。

14. 囂言囂語

《孟子》：『囂囂然曰：「我何以湯之聘幣爲哉？」』注：『囂然自得之志，無欲之貌也。』方音囂言囂語，當本此。

15. 曉

《説文》：『曉，懼聲也，許幺切。』《詩》：『予維音曉曉。』

方音謂事之可慮，或可怕，皆謂爲曉，讀ㄒㄧㄠ。

16. 哭、叫、號、咷

《説文》：『楚謂兒泣不止曰噭咷。』噭，今作叫。方音謂哭爲叫。《易》：『同人先號咷而後笑。』《唐韻》：『咷，徒刀切，音濤。號咷大哭也。』贛官音謂呼人爲叫。

17. 訬天

方音謂談天爲訬天。訬，《唐韻》楚交切。《説文》：『訬，擾也。』《集韻》：『與譟同，弄言也。』

18. 謎語，打兆

《説文》：『謎，隱語也。』俗謂爲打啞謎。方音謂爲打兆。《説文》：『兆，廱蔽也，從人，象左右皆蔽形。讀若瞽。』

19. 吅罵

《説文》吅，驚謼也。今俗别作諠。方音謂罵人爲吅罵。

20. 惱

《百法明門》：『隨煩惱，一忿、二恨、三惱。』釋惱曰：『多發凶鄙麤言，蛆螫於他。』南康之河源客籍謂罵爲惱，與《百法明門》意同，可見是古義。

21. 囉唕

《水滸》第五回：『縱放牛馬，好生囉唕。』俗謂嘈雜爲囉唕，見《元曲選》。

22. 嚕嚛

俗謂多言爲嚕嚛。方音亦謂事之麻煩爲囉嚛，，讀爲囉嗦。

23. 嗾犬

嗾，《廣韻》蘇后切，音叟。《説文》：『使犬聲。』《左傳・宣二年》：『公嗾夫獒焉。』《方言》：『秦晉冀隴，謂使犬曰嗾。』

方音謂使犬曰嘍去聲，當爲嗾之音轉。

又唻，《集韻》落代切，音賚，呼聲，與嘍聲音近。

24. 嚕

《集韻》：『籠五切，音魯。嚕嚕，吴俗呼豬聲。』國音嚕ㄌㄛ上聲。方音呼豬爲阿嚕。嚕，讀ㄌㄛ。小説《拗相公》：『呼豬爲囉。』

25. 嘐嘐

《説文》：『嘐嘐，誇語也』。《孟子》：『其志嘐嘐然。』北人謂刮刮叫，刮刮當爲嘐嘐之音轉。

26. 應

《爾雅》郭璞注：『譍者，應也。』方音謂答應之應爲ㄣ之去聲。

27. 欺、誑、誆、妄、謊、哄

《説文》：『欺，詐欺也。』《論語》：『吾誰欺？』

誑，欺也。《詩》：『無信人之言，人實誑女。』《詩》今作迋，或作誆。《史記》：『晉使解揚誆楚。』《説文》：『妄亂也』。佛經謂欺誑爲妄語。方音謂爲起誑頭，打謊。雩都謂爲打花。又通謂之哄。

《説文》：『謊，夢言也。』《吕氏春秋》：『無由接而見謊。』注：『謊，誑也，妄也。』《廣韻》：『哄，唱聲。』《詞源》『哄騙』。

按：欺誑爲雙聲，妄誑謊爲疊韻，謊哄又爲雙聲，皆一音之轉。謊哄爲假借，又謊從亡聲，曉母；哄，從共聲，匣母，亦可證古無曉匣紐。

28. 誰、孰、疇、那

《論語》：『夫執輿者爲誰？』誰，何人也。《詩》：『誰能執熱？』誰，孰也。

《論語》：『孰謂微生高直？』孰，誰也。

《書》：『帝曰「疇諮若時登庸」。』疇，誰也。《禮》：『予疇昔之夜。』疇，曩也，猶前日也。《詩》：『誰昔然矣。』誰昔，猶言曩昔也。

誰人，官音謂爲那個，那讀ㄋㄚ。方音謂爲那人，那讀ㄌㄞ。國音謂誰爲ㄕㄨㄟ，孰爲ㄕㄨ，疇爲ㄔㄡ，那爲ㄋㄚ或ㄋㄛ，亦會讀ㄋㄞ，曩讀ㄋㄤ。可見誰、孰、疇、那、曩，皆一音之轉。

29.何、曷、害、盍、蓋、胡、奚、甚、怎、曾、什、那、底

曷、害、盍、蓋、胡、奚，何也，皆一音之轉。《書》：『時日害喪。』害，曷也。《檀弓》：『子蓋言子之志於公乎？』蓋通盍，何不也。《書》：『胡獲？』胡，何也。《論語》：『子奚不爲政？』奚，何也。皆含有白話『怎麽的』意思。甚、怎、曾、什、那、底，何也，亦一聲之轉。《論語》：『曾是以爲孝乎？』『曾爲泰山不如林放乎？』曾即今之怎。《摭言》：『韓愈問牛僧孺曰：「且以拍板爲什麽？」』什麽亦作拾没、甚麽。《集韻》：『不知而問曰拾没』。又文言之何，即白話之甚。如何言、何事、何日，即白話之甚麽話、甚麽事、甚麽日。亦可簡説爲甚話、甚事、甚日。姜夔詞：『甚日歸來，梅花零亂春夜』。《説文》：『甚，尤安樂也。從，甘，甘匹耦也。』古文甚作𠯑，當從口聲。小篆作甘，當從甘聲。所以堪、勘、揕，皆從甚聲。何，可聲，甚，口聲，可、口皆丂母，故何、甚爲一音之轉。

《言鯖》：『唐方言底字作何字解。』《顏氏家訓》云：『何物爲底物。』此本言何等物耳，後遂省何，直言等物也。南康之信豐客籍謂甚麽爲底介，雩都謂作子介，或什介，龍南謂爲甚介。《史通》：『渠們、底個，江左彼此之辭。』

30.呰、已、者

《爾雅》：『茲、斯、諮、呰、已，此也。』郭注：『呰、已，皆方俗異語。』陸音呰，子爾切。與者音最相近。者箇當作者，俗誤作這。南康廣客籍謂此爲已，與陸音『已音以』相合，可見亦古音也。

31.彼、此、者、那、何、該

此處、彼處，白話爲者裏，那裏。《説文》：『者，別事詈也。從白，𣥂聲。』𣥂，古文旅。㫃部曰：『炏，古文旅。』旅，古文從止。此從止。此、者爲一字之音轉無疑。

方音謂者裏爲該子，謂那裏爲念子。《説文》：『㖠，從邑冄聲。』冄、冉方音讀广ㄧㄢ。那古或讀念。又《左傳》：『棄甲則那。』杜云：『那猶何也。音娜。』如何堪，曰那堪；何處曰那裏，何、那爲一音之轉。又段玉裁云：『今人用那

字，皆爲奈何之合聲段《說文》那字注。」

方音作何字解之那，多讀奈，如何人謂爲奈人。又信豐謂作何事爲做腦。大庾謂何事爲阿事。何、阿、那、奈、腦，亦一音之轉。晉王濤謂王衍：「何物老嫗，生甯馨兒。」《容齋隨筆》：「猶言若何也。」治按：甯馨，猶言那個，甯、那音轉。

32. 如、若、然、樣、兒、子、得

何如、何若、胡然，官音謂爲怎麽樣、怎樣。如何、若何，方音謂爲樣甚。如、若、然皆一音之轉。樣即然之音轉，作副詞用者，如恂恂如、浩浩如、勃如、浩然、勃然、沃若、儼若、鏗爾、莞爾等。

如、然、若、爾皆可訓爲貌。貌，方音謂爲模樣或樣子。《邶風》：「惠然肯來。」《檀弓》：「貿貿然來。」《廣韻》：「然，如也」。《易・離卦》：「突如其來如。」如，然也。如又通作而，《左傳》：「星隕如雨。」注：「如，而也。」星隕而且雨。《孟子》：「望道而未之見。」注：「而與如通，若也。亦作爾。」《檀弓》：「爾母從從爾」，「爾母扈扈爾。」遼西郡有肥如縣，注：「莽曰肥而。」

今贛北方音亦多讀如爲而。而、爾，國音今亦作兒。如呼單音字器物，每加兒字語尾。如花兒、朵兒、盤兒、杯兒等。方音謂爲盤子、杯子，或盤得、杯得。故洋洋然、飄飄然，又可作洋洋乎、飄飄乎。《經剛經》：「如如不動。」吉藏疏：「示説法之方，當如如而説。」下如字則是如法性之如。勸行者如法性如而説，勿生心動念也。下偈云：「一切有爲法，如夢幻泡影，如露亦如電，應作如是觀。」

治案：《内典》云：「真如，真體如如，動静一如。」《維摩經》云：「如者不二不異，一切法亦如也，衆聖賢亦如也，至如彌勒亦如也。」等如字最難索解。竊謂：如如即如是如是之簡語。白話即這樣這樣，是指點語，欲人自體會也。如如猶云爾爾。《晉書・張方傳》：「王若問卿，卿但言爾爾。」爾爾猶如此也。《唯識》云：真謂真實，如謂如常。樣甚之甚，南康、龍廻謂爲襯之去聲。作事過甚之甚，方音亦謂爲襯之去聲。

33. 羊、恁

《說文》干部：『羊，撖也。從干，入一爲干，入二爲羊。讀若飪，言稍甚也，如審切。』《說文》：『恁，下齎也，如甚切。』徐鍇曰：『心所齎卑下也。俗言如此也。』《朱子語録》：『鯀，也是有才智，只是很拗，所以弄得恁地。』恁地，猶俗言這樣。辛（去）[棄]疾詞：『此身又覺渾無事，且教兒童莫恁麽。』《說文》：『任，保也。』借爲任運、任意。猶言聽其所爲也。《公羊疏序》：『說者疑惑，至有信經任意，反傳違戾者。』《宋書》：『有心於避禍，不如無心於任運。』

按：上列恁、任諸義，皆非《說文》本解，皆含有稍甚意，疑當作羊爲是。

又《書經》『而難任人』及『巧言令色孔任』，皆當作壬。《爾雅·釋訓》：『壬，佞也。』《說文》：『壬，位北方也。象人褢妊之形。』

按：本義先有壬癸之壬，借爲負壬、懷壬字。又從人作任，從女作妊以別之。或謂：『壬實任負字。』由是則佞言之壬，疑亦當作羊，或即佞之叚借。

《說文》：『撖，刺也。』《新方言》：『羊，音轉字變作揕，《荊軻傳》「右手揕其匈」是也。又爲戡，《爾雅》「戡、殺也。」今稱殺曰戡，俗作砍。』

按：此爲訓撖之義，或如是。

34. 鼾齁

《說文》：『鼾，臥息也。侯幹切。』《桯史》：『臥榻之側，豈容他人酣睡耶？』齁，《集韻》『苦故切，音庫，鼻息也』。范成大詩：『解令曉枕睡齁齁。』

方音謂熟睡鼻息有聲爲打齁。按，鼾、齁爲一音之轉。

35. 齈

《玉篇》：「齈，鼻齈也。」方音謂鼻齈，贛官音謂爲鼻沱。《說文》：「洟，鼻液也。他計切。」鼻沱即鼻洟之音轉。《檀弓》：「垂涕洟。」《正義》：「目垂涕，鼻垂洟。」洟又音夷。

類五　手之動作

1. 拱

今讀ㄍㄨㄥ上聲，《說文》作「𠬞」，居悚切。方音讀ㄐㄧㄥ。共，今讀ㄍㄨㄥ，《說文》渠用切，方音讀ㄑㄧㄥ。可見方音是古音。

2. 畀、把

《爾雅》：「畀，賜也。」陸音必寐反。方音以物畀人，曰把他，把即畀之轉音。方音或讀把若杯，即必寐反。《爾雅》：「班，賦也。」注：「謂布與。」方音謂爲ㄅㄥ。

3. 拏、拈、撚、鑷、箝

贛南通語以手持物爲拏，贛縣亦謂爲拈；又固執持物爲撚，讀上聲；兩指緊夾一物亦爲撚；又呼鑷子爲箝子。蓋拏、挐、拈、撚、捏、鑷、籋、箝、鉆，皆一聲之轉。

《唐韻》拏同挐，《說文》：「持也，又牽引也」。鉆，《廣韻》巨淹切，音箝，持鐵者；《字彙補》同鉗；《正字通》拑、箝、鉗通；《廣韻》尼輒切，音鑷，鑷子；《類篇》亦作銸；《說文》：「銸，鉆也。」鉆、拈皆從占聲。

4. 八開

《説文》：『八，别也。』方音謂分物爲八開，八讀ㄇㄚ音，奉新、靖安仍讀八音。

5. 弇、蓋

《爾雅》：『弇，蓋也。』《説文》：『弇，蓋也，从廾从合。古南切。』方音讀弇若梗，與古南音近。

6. 掇、端

《説文》：『掇，拾取也。』《唐韻》《正韻》並都括切，讀若端入聲。《水滸》第二回：『魯達恐怕店小二趕去攔截他，且向店裏掇條凳子，坐了兩個時辰。』方音讀掇爲端，又方音謂打人一掌，亦謂爲端人一掌，或掇人一掌。掇讀ㄉㄨㄛ入聲。

7. 春

《廣韻》書容切，方音同。

8. 鏍

《廣韻》此緣切，音銓。《説文》：『所以鉤門户樞也。』方音讀若選。

9. 撬

《集韻》：『撬，舉也。牽幺切。』方音謂以木梃等舉起物件爲撬，如撬門，讀ㄑㄧㄠ。

10. 舀、挹

《新方言》：『舀，抒臼也，以沼切。今謂以器抒水爲舀水。』

案：《説文》：『挹，抒也』，『抒，挹也。』《大雅》：『挹彼注兹。』挹、舀當爲一音之轉。

11. 爪袖

《新方言》：『今衣工謂袂端接袖爲爪袖。』《釋名》：『爪，紹也。』方音作找。

12. 尉帖

尉本作㷉，《説文》：『從上按其下也。從𡰥，從火從又，持火所以㷉繒也。』《集韻》音鬱。杜詩：『美人細意尉貼平。』方音謂妥當爲尉帖，尉讀丨音，俗作熨，讀ㄩ。

13. 篡錢、挻錢

《方言》：『秦晉之間，凡取物而逆，謂之篡。楚或謂之挻。』挻，取也，音羶。《新方言》：『汎稱得利爲篡錢。』《爾雅》：『篡，取也。』

方音謂篡錢，官音謂賺錢。賺，《集韻》直陷切，音詀，賣也。一曰市物失實。賺，國音ㄓㄨㄢ；篡，國音ㄔㄨㄢ。

14. 花押

官音花押，方音謂爲花號。《癸辛雜識》：『古人押字，謂之花押印。是用名字稍花之，如韋陟之朵雲是也。』《水滸》第七回：『押個花字，打個手模。』蓋書尾簽字，六朝時已然。或稱花字，或稱押字，後合名爲花押。

15. 撳寶

《唐韻》撳與攤同。又撳蒲，賭博也。俗以杯覆錢，猜一、二、三、四，以決勝負，名爲撳寶。蒲、寶音近，撳寶即撳蒲乎？粵省亦名番撳，見《粵遊小志》。

16. 擇

擇，《説文》：『揀選也。』《唐韻》丈伯切。又《史記·龜筴傳》：『恖恖疾疾，通而不相擇，妖孽數見，傳爲單薄。』注：『擇，達各切，音鐸。』

方音謂揀選爲擇，擇讀鐸，古音也。《顔氏家訓》：『《封禪書》曰，「導一莖六穗於庖。」』此導訓擇，導、鐸音相近。

17. 剴

《説文》：『摩也，公哀切。』方音謂輕摩爲剴。

18. 欱

《爾雅》：『欱，合也。』注：『謂對合也，古答反。』方音謂金屬兩片擊成一片，曰打欱。字從攴、合，會意。又謂作事終結爲煞欱。

19. 鑄

鑄，《説文》：『銷金成器也。』《唐韻》之戍切，音注。《左傳·宣三年》：『鑄鼎象物。』

方音謂鑄爲ㄉㄠ去聲，檮、擣、燾從壽，皆讀ㄉㄠ。古文作[illegible]，壽[illegible]爲古今字，則燾[illegible]當爲一字。

20. 銲

《廣韻》：「釬，金銀器令相著。」《新方言》作「熯」，今俗作「銲」。

21. 扛、擡

扛，《説文》：「横關對舉也。」《史記·項羽紀》「籍長八尺餘，力能扛鼎」。擡，《廣韻》「擡舉也」。元稹詩：「大都祇在人擡舉。」

贛南官音謂擡，方音謂爲扛。《説文》無擡字，可見扛爲古音。

22. 嫽

《廣韻》：「相嫽戲也。」方音謂戲弄小兒爲嫽。又《水滸》第三回：「智深吃了兩碗酒，又不曾撩撥他們。」撩當作嫽。

23. 𣪊

《説文》：「𣪊，從上擊下也。一曰素也，從殳𡉉聲。苦角切。」

方音謂以手輕擊人頭曰𣪊，當是此字。今借作物皮空之𣪊，作殼，或省作壳。而從上擊下之義晦矣。

24. 掐、揢

《説文》：「掐，爪刺也。」《晉書·郭舒傳》：「掐鼻灸眉頭。」《唐韻》苦洽切，音洽。方音謂以手爪捏人爲掐。

《集韻》：「揢，手把著也。」方音謂以手扼人咽喉爲揢，讀客之陰平。

25. 打交、打架

官音打架，方音謂打交，古謂之鬥。《説文》無架字，打交者，如交戰、交鋒也。交、架音轉，猶俗言擔枷，《易》云荷校也。

26. 搥、笪、打、撻、笞

《正韻》：「搥，擊也。」如搥鼓、搥牀。又與捶通。《廣雅》：「担、捶、打、撻、拍、挨、攷，擊也。」《説文》：「笪，笞也。」笪與擔同。南康之龍廻呼打爲笪。打、撻、笪、笞爲一音之轉（笪又音闥）。

27. 鏤、劉

《新方言》：「今人謂以刀㓷物，中間使空，爲婁空。婁亦鏤也。」方音謂以刀刺物曰鏤，曰劉。劉，殺也。贛官音亦謂洞。《爾雅》：「鏤，鋑也。」注：「刻鏤爲鋑。」

28. 㨖

《説文》：「㨖，刺也」。《廣雅疏證》引《説文》：「㨖，刺之財至也。」方音謂針之刺人爲督，刀之刺而不深亦謂督。㨖音致，古無舌上音，當讀若督。然則《説文》：「𢆉，㨖也。入一爲干，入二爲𢆉。」與方音所謂督者甚合。

29. 捉、抓

捉，《説文》：「搤也，一曰握也。」《廣韻》側角切。解作握者，如「一沐三捉髮」，「魏武捉刀」，是。又《廣韻》「捉，搦也」，猶言緝捕。《增韻》「捕也」，如捉迷藏。杜詩「有吏夜捉人」，是。

南康方音讀爲ㄉㄧ入聲。古無舌上音，照母讀端母也。贛官音謂捉爲抓，讀ㄓㄨㄚ，國音同。由ㄓㄨㄛ捉音轉爲ㄓㄨㄚ音，假借抓字當之。如捕人謂爲抓人。《唐韻》：「抓，側巧切，音蚤。」《博雅》：「搔也，又掐也。」與捉義不同。

30. 捉迷藏

《致虚閣雜俎》：「唐明皇與玉真子，月下以錦帕裹目，互相捉戲，謂之捉迷藏。」方音謂爲打㔷子，或曰捉蒙公。

31. 擁、應、鷹

擁，《説文》本作擁，抱也。方音謂爲恩。鷂鷹方音謂爲陽恩。即鷂誤陽，鷹轉恩。答應，方音謂爲答恩去聲，蓋恩本從因得聲，亦從因聲轉恩聲也。

32. 縈

《玉篇》「旋也」，《廣韻》「繞也」，《詩》「葛藟縈之」。方音謂最粗之草帽爲十八縈，縈讀作ㄧㄤ。

33. 絢

《爾雅》：「絢，絞也。」《詩》：「宵而索絢。」方音謂以索繫物爲絢，官音謂爲綁綁即縛轉。

34. 捼、搓、搊

《廣韻》：「捼，莏。」《説文》：「摧也，一曰兩手相切摩也。奴禾切。」《集韻》：「搓，挪也。音蹉。又初皆切，音差，推擊也。」《廣雅》：「搊，拘也。」

方音謂兩手壓物爲搊，搊而轉動之爲搓，讀ㄔㄞ。兩手搓繩線爲捼，今作挪。

35. 扳、芼

《廣韻》：『扳，挽也，引也，援也。』《爾雅》：『芼，搴也。』郭璞注云：『謂拔取菜。』《詩·關雎篇》『左右芼之』。《廣雅》：『芼，取也。』《集韻》作托。贛南通謂拔草爲扳，贛縣謂爲芼。

36. 圣土

《說文》：『汝潁之間，謂致力於地曰圣。』圣，古懷切。贛官音謂以鋤耕地曰圣，或曰圣土，圣讀上聲。

37. 鎮、拶

《說文》：『鎮，博壓也。』《玉篇》：『重也，壓也。』方音謂壓物爲鎮，讀ㄓㄣ，與國音同。方音又謂重物壓肩爲拶，ㄗㄚ入聲。《唐韻》：『拶，逼也，相排迫也。』

方音謂物堅固爲帀實，謂不亂使錢爲緊帀，《說文》：『帀，周也，從反㞢而周也。』曹操詩：『繞樹三匝。』拶、帀、紮、窄，方音同音，易誤用。

38. 鎔、煬、烊

《說文》：『鎔，治器法也。』《廣韻》：『鎔，鑄也。』方音謂鎔爲陽，如鎔鐵，鎔錫等，皆讀若陽。《廣韻》作煬，『與章切，釋金也』。《集韻》：『煬，爍金也，或作烊。』《說文》：『煬，炙燥也。』可知訓煬爲鎔，爲後之假借（參攷水類溶字，草木類芙蓉）。

39. 畜、蓄

國音六畜之畜，讀ㄔㄨ，亦讀ㄔㄡ。《唐韻》丑六切。《說文》：『田畜也。』言田之汙下黑土者，可以畜牧也。又《廣韻》許六切，音旭，「相養也」。《論語》：「君賜生，必畜之。」

按：六畜之畜，古俱許六反，今人並讀作昌六反。國音畜養之畜讀ㄒㄩ，國音蓄讀ㄒㄩ。《詩》：「我有旨蓄。」蓄，聚也。《晉語》：「蓄力一紀。」蓄，養也。《通志・六書略》：「畜，田畜也。而爲畜集之畜，借音不借義。」方音謂六畜之畜爲ㄔㄨ，亦謂爲曲。謂畜養之畜，及蓄鬚髮之蓄爲曲，或ㄎㄛ。《上下古今談》第一回：「不肯幫我們曲辮子。」可見謂蓄髮爲曲髮，音甚普通。蓋舌上音，古音亦讀舌前音也。

40. 摟、拉、賴

《說文》：「摟，曳聚也；又牽也，攬取也。」《孟子》：「五伯者，摟諸侯以伐諸侯者也。」又「踰東家牆，而摟其處子」。官音謂爲拉，如拉挑夫，讀ㄌㄚ。與唐音盧合切異義。方音謂爲賴。摟、拉、賴一音之轉。

41. 牧、圉、掌

《說文》：「牧，養牛人也」，「圉人，掌馬者。」南康謂牧馬爲圉，讀ㄫㄧㄚ，亦謂爲掌。

類六　足之動作

1. 興起

《爾雅・釋言》：「興，起也。」注音爲ㄒㄧㄥ。如「聞風興起」。方音謂興起爲「荒起」，興讀荒之上聲。興又叶虛良切，音香。徐幹《雜詩》：「沉陰添憂愁，憂愁爲誰興。念與君相別，乃在天一方。」蘇軾《赤壁賦》「興」亦與「章」叶。可見讀興爲荒亦古音，ㄒ母古讀ㄏ母也。

2. 回

贛縣方音呼『回家』之『回』爲韋ㄨㄟ。嘗考『回紇』，其先曰『袁紇』，至隋曰『韋紇』，唐曰『回紇』『回鶻』，宋元曰『畏吾兒』。『畏吾』即『回鶻』之音轉。夫在隋曰『韋紇』，在宋元曰『畏吾』，可斷言唐之『回』音，必讀『韋』『畏』音無疑。《廣韻》：『回，違也。』《詩・大雅》：『求福福不回。』注：『回猶違也。』《堯典》：『静言庸違。』《左傳・文公十八年》作『靖譖庸回』，當爲同音假借。

又方音謂會做事之會爲『魏』，與『回』之讀『韋』同。《新方言》：『今謂不能曰不魏，或音如會。』

3. 逝、朅

《方言》：『嫁、逝、徂、適，往也。逝，秦晉語也。』方音謂往爲去，獨南康之潭口謂往爲逝。《説文》：『朅，去也，從去，曷聲。』今讀ㄑㄧㄝ，南康土音亦謂去爲ㄏㄛ，即從曷聲也。

4. 匍、爬

匍，《説文》『手行也，薄乎切』。俗作爬，音琶，如爬蟲。又扒，發掘也，如扒手。廣東、廣西之水師舢板船，俗稱扒船。《廣韻》：『爬，搔也。』韓愈《進學解》『爬羅剔抉』，《廣韻》扒音拜，拔也。又與拜通。《詩》『勿剪勿扒』，亦作拜。又音八，破也。

按：匍當爲手行正字，音轉爲爬、扒，麻音也，方音同。

5. 蹲踞

《説文》：『居，蹲也，從尸古者，尸從古。臣鉉等曰，「居從古者，言法古也。謂古無凳椅，常蹲居也。」九魚切。』俗居加足作踞。今借居爲凥處字。

方音謂蹲踞爲ㄅㄨ，亦謂爲ㄍㄨ，即古字之陰平。然則居當爲形聲字，讀古聲，ㄐ母讀ㄍ母也。

6. 蹋、跐

《玉篇》：『踏，足著地也。』《説文》本作蹋。樂府有《踏歌行》。《廣雅》：『跐，履也、蹋也。』音此。《列子》：『躇步跐踏。』左思《吴都賦》：『將抗足而跐之。』《水滸》二十一回：『宋江仰著臉，只顧踏將去，正跐在火鍁柄上。』俗借踹字爲之，讀ㄔㄨㄞ上聲。《儒林外史》第三回：『一脚踹在塘裏。』《淮南子·人間訓》：『踹足而怒。』《廣韻》踹，市兖切。

方音借踩字爲之，讀若采。《篇韻》：『踩音葵，跳也，又音劣。』音義均異。

7. 蹧踏、蹧臯

《廣雅》：『蹂蹋，履也。』《新方言》：『謂蹂蹋轉爲蹧蹋，亦謂爲蹧臯。』贛南本謂蹧蹋，今學北語爲蹧臯，作糟糕。謂糕之糟爛不堪也。更訛爲燒糕。不成話語矣。

8. 走

《説文》走，趨也。方音謂行爲走。

9. 辵、踱

《説文》：『辵，乍行乍止也。讀若《春秋·宣七年》《公羊傳》曰「辵階而走」。丑略切。』國音ㄔㄛ，今辵作躇。注：『猶超遽不順以次。』《釋文》與踱同。《玉篇》：『跮踱，乍前乍却，徒落切。』俗語踱來踱去，即中心急遽，繞室彷徨意。古無徹母，當讀ㄉㄛ，與踱同。

10. 趁、撚、趕、躐

《説文》：『趁，邅也。』徐曰：『自後及之也，又逐也。』國音ㄔㄣ去聲。方音謂趁早，即趕早也。陸機賦：『舞者趁節以拔袂。』國音趁，又讀广ㄧㄢ上聲，踐也。但贛官音謂追趕爲撚，當即趁字，或作跈。《新方言》：『《逸周書》「後動撚之」。』孔晁訓撚爲從。今淮南安慶稱盜賊既去，接踵相追爲撚。然俗亦作捻。河南遂有捻匪之名。《正字通》：『趕同赶，追也。』方音謂爲躐。《禮·學記》：『學不躐等也。』疏：『逾越也。』有趕之意，或亦可作獵。《説文》：『放獵，逐禽也。』

11. 㚇

《説文》：『斂足也。』《爾雅》：『鵲鶪醜，其飛也㚇。』從夊兇聲。子紅切。《字彙》：『鳥飛斂足，音宗』。

方音謂起勢爲起㚇，去聲。亦謂爲起威。

12. 夲、超、跳、趮、逾越

《説文》：『夲，進趣也，從大從十，大十猶兼十人也，讀若滔。』《説文》：『超，跳也。』《孟子》：『挾泰山以超北海。』《集韻》他弔切。趒或作超，越也。

趒、逴、超、跳，古當爲一字，今ㄔ母古讀ㄊ母。今奉新方音讀超若夲，當爲古音。兼十人之進取，與超意最相近，古當爲一字。又方音謂跳爲趮，《説文》『輕行也』。

13. 跑、簸

方音謂跑爲簸，因跑步時，人身忽上忽下，如簸物狀，當是古音。或作奔波字，亦通。李翊《俗呼小録》：『跑謂之波。』跛則非是，《説文》：『跛，行不正也。』《易·履卦》：『跛傷履。』皆非跑義。

14. 懯

《爾雅》：「懯，動也。」奴板反。方音以足觸物曰懯，又足亂伸亦曰懯懯動。

15. 踼

《廣韻》：「踼跌，跌頓伏貌，徒郎切」，「又跌踼，行失正，徒浪切。」揚雄《甘泉賦》：「迴猋肆其盪駭兮。」注：「盪與（碭）[踼]同，盪駭，風勢震動貌。」

方音呼滑跌爲盪，當爲踼本字。

16. 爆繭

《戰國策》：「足重繭而休息。」注：「足傷皮皺，如蠶繭然。」

方音謂手足凍裂爲爆繭，蓋謂破爲爆也。

17. 捷足

《史記》：「蒯通曰，秦失其鹿，天下共逐之，高材捷足者先得焉。」《詩・大雅》：「征夫捷捷。」疏：「舉動敏捷之貌。」

方音謂行走敏疾爲捷，捷讀ㄐㄧㄚ。本作疌，《説文》：「疌，疾也。從又，又，手也，從止，屮聲。」徐鍇曰：「止，足也。」段氏曰：「凡便捷字，當用此。」《説文》：「捷，獵也。」

18. 迍、延

《易・屯卦》：「屯如邅如，乘馬班如。」屯今作迍，迍邅，難行不進貌。《廣韻》徒渾切，音豚。邅，《廣韻》張連切，音旃。《説文》：「延，安步延延也，丑連切。」

方音謂遲緩爲挨迍，迍，讀豚之去聲。按：迍、延、邅，皆一音之轉。

19. 越、蹶、跲、跌、蹎、顛、躓

《太甲》：『無越厥命。』越，墜也。《左傳》：『恐隕越於下。』注：『隕越，顛墜也。』《説文》：『蹶，僵也』，『躓，跲也』，『蹎，跋也。』蹎跋，《論語》作顛沛。跌，踼也。踼，跌踼也。踼，徒郎切。

按：跌踼或作跌宕、跌盪、佚蕩。方音謂失足倒地爲跌交，失足溜蕩爲踼交。越、蹶、跲、跌、蹎、顛、躓，皆一音之轉。

人倫體貌品性類

1. 公，太公

《爾雅·釋親》：『父爲考，父之考爲王父，王父之考爲曾祖王父，曾祖王父之考爲高祖王父。』

方音呼父之考爲公，爲爹，爹讀ㄉㄧㄚ。呼曾祖爲太公或公白，高祖爲太太。呼祖母爲ㄚ媽，或ㄚ婆，呼曾祖母爲婆白，高祖母亦爲太太，或亦有呼曾祖父母爲太太者。

古有稱父爲太公者，如《漢書》：『高祖五日一朝太公。』有稱祖爲太公者，如《後漢·李固傳》：『自太公以來。』有稱祖父爲公者，《呂氏春秋》：『孔子之弟子從遠方來者，孔子荷杖而問之曰：「子之公不有恙乎？」次及父母，次及兄弟妻子』。鐘鼎文，伯皆作白。

2. 大人公

方音婦稱舅爲大人公，亦稱爲家官，官或即公之音轉。稱姑爲家婆。《顔氏家訓・書證篇》：「北間風俗，婦呼舅爲大人公。」

3. 父、爸、爺、爹

《廣韻》：「爸，父也，捕可切。」今讀ㄅㄚ。「爹，父也，屠可切。」今讀ㄉㄧㄝ。《廣雅》：「翁、公、叜、爹、箸，父也。」

贛官音呼父爲爹爹，或爸爸。方音呼爲爸爸，或爲爺，或爲ㄚ爸、ㄚ爺。

4. 母

贛南官音稱母爲母親，方音通呼爲嬤㜷、娘。定南、上猶通呼爲母。贛縣、興國、甯都、瑞金、會昌、信豐呼爲ㄥ媽。尋鄔呼爲媽；石城呼爲ㄥ母，母讀古音莫后切。贛縣、雩都、興國又呼爲媪威；南康呼爲她，爲毑。嘉應客籍呼爲ㄚ姊、ㄚㄨㄠ、嫩、ㄋㄝ、嬔，河源客籍呼爲ㄚ姐、ㄚ邵、ㄚㄨㄠ、妜。贛縣、雩都呼爲嫗她。雩都、龍南、定南、虔南呼爲哀老，瑞金呼爲嫩子，會昌呼爲烏威，媪ㄨㄠ，奶奶，尋鄔呼爲伯伯，大庾呼爲烏ㄨㄠ，崇義呼爲她參看「贛南。呼母攷」

5. 乾孃、契姐

贛官音呼乾爺、乾娘，方音呼爲契爺，契姐。三姑六婆，内有虔婆。《名義考》：「方音謂賊爲虔，虔婆，猶賊婆也。」又《丹鉛録》：「媌婆能以甘言悦人。媌、虔音同，疑即媌婆。」

按：虔乾古同音，乾者，不有其事居其名也。如乾俸等。虔者，虔誠也。契者，意志相合也。乾、虔、契，皆一音之轉。

6. 牙人、牙婆

牙人，《後山詩話》：『王平甫云：「莊宅牙人語也。」』《舊唐書》：『安禄山爲互市牙郎。』清《文獻通考》：『雍正元年，立官牙，議平鐵值。』

按云：牙即古之合會交易，以平市價者。《史記》稱爲駔會，《周禮注》稱爲月平，《唐書》稱爲經紀。其後或稱爲互郎，亦稱爲牙郎。《廣韻》：『互俗作㸦。』《唐韻正》：『牙古音吾。』《詩·祈父》牙、居叶音。但《唐韻正》深辨以牙作互爲非。

治案：互、牙古讀音同，故相叚借，猶古音烏讀鴉，吾讀牙，ㄨ、ㄚ相通轉也。方音亦謂買賣之居間介紹者爲牙人。俗謂收生婦爲穩婆。明蔣一葵《長安客話》：『每季就收生婆中，預選名籍在官，以待內庭召用，名曰穩婆。』方音謂接生婆爲牙婆，猶《北里志》謂倡之侍女爲牙娘。《夢粱録》謂官媒爲牙嫂。以古音ㄨ、ㄚ通轉之理推之，或即護之音轉乎？

7. 姒、嫂

《爾雅·釋親》：『長婦謂稚婦爲娣婦，娣婦謂長婦爲姒婦。』又『女子同出，謂先生爲姒，後生爲娣。』『同出，謂俱嫁事一夫。』南康河源客籍，通謂嫂爲姒嫂，男女皆然。

8. 女、娪

《釋名》：『女，如也。青徐人曰娪。娪，忤也。始生時，人意不喜，忤忤然也。』《集韻》：『吴人謂女爲娪，牛居切；青州呼女爲娪，五故切。楚人謂女曰女，奴解切。皆方語也。』

贛南方音呼女爲娪，讀若五之土音，去聲。

9. 崽、伢

《方言》：『崽者，子也聲如宰。』案：贛官音同，方音讀若者，當是音轉。

《新方言》：『萌芽，亦始之義也。古衹作牙，《後漢書·崔駰傳》「甘羅童牙而報趙」。今揚州、鎮江、杭州通謂小兒爲小伢。芽變爲伢也。』方音謂爲細伢子，伢讀兀ㄢ。

10. 門斗

《新方言》：『淮西謂僮僕爲斗子，即豎子也。』方音，前清謂學署使役爲門斗。《閱微草堂》注：司門之曰門子，又司倉者曰斗子，見《夷堅志》。學中本爲生員設廩膳，稱門斗者，當是司閽兼司倉。此又一説。

11. 道士、香花僧

方俗謂出家奉道教者爲道人；在家有妻子，以做道場謀生者爲道士。即火居道士乎？《野獲編》：『道士有妻者爲火居道士。』

方俗謂在家俗人，以佛教儀式做道場謀生者，爲香花和尚，語誤爲鄉下禾。此與火宅僧有異，《番禺雜誌》：『廣僧有室家者，謂之火宅僧。』近陝西邊郡，山中僧人自耕自種，俱有室家，火居火宅。本《法華經》，經云：『三界無安，猶如火宅。』喻在家猶住發火之宅也。供佛以香花，《經剛經》云：『以諸華香，而散其處。』故以做道場爲做香花也。

12. 比肩民

南康縣北有劉姓雙生子，臍旁有肉帶毘連，比肩而坐，挽肩而行。此病則彼困，彼飲則此醉。耕則共執鋤，獵則一火一器。家極貧，父攜往中外，博錢賣觀，外人租入博物院，數年得萬金。昨年返康，營田宅，娶妻生子，今猶健存，面團團做富家翁矣。

《爾雅》：『北方有比肩民焉，迭食而迭望。當謂此種人。』注：『此即半體之人，各有一目、一鼻、一孔、一臂、一脚。亦猶魚鳥之相合，更望備警急。恐非是。』（以上人倫）

13. 火計

《新方言》：『朋輩謂之火計。』方音謂合本經商爲火計（火或作夥），與別處謂雇役爲火計者不同。

14. 倩郎

倩，《集韻》七正切，清去聲。凡假代，及暫雇使令曰倩。《魏書》：『汝倩人耶？』

方音謂娶婦之搬運嫁奩者爲倩郎。倩讀若青。

15. 奘、嘏

《方言》：『凡物壯大謂之嘏，凡人之大謂之奘。』奘或作壯。嘏俗作牯。

16. 拇指

《易·解卦》『解而拇』，王云：『手大指。』陸云：『足大指。』

方音謂手大指爲手指婆，謂足大指爲足指婆。蓋拇、母同音，方音謂母爲婆，故亦謂拇爲婆矣。

17. 乳奶

《唐韻》而主切。《白虎通》：『文王四乳，是謂至仁。』注音ㄖㄨ。俗作奶，音乃，注音ㄋㄞ。

方音謂爲奶，亦謂爲嫩，皆一音之轉。

18. 胃、肚

《説文》：「胃，穀府也。」《廣雅》：「胃謂之肚。」方音謂胃爲肚子。

19. 膀胱、尿泡

《廣雅》：「膀胱謂之脬。」《疏證》：「脬通作胞。」《桓四年公羊傳》注云：「自左髀射之，達於右髃，中腸胃汙泡。」泡亦與脬同。方音謂膀胱爲尿泡。

20. 胴、肛

《廣韻》胴，徒弄切。音洞。《玉篇》「大腸也」。肛，古雙切，肨肛脹大；又許江切。《六書故》：「大腸端，肛門也。」

方音謂大腸端連肛門者爲胴肛，肛讀工古紅切。

21. 𡲰、屌

《説文》：「𡲰，尻也。詰利切。」《新方言》：「男根俗謂𡲰巴。」《字彙》：「屌，音貂上聲，男子陰。」《正字通》：「此爲方俗語，史傳皆作勢。」

方音謂男子陰爲亂，交合爲屌。

22. 貉臊鬍鬚

《水滸》第二回云：「腮邊一部貉臊鬍鬚謂魯達。」又十二回：「腮邊一部落腮鬍鬚。」

方音謂連口鬍爲貉臊鬍，或是絡腮鬍之音轉，謂在腮邊連絡而生也。

23. 綹

《集韻》綹，力九切，音柳。《説文》：『緯十縷爲綹。』《類篇》：『一曰，絲十爲綸，綸倍爲綹。』《儒林外史》第二回：『三綹髭鬚。』方音讀ㄗㄧㄡ上聲，或作糾。

24. 𣯂毛

《新方言》：『《説文》𣯂，獸毛也；《廣雅》𣯂謂之毫，則不別人、獸矣。』曹憲音汗，《集韻》河干切，音寒。贛南謂人身毫毛爲𣯂毛，音同《集韻》。（《晉書・夏統傳》：不覺寒毛盡戰。）

25. 鬞毛

方音謂髮亂爲鬞，讀奴冬切。《廣韻》鬞，女容切，又女江切，亂髮，或作𣰶，髮多。鬤，汝陽切，鬇鬤，亂髮；又乃庚切。《韻會》鬤或作鬡，《廣韻》鬡，女耕切。鬇鬡，亂髮貌。皆適各方音轉，另易得聲邊傍也。

26. 跛、蹇、踔、㧬

《説文》：『跛，行不正也。』《海篇》：『足偏廢。』《易》：『跛能履。』補火切。蹇，《説文》『跛也』。《方言》：『自關而西，秦晉之間，凡蹇者或謂之逴，體而偏長短，亦謂之逴。』逴、踔同。踔，方音讀若跳，謂跛爲踔，爲㧬，爲ㄑㄧㄜ。蹇、㧬、ㄑㄧㄜ，皆一音之轉。

27. 痂、疕

《廣雅》：『痞、疕，痂也。』《説文》：『痂，乾瘍也。徐曰：「今謂瘡生肉所蜕，乾爲痂。」』音嘉。《字彙補》：『疕，瘡上甲，音匕。』方音謂瘡結痂爲結疕。

28. 雄、揯

方音謂人有力爲雄，亦謂爲揯。厂丅二母之通轉也。《説文》：「揯，引急也。」《唐韻》古恒切。《淮南子・繆稱訓》：「大弦揯，則小弦絶。」或省作揯。

方音謂弓弦之緊張爲揯，謂鼓之緊張亦爲揯，讀若恒。故人之有力亦謂爲揯。

又《牧誓》云：「尚桓桓，如虎如貔。」《廣雅》：「桓桓、武也。」揯、桓音義相近。

29. 癢、痱、瘣

《爾雅》：「瘣頹、痒、痱，病也。」《集韻》：「痒或作癢，膚欲搔也。」《釋名》：「癢，揚也。」《玉篇》：「痱，風病也。同瘣。」

南康河源客籍謂癢爲回，或即瘣、痱字，有揮揚意乎？

30. 洋

《爾雅》：「洋，多也。」方音謂市廛人多爲洋，或亦作攘。《老子》：「天下攘攘，皆爲利往。」攘本作遐，搶遐，亂貌。從二口爻己會意。

31. 會不會

《方言》：「魏，能也。」《周書》云：「克威捷行曰魏。」《新方言》：「今謂不能曰不魏，或音如會。通以會字爲之。然作會實無義。」

按：會，贛南方音讀魏，或古音如是，與回讀韋同（參看回字條）。

32. 標致，儦亮

贛南稱人之美麗者曰標致。吳語然也，亦曰儦亮。《新方言》謂當作暴亮。

33. 調皮、賣俏

《方言》：『釥，好也。』《新方言》：『釥，俗作俏。俏之言峭也。故《字林》云「崝峭，好形也」。今南人言波峭，北人言峭皮。』俏，國音ㄘㄧㄠ去聲。《字典》『好貌』。

俗謂婦容美好曰俏。贛南謂賣好爲賣俏，而謂俏皮爲調皮，調讀去聲。又《新方言》謂欺詐爲掉皮，即傜陂也。《方言》：『陂傜，衺也。』《廣雅》：『佊，邪也。』

34. 歺、歹

《説文》列骨之殘也。五割切。歺，今俗用好歹字，讀ㄉㄞ切。方音呼人桀驁者爲歺，讀ㄨㄞ切，與古音最近。

35. 愚、癡呆、獃、騃、傞、傻

贛南謂愚人爲騃，疊言之爲騃騃傞傞。但傞讀ㄘㄨㄛ，國音準娑。贛官音謂人之醜爲傞，讀爲娑之陽平。《説文》：『傞，醉舞貌。《詩》「屢舞傞傞。」』《新方言》：『今人謂清狂盲動爲傻。』即傞字，北音也，讀ㄕㄚ。

《莊子》：『公反，誒詒爲病。』誒一音哀，詒音臺。《新方言》：『今謂白癡爲誒詒，俗作呆獃。』

按：誒亦作騃，《廣韻》『癡也』。愚、癡、呆、獃、騃、傞、傻皆一音之轉，介母轉舌尖、轉舌上。故贛南亦稱我爲哀，讀若艾、礙。方音又謂兒童頑皮亂動爲癡愚。按：呆或即兀，不動貌。

36. 崴、𢹿、佊、竵、歪

《廣雅》：『佊、陂、𢹿、敧、衺也。』《易・泰九三》：『無平不陂。』注：『陂，傾也。』方音謂人之形貌不端正爲佊，讀ㄅㄟ陽平。

《小雅》：『側弁之俄。』鄭箋云：『俄，傾貌。』方音謂物之傾側爲崴，如人頭不正謂爲崴頭，當爲俄之音轉。又謂兄弟不和順爲崴俄。

《字彙》：『歪，烏乖切，音崴，不正也。』《正字通》云：『《説文》竵，不正也，俗合不正二字，改作歪字。』《説文》：『敧，戾也。』又云：『𡕒，衺也。』竵、𡕒、敧音義略同，今讀ㄨㄞ陽平。

37. 醜陋、嫫嫷、卑遜

通語醜陋，贛縣謂爲嫫嫷。《説文》：『嫫母，都醜也。』一曰都醜，大醜也。《楚辭・九章》：『嫫母姣而自好。』莫胡切，今音轉爲麻。

《説文》：『嫷，南楚之外，謂好曰嫷。徒果切。』又不嚴飭曰燕嫷。《前漢・張敞傳贊》：『然被輕嫷之名。』注：『與惰同。』俗作媠，《前漢・外戚傳》：『李夫人曰：「妾不敢以燕媠見帝。」』由不嚴飭意轉爲醜意也。今音轉爲駝。或曰『面麻背駝，醜可知也』，故謂醜爲麻駝，一笑。

方音謂爲麻虛，或爲模糊虛薄之簡語。亦謂爲卑，讀上聲，或即婓字。《説文》：『婓，往來婓婓也。一曰醜貌。芳非切。』古音當如悲。亦謂爲遜，讀若神。猶云：『次、退班、遜一籌。』

38. 孱頭

《廣韻》：『孱，不肖也。士連切（與今音禪同）。』《漢書・張耳傳》：『吾王，孱王也。』孟康曰：『冀州人謂懦弱爲孱。』《新方言》：『今謂下劣怯弱爲孱頭。』南昌方音罵人愚蠢爲孱頭（孱同禪音）正同。《廣韻》潺、孱同音，今讀潺如饞，鋤山切。方音謂言行不順理者爲孱（音饞）頭，其爲士連切之音轉無疑也。

39. 昏蜑

《新方言》：『《左傳》「渾敦」，杜解謂不通之貌。莊子云：「中央之神，名混沌，無七竅。」亦此義也。今音轉謂人不開通者爲昏蜑。』方音謂爲混帳。

40. 鄙嗇

《玉篇》：『嗇，慳貪也。』《道德經》：『治人事天莫如嗇。』注：『嗇者，有餘不盡用之意。』又嗇於財曰鄙吝，方音謂爲皮刷，即鄙吝之音轉。

41. 卒、孼

《説文》：『卒，所以驚人也，從大從羊。』一曰大聲也，一曰讀若瓠，一曰俗語以盜不止爲卒：，卒讀若籋，尼輒切。孼，庶子也。《孟子》：『獨孤臣孼子。』爲《説文》本解。《禮》：『國家將亡，必有妖孼。』《漢書》：『蟲豸之妖，謂之孼。』

按：妖孼字當作卒，所以驚人也。又罪孼字，亦當作卒。《説文》：『睪，令吏將目捕罪人也』，『執，捕罪人也』，『圉，囹圄，所以拘罪人也』，『報，當罪人也』，『籟，窮理罪人也。』皆當卒爲罪人。按：罪當作辠。

又《六書正譌》眥字注云：『《商書》「天做眥」，别用孼字，譌。』是以眥爲罪孼字。

按：《説文》『眥，危高也，從𠂤，屮聲』。訓眥爲罪，似未妥。

宮室器物類

1. 儀門

俗謂公署爲衙門。清沿明制，衙署懸『儀門』二字。《明會典》：『凡新官到任之日，至儀門前下馬。』《廣韻》：『衙，語居切。』《楚詞》：『導飛廉之衙衙。』徐鍇曰：『今謂列儀。』

按：儀、衙古音義略同。衙音轉，而儀音未轉，故人不知儀門即衙門也。一曰，衙門本牙門之訛。古營門所立之旗，兩邊刻繪如牙狀，謂之牙旗，因謂營門曰衙門。後漸移稱於朝署。其或衙、儀音同，假儀字爲之乎？

2. 厦、厙。

《集韻》：『厦，旁屋也。所嫁切。』方音呼旁屋曰披厙，另作厙字。

3. 垣

《廣雅疏證》：『案，垣之言環也，環繞于宮外也。』贛南謂屋外圍牆爲央，俗作垟，即垣字音轉。《左傳》：『子産盡壞其館之垣。』《集韻》：『卑曰垣，高曰墉。』

4. 門限

《說文》：『限，一曰門榍也。』《廣韻》：『與閫通，門閾也，乎簡切。』《論語》：『行不履閾。』

方音呼門限爲門磡，ㄎㄢ，或又呼門欠，ㄑㄧㄢ。限從艮聲，古讀ㄎㄢ，轉ㄑㄧㄢ也。

5. 栅闌

栅，《唐韻》楚革切，音策。《廣韻》：『豎木以立栅也。』闌，《說文》：『門遮也，今作欄。』《開元遺事》：『沈香亭牡丹，以百寶爲闌。」方音呼城市當街之木欄干爲栅拉，即栅闌之轉音。

6. 桴、筏、划

桴，《唐韻》：「芳無切，音敷。編竹木代舟也。大曰筏、小曰桴。」《論語》：「乘桴浮於海。」《方言》：「淮謂之簰，簰謂之筏。」郭注：「木曰簰，竹曰筏，小筏曰泭。」

划，《廣韻》：「撥進船也，音華。」《正字通》：「俗呼小船爲划子。」

按：桴、筏、划一音之轉。方音謂編竹者爲竹簰，小船爲划子。

7. 函筧

白居易《石函記》：「錢塘湖，北有石函，南有筧，放水溉田。」函今多以石或磚等爲之，埋藏土中。筧今多以竹或木板爲之，浮架地面。《廣韻》：「筧，以竹通水也。」俗作棬，誤！棬，屈木盂也。《孟子》：「義，猶栝棬也。」

8. 箸、筷

《曲禮》：「飯粟毋以箸」，「箸，飯具。」俗謂箸爲筷，讀如快。吴俗，舟行諱言住，箸、住同音，故以箸爲筷兒，見《菽園雜記》。《説文》：「夬，分決也。屮像決形。」徐鍇曰：「コ，物也，丨所以決之，古賣切。」《新方言》：「今人以箸，可分決羹肉，故謂之夬，讀若快。」此義爲優。

案：コ像兩箸形，丨爲菜物，從又持之。又，手也。

9. 酒篘

《正韻》：「篘，酒籠。漉取酒也，音搊。」國音ㄔㄡ陰平。方音或謂酒篘爲酒⿱竹畐。

10. 圍簞

《方言》：「簞，宋魏之間，或謂之笙，或謂之籧笛。自關而西謂之簞。」方音謂爲圍簞，或圍幛。

11. 簍、籃、籠

《方言》：「籚（古筥字）小者，南楚謂之簍，自關而西，秦晉之間謂之箄。籠，南楚江沔之間謂之篣，或謂之笯。」注：「亦呼籃。」

方音竹器之粗疏者名簍。如草簍，字紙簍等。《急就篇》注：「簍者，疏目之籠，言其孔樓樓然也。」竹器之目猶疏，或作六角孔者，名籠，如雞籠、鳥籠、熏籠等。

籃有菜籃、花籃、揚籃等揚籃，即筤籃之音轉。《説文》：「筤，籃也」，「籃，大篝也。」

12. 落

《方言》：「桮（同杯）落，陳楚宋魏之間，謂之桮落。」注：「盛桮器籠也。」

方音：凡以繩、篾等套物，以便提擔者，謂之落，有落脚、酒落等。

13. 注箕、筲箕

《方言》：「斛注謂之篙，所以注斛（盛米穀寫斛中者）。陳魏宋楚之間謂之篙，自關而西謂之注箕，陳魏宋楚之間謂之籮。」方音之筲（音趙）箕，即《方言》之注箕。方音之籮，又爲別物。

14. 罶

《爾雅》注：「今之百囊罟，亦謂之罶。」方音謂以竹器盛魚，形似凸字者爲罶。亦猶羅本鳥罟，今謂竹器盛穀者爲羅，而別作籠也。

15. 篧

《爾雅》：「篧，謂之罩。」注：「捕魚籠也。」疏：「李巡云，編細竹以爲罩，捕魚也。」方音謂若濠，與鶴音相近。

16. 鍋

《方言》：「車釭，齊燕海岱之間謂之鍋；自關而西謂之釭，盛膏者乃謂之鍋。」方音謂釜爲鍋。當是𩰫。《説文》：「秦名土釜曰𩰫，讀若過。」

17. 甖、甕、盎

《方言》：「自關而東，趙魏之郊，謂之甕，或謂之甖。」《廣韻》烏莖切，同甕。廣客籍謂若翁ㄨㄥ，與國音同。人每不知其字。

《方言》：「甇甈謂之盎。」方音讀盎爲ㄤ，人每不知其字，別作鍈。《論衡·論死篇》：「取水實於大盎中。」

18. 碓機

《方言》之碓機，方音謂之碓公，臼謂爲碓臽。《説文》：「臽，小阱也。」方言讀ㄏㄣ。

19. 鐮、鎌

《方言》：「刈鉤，自關而西謂之鎌。」《説文》鍥也，或作鐮。

20. 耒

《説文》：「耒，手耕曲木也。盧對切。」今俗別作犁。方音或讀犁若耒。

21. 苻

方音讀若蒲，古無輕唇音也。又五胡有蒲洪，氐種也。洪以讖文「草付應王」，改姓苻。又《左傳》萑苻之苻，音蒲。可以證明古讀苻若蒲。

22. 舄、鞵、鞾、屐

舄本鳥名，爲象形字。《博雅》：「舄，屐也。」音昔，是假借。《釋名》：「複其下曰舄，舄，腊也。行禮久立，地或泥濕，故複其木下，使乾腊也。」《古今注》：「舄以木置屐下，乾腊不畏泥濕也。」《詩・豳風》：「赤舄几几。」疏：「舄有三等，赤舄爲上，冕服之舄，下有白舄、黑舄。」

屐，《廣韻》奇逆切。《説文》「屩也」。《增韻》「木屐也」。贛州官音呼爲板鞋，方音呼爲屐子。

鞵，《説文》：「革生鞮也。從革，奚聲。」《玉篇》同鞋，鞾，《説文》「鞮屬」。《廣韻》亦作靴。

案：舄、鞵、鞾、屐四字，音都相近，當爲音轉。

23. 幔

《廣雅》：「幎、幔，覆也」，「又鼏，幔，閹也。」方音謂以巾等覆物爲幔。

24. 轎篼子

《前漢・嚴助傳》：「輿轎而越嶺。」注：「隘路車也。」今竹輿。《史記・河渠書》：「山行即橋。」《正字通》：「即轎篼字之轉音。

也。』蓋今之肩輿，謂其平如橋也。

又篼，竹輿也，俗謂之篼子。贛南謂肩輿爲轎或篼子。《曲園隨筆》：『江西多有之，名曰掇子。』掇音讀如篤，余疑

25. 錘

錘，《正韻》直追切，《玉篇》稱錘也。方音謂稱錘爲稱陀。猶墮字從隋聲，而讀ㄉㄨㄛ音也。

26. 骰子

《廣韻》：『骰子，博陸采具，出《聲譜》。』音頭，方音呼爲猴子，不得其解。偶思泰和呼頭若猴，人每以爲笑，當是古音。

方音亦呼骰子爲色子。《言鯖》：『唐時投瓊，唯幺一點紅，餘五子皆黑。明皇與楊妃彩戰，將北，唯四可解。唯一子旋轉未定，連叱之，果成四。上悦，顧高力士，令賜四緋，至今不易。』呼爲色子者，以其紅黑燦爛乎？

27. 骨董、古董

骨董，古物也，如骨董鋪。骨董方音謂爲古董，或謂即古銅之轉音。

28. 鏝

鏝，泥鏝也，漠官切，音瞞。方音謂以火磚鋪地爲鏝。

29. 滕

《爾雅》：『滕，虚也。』方音謂空房讓人曰滕出，俗作騰，非是。

30. 空落落

《石頭記》：「你瞧這地方，一時間就空落落的了。」方音讀落爲陰平。

31. 莫

《新方言》：「毛，無也。《漢書・高惠高后文功臣表》曰「靡有孑遺，秏矣。」」

按：毛當作莫。方音謂無與莫音相近，又謂没有爲莫有。《論語》：「文莫吾猶人也。」《詩》：「白日莫空過。」其義較長。又廣東音謂無爲摩，猶南無古音曩摩。

32. 餘、賸、剩

《説文》：「賸，物相增加也。一曰送也，副也。以正切，音孕。」徐曰：「今俗謂物餘爲賸。」古者一國嫁女，二國往媵之，媵之言送也。副，貳也，義出於此。又《廣韻》：「實證切，音乘，長也。」《類篇》：「益也，餘也。」《唐書・杜甫傳》：「殘膏賸馥，沾丐後人多矣。」《韻會》：「俗作剩，非是。」

贛官音謂物之有餘爲剩，方音謂爲賸，讀**ㄧㄤ**。

33. 匹

《説文》：「匹，四丈也。從匸八，八揲一匹，八亦聲。」（《廣韻》揲，摺揲。）《小爾雅》：「五尺謂之墨，倍墨謂之丈，倍丈謂之端，倍端謂之兩，兩謂之匹。」

贛南織布，每五尺染墨一點，每丈染墨二點，每匹四丈餘，可見皆古制也。

34. 闌單

方音謂物之孤單懸垂爲闌闌單單。《清異録》：『闌單帶，堆垜衫，肥人也。』①注：『闌單，不整飭貌。』又《史通・二體篇》：『將恐碎瑣多蕪，闌單失力者矣。』《束晳賦》：『駕闌單之疲牛。』皆訓爲疲貌。

竊謂訓爲孤懸，音亦合（闌單了佻音相近）。

35. 佻、𠄏、弔

《方言》：『佻，抗縣②也。燕趙之郊，縣物於臺之上，謂之佻（縣同懸）。』注：『丁小反』，當讀若弔。今以弔唁字代之，誤。又注：『了佻縣物。』方音謂物之孤懸亦曰了了佻佻。

《廣韻》：『𠄏，都了切，懸也。』佻、𠄏當爲一字。《説文》：『卣，艸木實垂，卣卣然，象形。讀若調。』《莊子・齊物論》：『而獨不見之調調之刁刁乎？』注：『樹上枝葉摇動之形。』

按：卣當爲懸物本字，調、弔爲假借，𠄏爲後造俗字。

36. 督

《莊子・養生主》：『緣督以爲經。』注：『督，中也。』謂中兩間而立，俗所謂騎縫也。《六書故》：『人身督脈，當身之中，貫徹上下。』故衣縫當背之中，達上下者，亦謂之督，別作裻。

方音謂物底之極盡處曰督，如碗督，塘督等。

---

① 當爲『闌單帶，疊垜衫，肥人也覺瘦岩岩』。

② 原作『懸』，當爲『縣』，下字同。

37. 彌儱

《易・繫辭》：『故能彌綸天地之道。』疏：『謂彌縫補合。』《左傳・僖二十六年》：『彌縫其厥，而匡救其失。』清科舉時，試卷糊名編號，名爲彌封。

方音謂物之合儱爲彌儱，彌讀陰平。按：彌儱之彌，本作爾。《説文》：『爾，麗爾，猶靡麗也。』蓋彌、爾音近，不過字顛倒耳。爾，《集韻》乃禮切。

38. 劼

《爾雅》：『劼、鞏、堅、篤、掔、虔、膠，固也。』疏：『劼者，確固也。』方音謂堅實爲劼實。

39. 短倔倔

《五音集韻》：『倔㲉，短貌。㔵，吴人呼短物也。』《方言》：『㔵，短也。』《新方言》：『今江浙人於物之短者，稱爲短㔵㔵，或稱爲禿㔵㔵。』

贛南人呼爲短窟窟，窟即倔之音轉。國音窟ㄎㄨ入聲，倔ㄐㄧㄝ入聲。㔵ㄓㄨㄟ入聲。

又贛南人稱樹之無尾者曰窟尾樹，當作屈。《説文》：『屈，無尾也。從尾出聲。』《廣韻》衢物切。今作屈，國音讀ㄐㄩㄝ。

40. 黏、銐

《説文》：『黏，相著也。』《廣韻》女廉切。《集韻》：『銐，女下切，又女加切。』音拏。

方音謂物之黏著爲黏，亦謂爲銐，俗作粘。

41. 个、介

《左傳》：『又弱一个焉。』《孟子》：『一介不以與人。』《方言》：『物無耦曰特，獸無耦曰介。』介與个古字通用。《書》『如有一介臣』，《大學》作『若有一个臣』。故贛官音謂个，方音謂介。个亦作箇，《方言》：『箇，枚也。』

42. 丸、圓

凡物小而圓者皆曰丸，如泥丸，藥丸。方音呼藥丸爲藥圓，亦古音也。《雲仙雜記》：『幽燕思先驛後五柎檜，忽生藥圓。』圓、丸古通用。

43. 枚、文

《説文》：『枚，榦也。可爲杖，從木從攴。《詩》曰：施於條枚。莫桮切。』又个也。《書·大禹謨》：『枚卜功臣。』《泉志》：『一文錢，點畫甚纖利，舊譜謂之一文。故俗謂製錢一箇爲一文』。

方音謂一枚爲一門，如針一枚，方音謂一門，門即文之音轉。蓋文古亦音珉，則枚或當從文得聲，非從攴乎？

44. 羃、漫

《漢書·西域傳》：『罽賓國以銀爲錢，文爲騎馬，幕爲人面。烏弋山燕國之錢，與罽賓國同，文爲人頭，幕爲騎馬。』注：『韋昭曰：「幕，錢背也」。』清《通考》案云：『錢之有面有背，古錢皆一面有字，一面無字。昔人以無字處爲面、爲陽，有字處爲背、爲陰。謂如器物欵識，必書於底。』

其實不然，考《漢書》稱錢之面背又作文與幕。荀悦『以幕爲漫而無文』，韋昭曰：『幕，錢背也。』則無文字處之爲背，自古已然。《新方言》：『浙江謂錢背爲莔，音如悶。』

方音謂古錢之有字處爲羃，古錢之無字處及清錢之滿字處爲漫。然則羃爲面、文二字之音轉乎？幕、漫一音之轉，無疑也。

45. 釐、毫

古者分釐、毫、絲、忽，但以爲度名，權則以黍、絫、銖、兩計。宋太宗淳化二年，詔定稱法。就黍、絫、銖，參之度尺，以十忽爲絲，十絲爲毫，十毫爲釐，十釐爲分，十分爲錢，十錢爲兩。各以十進，中外稱便。蓋一蠶所吐爲忽，十忽爲絲。釐古作氂，謂氂牛尾。毫，斷馬爲之。氂粗毫細，故釐大於毫。

清世海禁開時，慣用墨西哥銀圓。後乃自鑄造，並造小銀圓，謂之角子，亦謂毫子。由是計數法分爲二：一圓、角、分、釐、毫、絲、忽；一圓、毫、絲、釐。由前法，釐大於毫，與古法合。由後法釐小於毫、絲，與古法背。

方音慣用後法，謂小銀圓爲毫子，十毫爲圓，毫下爲絲爲釐。北方人更呼一毫爲一毛，方音亦有隨聲者。

46. 稱、秤、等、戥

秤、戥皆俗字，《説文》：『稱，銓也。』《易·謙卦》：『君子以稱物平施。』《廣韻》：『秤，俗稱字。』戥，《康熙字典》無，《辭源》：『俗字，本作等。』李方叔《師友談記》：『秦少游言，邢和叔嘗曰「文銖兩不差，非秤上秤來，乃等子上等來也」。』

47. 棥、爻(即藩籬)

《説文》：『棥，藩也，附袁切。』段注：『《齊風》「折柳樊圃」。毛曰：「樊者，棥之假借。」藩，今謂籬笆。』藩，俗作籓。

《説文》：『爻，二爻也。力几切。』音纚。《説文》：『爾，麗爾，猶靡麗也。從冂、爻，爻，其孔爻爻，爾聲。』

治案：《説文》無籬字。《釋名》：『籬，離也。以柴竹爲之，疏離離也。』爻，即籬之本字，爻像籬竹交叉形。《釋名》

之「疏離離」，即《説文》之「其孔叕叕」。

又《説文》：「離，離黄，倉庚也。從隹离聲。」借爲離別字。案：離別之離，亦當作叕，名詞轉動詞也。

篱籬通謂籬笆，方音謂爲箔籬。篱，《廣韻》甫煩切；《集韻》逋潘切，音般。古無輕唇音。般、箔當爲一音之轉。

禽類

1. 鳥

《説文》都了切。方音讀雕，古音也。别作⿰犭鳥字，非是。

2. 鴉、鵲

舃，《説文》：「䧿也。䧿，篆文鵲。」《韻會》：「喜鵲也。一名乾鵲，一名鳷鵲，陶宏景謂之飛駮鳥。」《本草》：「鵲大如鴉，而尾長、尖嘴、黑爪、緑背、白腹，上下飛鳴。」《詩》「維鵲有巢」，今音雀。

方音呼爲鴉鵲音昔，當是古音。

3 布穀、稶穀

《藏器》曰：「布穀，鳲鳩也。江東呼爲稶穀。」《方言》：「自關而西，或謂之布穀。」注：「今江東呼爲稶穀。」

方音呼爲火鴣，即稶穀之訛也。與斑鳩異物。

4. 百舌

《易通》云：「能反復如百鳥之音，故名，亦名反舌。」李時珍曰：「百舌處處有之，居樹孔窟穴中，狀如鴝鵒八哥而小，身署長，灰黑色，微有斑點，喙亦尖黑，行則頭俯，好食蚯蚓。立春後則鳴囀不已，夏至後則無聲，十月後則藏蟄。』人或畜之，冬月則死。《月令》『仲夏，反舌無聲』，即此。

按此：似方音呼爲烏春者，待考（烏春見後）。

5. 鸜鵒、八哥

《本草綱目》時珍曰：『鸜鵒，身首俱黑，兩翼下各有白點。其舌如人舌，翦剔能作人言。』方音呼爲八哥，人喜畜之，能學作種種聲。《說文》作鴝鵒。

6. 翠鳥

《爾雅》名鴗，《本草》名魚狗，亦名翠碧鳥。《藏器》曰：『此即翠鳥也，穴土爲巢，大者名翠鳥，小者名魚狗，青色似翠，其尾可爲飾。』方音呼爲翠子。

7. 鵜鶘、戽斗鶩

陸機云：『遇水澤即以胡盛水，戽涸取魚食，故曰鴮鸅（音烏澤），曰淘沙。』俗名淘鶩，因形也。《山海經》云：『沙水多犁鶘。』後人轉爲鵜鶘，方音呼爲戽斗鶩。《說文》：『鶇胡，汙澤也。』鶇或從弟，作鵜。

8. 鳧，水鴨

陸機《詩疏》云：『狀似鴨而小，雜青白色，背上有文，短嘴長尾，卑脚紅掌。』《本草綱目·釋名》：『野鴨，野鶩。』方音呼爲水鴨。

9. 雀

李時珍曰：『俗呼老而斑者爲麻雀，小而黄口者爲黄雀。』方音呼爲麻鴉子。

10. 鷦鷯

《説文》：『鷦䳢，桃蟲也，一名鷦鷯。』俗呼爲黄脰雀，喙鋭如錐。李時珍曰：『鷦鷯狀似黄雀而小，灰色有斑，聲如吹嘘。取茅葦毛毳而窠，大如雞卵，而繫之以麻髪，至爲精密，懸於樹上。』方音呼爲緑脰子，或青絲子，當是此鳥。

11. 鷂鷹

方音呼捉雞雛者爲麻鷂，或呼牙鷹；呼捉鳥雀者爲捉鷂。《正韻》：『鷂，弋笑切，音燿。』《爾雅翼》云：『在北爲鷹，在南爲鷂。一云大爲鷹，小爲鷂』。《本草綱目》：『鷹，一名角鷹、鷞鳩、鴟，一名鳶、隼、鷂。』

按：方音紙鳶亦曰紙鷂，可見鳶、鷂一物無疑。又方音呼鷂鷹爲揚恩，鷂轉爲揚，鷹轉爲恩。

12. 貓頭鷹

李時珍曰：『此物有二種：鴟鵂，大如鴟鷹，黄黑斑色，頭目如貓，有毛角兩耳。晝伏夜出，鳴則雌雄相唤。其聲如老人，初若呼，後若笑，所至多不祥。《莊子》云「鴟鵂夜拾蚤，察毫末，晝出而不見邱山」。一種鵂鶹，大如鴝鵒（即八哥）。毛色如鷂，頭色亦如貓。鳴則後竅應之，其聲連轉，如云「休留」，故名鵂鶹。』

按：貓頭鷹或名爲鴞、梟、鵩，《藏器》曰：『鴞即梟也，一名鵩。』《詩·大雅》：『爲梟爲鴟。』子長大食母，不孝鳥也。方音呼爲貓頭鴉。

13. 秧雞、禾雞、鶉

《本草綱目》：「秧雞大如小雞，白頰、長嘴，尾短，背有白斑。多居田澤畔，夏至後夜鳴達旦，秧後即止。」方音謂禾雞。

又《本草綱目》時珍曰：「鶉大如雞雛，頭細而無尾，毛有斑點，甚肥。雄者足高，雌者足卑。其性畏寒，其在田野，夜則群飛，晝則草伏。人能以聲呼取之，畜令鬥搏。」當亦秧雞之一種。

14. 雞僆

《爾雅》：「未成雞，僆。」注：「江東呼雞，少者曰僆。僆，練。」

方音呼小雞母爲雞榑。字書無此字，榑讀ㄌㄢ，當是僆之音轉《說文》：「雛，雞子也。雡，鳥大雛也，力救切。」僆或當雡。

15. 孵

《廣韻》：「卵化也。芳無切。」方音讀重唇音，若步，贛官音讀若抱。《通俗文》：「北燕謂之菢。」

16. 毈

《淮南子・原道訓》：「獸胎不贕，鳥卵不毈。」《唐韻》徒玩切，音段。《說文》「卵不孚也」。

方音謂卵之孵化不成者爲假蛋。

17. 雞棲

《爾雅》：「雞棲於弋爲榤，鑿垣而棲爲塒。」方音謂塒爲雞寄，寄爲棲之轉音。

18. 巢、籔、鬬

方音謂鳥巢爲籔，亦謂爲鬬。《説文》：「籔，炊籅」，「籅，漉米籔也。」《廣韻》：「一曰漉米竹器，蘇后切。」《方言》：「炊籅或謂之篗。」《集韻》「酒簩也」。酒籠漉取酒也。

蓋籔爲竹器，酒簩之類。鳥巢似之，故云然。籔古音或如鬬。國音搊、簩、篗讀ㄔㄡ，巢讀ㄔㄠ，巢篗雙聲。古無舌上音，當讀爲鬬。篗，《玉篇》同籔。

又《説文》：「鬬，遇也。」如鬬湊、鉤心鬬角等，則謂鳥巢爲鬬亦合。俗以鬬爲争鬥字，誤。

19. 雁

國音ㄧㄢ，方音讀ㄫㄢ，當爲一音之轉。如《詩》「焉得諼草」，《説文》作「安得藼草」。焉、安，古爲同音，相叚借也。

20. 唤春、烏春

唤起，江南謂之唤春。韓愈詩：「唤起窗全曙，催歸日未西。無心花裏鳥，更與盡情啼」。

《本草》：「鵯鵊，今俗謂之駕犁。五更輒鳴曰「架架格格」，至曙方止。」方音名烏春，以此鳥色黑也。或亦唤春之音轉。

獸類

1. 驢、騾

《廣韻》驢，力居切。《玉篇》：「驢，似馬長耳。」方音呼爲驢狗，言其小也。

騾，《廣韻》落戈切。李時珍曰：『騾大於驢而健於馬。牡驢交馬而生者，騾也。』古文作鸁。方音呼爲騾子。

2. 犲狗

《爾雅》：『犲，狗足。』《音義》：『犲，仕皆反。』方音呼犲狗，犲，亦讀仕皆反。

3. 獶、尨、犬

《廣韻》：『獶，奴冬切，多毛犬也。』又女交、奴刀切。《集韻》尼容切，《玉篇》女江切。

《廣韻》：『狵，莫江切，犬多毛，亦作尨。』《詩·召南》：『無使尨也吠。』《説文》：『尨，犬多毛者。』徐曰：『彡，毛長也。』本在犬部，《康熙字典》承訛列入九部，淺人不知九即犬之訛，又加犬作狵，非。

案：獶、尨皆一音之轉。方音謂多毛犬爲獶毛狗，獶，讀奴冬切之陰平，亦謂爲蘢鬆狗。

4. 鼬鼠、黄鼠狼

李時珍曰：『按《廣雅》，鼠狼即鼬也。江東呼爲鼪，其色黄雜如柚，故名。』此物健於捕鼠及禽獸，又能制蛇虺，莊子所謂『騏驥捕鼠，不如狸鼪』。方音呼爲黄鼠狼。

5. 蝙蝠

《爾雅》作服翼，《本草》作伏翼，齊人呼爲仙鼠。方音呼爲皮爬老鼠，皮爬與蝙蝠音相近。

6. 牯、牸

《説文》：『夏羊牡曰羖，羝，牡羊也。』《易·大壯》『羝羊觸藩』，《釋文》『羖羊也』。《干禄字書》『羖通羖。』《方言》：「凡物壯大謂之嘏。」《廣韻》「嘏，古雅切」，亦音古。《說文》：「豭，牡豕也，古牙切。」贛南謂人、獸之父性者爲牯，人之強壯爲壯牯，即嘏也。《廣雅疏證》「牯與羖同」，《玉篇》「牯，牝牛」。牝或牡之誤。

牸，《廣韻》牝牛。《史記·平準書》：「乘字牝者，儐而不得聚會。」《前漢·食貨志》作牸。贛南謂牛之母性者爲牸，謂貓犬亦然，讀作ㄘ。又謂女陰爲牸，讀作ㄗ。

7. 内、蹂

《說文》：「内，足蹂地也，象形，九聲。人九切。」蹂，篆文從足，柔聲。方音謂以足蹂地爲ㄋㄛ。古之日泥母不分也。

按：許說内爲象形九聲，此字除九以外，只有乚，不知於蹂形何以象。《說文》：「嘼，㹉也，象耳、頭、足厹（内字）地之形。」古文嘼下從厹，蓋指□爲耳，田爲頭，一爲兩足張開，□殆尾也，與牛羊同。嘼，古文作□，蓋□爲張口，□爲頭，□爲足，□爲尾，無疑也。又古文作□，汗簡作□。由此可知九者，本作□，爲後之兩足站起，正象獸足蹂地也。從後看之，復見其尾，可謂妙肖。後變作九，當曰九亦聲。

8. 劁、鐓、選

《廣雅》：「犗、豶、劁、攻，羯也。」《疏證》：「割去其勢謂之犗，豕去其勢曰豶。」《廣韻》：「劁，以槌去勢也。」劁之言鐓也。《說文》：「鐓，伐擊也。」《玉篇》：「之善切，割也。」

今俗語謂去畜勢爲扇，即劁聲之變轉矣。贛南謂牛馬豕雞之去勢爲鐓（音敦），雞之去勢亦謂爲選。如謂去勢之雞爲線雞，即選之音轉，亦即「扇」之音轉。劁、鐓、扇，古讀舌尖音，或即讀作敦矣。

9. 衁

《廣韻》：「衁，呼光切，音荒。」《説文》：「血也。」《左傳・僖十五年》：「士刲羊，亦無衁也。」

方音謂宰殺畜類之凝血爲衁，讀若旺。

魚類

1. 魚

魚，國音讀ㄩ陽平，贛官音同。方音呼爲ㄥ，南康呼爲兀ㄟ，河源客籍呼爲广ㄧㄡ，與牛同音，人每以爲怪。攷《唐韻》魚，語居切。《集韻》《韻會》《正韻》牛居切。《列子・黃帝篇》：「姬，魚語女。」注：「姬讀居，魚讀吾。」庾闡詩：「煉形去人俗，飄忽乘雲遊。暫憩扶桑陰，忽見東嶽魚。」魚音牛，蓋古音無撮口，ㄩ讀ㄨ或ㄧ，ㄧ轉广轉牛，ㄨ轉ㄥ轉兀，方音此例甚多。

2. 白鰷、白小

《爾雅》：「鮂，黑鰦。」注：「即白鰷魚，江東呼爲鮂。」《淮南・覽冥訓》：「不得其道，若觀鰷魚。」高誘注：「鰷魚，小魚也。」方音呼爲白小。鮂、鰷、小，一聲之轉。鮂讀ㄙㄧㄡ陽平；鰷讀ㄔㄡ陽平。杜甫詩：「白小群分命，天然二寸魚。」

3. 魠、黃ㄚ角

《説文》：「魠，哆口魚也。」音託。《廣雅》：「魠、魧、鱅，魠也。」《疏證》：「今江東呼黃鱨魚，亦名黃頰魚，尾微黃，大者長尺七、八寸許。」李時珍曰：「啖魚，甚毒，池中有此，不能畜魚。」

按：以形狀考之，當即方音所呼黄丫角，但未見長尺許者。

4. 鯇、烏魚

《本草綱目》鯇，音患，又音混。郭璞作鯶，其性舒緩，故曰鯇、曰鰀。俗名草魚，因其食草也。贛官音呼爲草魚，方音呼爲鯇魚，讀若完之去聲。《爾雅》：「鱧、鯇。」注：「鱧，鮦也，鯇，今鯶魚，似鱒而大。舍人云：鱧一名鯇。」《廣雅》：「鱺、鰑，鮦也。」《疏證》：「案，今人謂之烏魚，首有斑文，鱗細而黑，故名鱺魚。」

贛南呼烏魚爲烏魚鯇。蓋烏魚形似鯇也，另爲一種。

5. 鱅

方音讀若熊。熊，《廣韻》羽弓切。今南昌讀若容，古音也。

6. 鱮魚、鰱魚

陸佃云：「鱮好群行，相與也。故曰鱮；相連也，故曰鰱。」方音呼爲鰱。

7. 喁

《説文》：「魚口上見。從口禺聲。」《淮南子》曰：「水濁則魚喁。」

方音呼魚喁水，喁讀兀丫，當是音轉。又謂齩爲喁。

8. 青蛙、蝦蟇、蟾蜍

鼃，《説文》「蝦蟇也」，《正韻》「古文蛙字」。《釋名》：「鼃，蟈，長股也。」顔師古曰：「鼃似蝦蟇而小，長腿。」

《周禮・秋官》：『蟈氏掌去鼃黽。』鄭注：『蟈，今御所食蛙也。齊魯之間，謂鼃爲蟈。』方音謂爲青怪，怪、蝦音近。方音謂蛙類之有黑斑者爲蝦蟇，亦謂爲田雞。以其長住田中，鳴聲閣閣，有似於雞，故云然乎？《説文》：『鼃，水蟲也。薉貉之民食之，從黽奚聲。胡雞切。』田雞味美，或即鼃乎？鼃、雞音近。

蟾蜍，《爾雅・釋蟲》：『鼁鱦，蟾諸。』注：『似蝦蟆，居陸地。』《淮南子》謂之『去蚊』。《説文》：『圥鼀，詹諸也。其鳴詹諸，其皮鼀鼀，其形圥圥。』又『鱦鼁，詹諸也。《詩》曰「得此鱦鼁。」』即《邶風・新臺》今作『戚施』。薛君《韓詩章句》：『戚施，蟾蜍。喻醜惡也。』鼀或作鱦，音蹴，音秋。重讀之轉戚。鼁音施。

方音呼爲癩蝦蟆，亦呼爲蚊怪，以其好食蚊也。圥，篆文作『[illegible]』，音六，菌圥。

治按：蟈、鼃、蝦、怪，一音之轉。黽、蟇，一音之轉。故方音又呼蝦蟇爲怪蟇。黽亦通勉，方音謂勉力爲麻力。又《詩》『履帝武敏』，敏，拇也。敏、拇古音通。

9. 鼈

《説文》：『甲蟲也。』方音呼爲團魚，以其形圓也。亦呼爲脚魚，以其有脚也。鼈之小者，方音亦呼爲沙鼈。

蟲類

1. 蠉行、蠕動

《廣韻》：『蠉，許緣切，蟲行皃。』方音謂蟲走爲緣。蠕，《説文》『動也』。ㄖㄨ切。方音謂蟲動曰ㄋㄨㄋㄨ動，ㄖ、ㄋ古音不分。

2. 孑孓、蜎、沙蟲

《爾雅》：『蜎，蠉。』郭璞注：『井中小蛣蟩，赤蟲。』《廣雅》：『孑孓，蜎也。』孑，紀列反，孓，九月反。與蛣蟩音同。《通俗文》：『蜎化爲蚊。』孑孓即蚊之幼蟲。

方音呼爲沙蟲子。

3. 臭蟲，乾蜚

《說文》：『蜚，臭蟲。負蠜也。』《新方言》曰：『今淮南謂之蠜，河南運河而東，謂之蜚蝨。蜚讀如畢。古無輕唇音。通言曰臭蟲。』贛南呼臭蟲或呼乾蜚，蜚讀比陰平。

4. 蚤

《玉篇》：『蚤，齧人跳蟲也。』《莊子·秋水篇》：『鴟鵂夜撮蚤，察毫末。』俗謂爲虼蚤，虼音格。方音謂爲狗蚤或跳蚤。

5. 牛蠅

《說文》：『蠅，齧牛蟲也。』方音謂牛蠅。

6. 蟋蟀、屈屈

《廣雅》：『蛬，起織，蚟孫，蜻蛪也。』疏證：蛬，一作蛬，一作蛩。《爾雅》云：『蟋蟀，蛬。』蟋蟀一名吟蛩，一名蛩。蛩與蛬同，今人謂之屈屈，則蛬之轉聲也。

按：《廣韻》蛩，渠容切，音邛。蛬，古勇切，音鞏，《玉篇》蛬同蛬，古勇切。贛南通語爲蟋蟀，贛官音呼爲俱俱，與屈屈音相似。又曐從具聲。

7. 青蛉

《方言》：『青蛉謂之蝍蛉。』注：『六足四翼蟲也，淮南名蠊蚜音康尹。』方音呼爲唐慈，或螂尾，其與蠊蚜音近乎？

8. 蟬、蜺

《爾雅》：『蜺，寒蜩。』方音呼爲蟬，一呼野蜺，象聲也。

9. 螳螂

《爾雅》：『不過，蟷蠰。』注：『蟷蠰，螗蜋別名。』方音呼爲猴哥，與不過相近。

10. 蚯蚓、寒蟺

蚯蚓，《爾雅》謂之螼螾，吴楚呼爲寒蟺。《玉篇》蟺，許偃切。今南昌等縣呼寒蟺，方音呼爲蟺公，公當是蚓之音轉。

11. 竈馬、竈雞

《本草綱目》：『竈馬，俗名竈雞。』方音同。

12. 蛭

《爾雅》：『蛭，蟣。』蟣，郭音祈。《説文》：『今俗爲馬蜞。』方音呼馬芒蜞。衍義名馬蟥。

13. 杜狗

方音謂螻蛄爲杜狗。《方言》：『螻蛒謂之螻蛄，南楚謂之杜狗，或謂之蛞螻。』杜或作土。

14. 蟅蟒

《方言》：『宋魏之間謂之蚮，南楚之外謂之蟅蟒，或謂之蟒，或謂之䲔。』方音亦謂之草蟒，亦謂之螯蟅(音近木遮)，即蝗也。《本草》作蚱蜢。

15. 蝝

《廣韻》：『蝝，蝗子，一曰蟻子。』音緣。

按：蝗即蟅蟒，方音所謂蝝蟲者(早稻害蟲)，即農學書所謂之浮蟲子。形如蟬而小，爲稻害最烈。由方音證之，《廣韻》釋爲蝗子，誤矣。

16. 斑蝥、紅頭蟲

保昇曰：『斑蝥，所在有之，七八月，大豆葉上甲蟲也。長五六分，黃黑斑文，烏腹尖喙，有毒。』方音呼爲紅頭蟲，大豆害蟲也。

17. 馬陸、百足蟲

馬蚿，一名馬陸，一名百足蟲。《莊子》：『夔憐蚿，蚿憐蛇。』謂夔一足，蚿多足，蛇無足也。馬陸，長寸許，體如圓筒，暗褐色，有赤色斑紋，多環節，每節有脚兩對，棲於濕地，食草根及腐敗物質，發惡臭。觸之則蜷曲，或螺旋狀。

贛縣謂人作事不認真爲畫麻陸，人每不知爲何意。或即馬陸，亦猶謂字畫不工，爲像百足蟲也。

18. 它、蛇、已、巳、㠯

《說文》：『它，虫也。從虫而長，象冤曲垂尾形，上古艸居，患它，故相問無它乎？』託何切俗作他，或從虫作蛇，俗字也。今讀食遮切，方音讀ㄕㄚ。《詩經》：『退食自公，委蛇委蛇。』蛇讀ㄧ。

《說文》：『巳，已也。四月陽氣已出，陰氣已藏，萬物見，成文章，故巳爲蛇。』象形，詳里切，讀ㄧ。今巳午之巳讀ㄙ，終已之已讀ㄧ。《韻補》：『古巳午之巳，亦讀已矣之已。』《增韻》：『陽氣生於子，終於巳，巳者，終已也。象陽氣既極，回復之形，故又爲終已字。』今俗以有鉤挑者爲終已字，無鉤挑者爲辰巳字，是蓋未知其義也。

《說文》：『㠯，用也，從反巳。賈侍中說，巳意巳實也，象形。羊止切。』段氏案：『今字皆作以，由隸變加人於右也。』《孟子》：『無以，則王乎？』以同已。《易·明夷》：『箕子以之。』以同似。《論語》：『不使大臣怨乎不以。』以，用也。

治案：它象蛇平時形，巳象蛇藏伏形，㠯象蛇盤居昂首形。或古今文異，或爲假借所奪，後另制，今不可攷也。但皆爲一音之轉，尚可證據。如它讀ㄊㄛ，讀ㄧ《詩》委蛇，讀ㄕㄝ，讀ㄕㄚ俗作蛇，巳讀ㄙ辰巳字，讀ㄧ已矣字，㠯讀ㄧ用也，讀ㄙ同似。蓋古音深喉、舌尖、舌葉、舌齒相通轉見表。其或以蛇行曲屈如意，借爲委蛇字；巳爲蛇藏，借爲已止字；㠯爲蛇盤居昂首可用，借爲以用字。

草木類

1. 株、杜、兜、頭

《說文》：『株，木根也。』《秦策》云：『削株掘根。』《方言》云：『杜，根也。東齊曰杜，或曰茇。』《詩》『徹彼桑土』《韓詩》作『桑杜』。桑杜，桑根也。

贛南謂一株樹爲一兜樹，或一頭樹。古無舌上音，故株之古音同杜。杜、兜雙聲，兜、頭古音同。《山海經》『讙頭國』，注：『讙兜，堯臣也。』《史記·年表》『宋景公頭曼』，《漢書·古今人表》作『兜欒』。株爲本字，杜、兜、頭，借用。

2. 屯芽

種子芽初出土，方音謂屯芽，屯讀若東。《説文》：「屯，難也，象屮木之初生。」《廣韻》「徒渾切」。春從屮、日，屯亦聲。春古音當讀作屯。

3. 焦死

草木枯死，方音謂爲焦死，焦讀ㄗㄧㄡ。秋，籀文作龝，𪚲聲。𪚲焦古今字。禾穀及秋而焦，由此成熟。《説文》：「秋，禾穀熟也。」

4. 覃

《爾雅》：「覃，延也。」《詩》：「葛之覃兮。」方音謂物之蔓延爲覃，讀陰平。

5. 曼

贛南謂長爲曼。《魯頌·閟宫》：「孔曼且碩。」《毛詩》：「曼，長也。」亦通蔓。《鄭風》：「野有蔓草。」注云：「蔓，延也。」

6. 禾稈

《説文》：「稈，禾莖也。」《廣雅》：「稻穰謂之稈。」或作秆，《廣雅》：「秆，稾也。」方音謂稻莖之稾爲禾稈。贛官音亦謂爲稻草。

7. 禾、穀

《説文》：『禾，嘉穀也，二月始生，八月而熟，得時之中，故謂之禾。』《詩・豳風》：『十月納禾稼，黍稷重穋，禾麻菽麥。』疏：『苗生既秀，謂之禾。禾是大名，非徒黍稷重穋四種，其餘稻秫苽粱，皆名禾。惟麻與菽麥無禾稱。故再言禾以總之。』贛南所食者爲稻，故專呼稻苗爲禾。

穀，《説文》：『續也。百穀之總名。』《周禮・天官・大宰》：『三農生九穀。』《天官・膳夫》：『食用六穀。』《天官・疾醫》：『五穀養其病。』《論語》：『五穀不分。』《齊民要術》：『今人專以稷爲穀，當指北方言，因北方人多種稷故也。』方音專呼稻爲穀，贛官音呼爲稻子。

按：南人食稻，北人食麥。以爲南人農事，以稻爲重；北人農事，亦當以麥爲重。何以二十四節之穀雨、芒種，先王善政之春省耕，秋省斂，皆非指麥而言，不啻爲種稻者言歟？不知北人雖食麥，重要食品惟稷即粟。故稷爲五穀之長。《爾雅翼》曰：『麥者，接絶續乏之穀。』所謂春耕、夏耘、秋獲者，其指黍、稷、稻、菽諸穀也。

8. 稻

《説文》：『稻，稌也。徒晧切。』『稌，稻也，徒古切。』《詩・周頌》：『豐年多黍多稌。』稻，稌實一音之轉。

稻之種類不下百餘種，大别可分爲二：一者性黏，方音呼爲糯。糯，懦也，可以釀酒。一者性不黏，方音呼爲占。李時珍曰：『得種于占城國，故謂之占，俗作黏者，非也。』南人日常所食者即占稻。但簡稱爲稻。孔子云『食夫稻』是也。《説文》：『稴，稻不黏者。力兼切。』占即稴之轉音，亦未可知。

醫書所謂粳米，粳即秔之或體。《正韻》音庚，『稻之不黏者』。李時珍曰：『入解熱藥，以晚粳爲良爾。』故醫書謂粳米爲晚稻米者，此也。

據《南康縣誌》，占穀有油占、毛占、觀音占、湖廣占、臨江早、黄花早、救公飢、鬚早、一粒鬚、四季紅等。糯穀有紅穀糯、火燒糯、大糯、雪糯、遲糯等。另有大禾，即香粳。米粒觕白，性膩。歲暮搗爲糍粑。

9. 粟

粟之種類，當亦甚多，大别亦分爲黏、不黏二種。黏者即黍。《説文》：『黍，禾屬而黏者也。孔子曰「黍可以爲酒，禾入水也」』，『稷，𪏽也，五穀之長。』李時珍曰：『黍與稷，一類二種也。黏者爲黍，不黏者爲稷。稷可作飯，黍可釀酒。猶稻之有粳與糯也。』《説文》：『粟，嘉穀實也。粱，米名也。』李時珍曰：『粱即粟也。』考之《周禮》九穀六穀之名，有粱無粟，可知矣。《説文解字注》：『生曰苗，秀曰禾，禀實並刈曰禾，其實曰粟。粟中仁曰米，米可食曰粱。』自漢以後，始以大而毛長者爲粱，細而毛短者爲粟。

10. 秫

《説文》：『稷之黏者。』李時珍曰：『北人呼爲黄糯，亦曰黄米。北土多以釀酒。』醫方所用黄米即此。

11. 蜀黍

一名高粱，有黏不黏二種。方音呼爲高粱粟。

按：贛南粟之出産甚少，就所知者，有高粱粟，狗尾粟，數種而已。方音通呼爲粟。若性分黏不黏，老農或有不知，無怪士人。陶弘景曰：『《詩》云「黍稷稻粱，禾麻菽麥。」此八穀也，俗猶未能辨證，况芝英乎？』蓋歎博物之難也。今一一分别之，數年之疑，涣然冰釋，誠快事也！

12. 蕎麥

蕎麥亦名花蕎。方音呼爲花麥。蓼科植物也。

13. 米羹

羹，《説文》作䰜，『五味和羹也』。《書·説命》：『若作和羹，爾爲鹽梅。』《廣韻》古行切，入庚韻。古音郎。《左傳》：『陳蔡不羹。』《釋文》音郎。《詩·蕩》六章，羹與商、螗、行、方爲韻。注：羹，古音岡。

方俗以米和水，磨細煮之，名曰米羹。羹讀岡之官音，或誤作泔。泔，米汁也，非。

14. 糖

《方言》：『餳謂之餹。』今作糖。《説文》：『糖，飴也。』爲新坿字。飴餹，方音呼麥芽糖。由麥芽製成。《唐書》：『貞觀間，遣使至天竺摩揭陀國，方得熬蔗糖之法。』王灼《糖霜譜》：『唐大曆間，有僧號鄒和尚者，不知從來。跨白驢，登繖山，結茅以居。驢犯山下黄氏蔗田。黄請賞於鄒。鄒曰：「汝未知蔗爲霜糖，利當十倍。」試之果信。』

按：贛南昔祇知以甘蔗製片糖。清道咸間，有粤人馬、鄧二氏，始傳制白糖法於南康。由康人傳播雩都諸邑。今則白糖爲贛南出産大宗。

15. 餻、粢、飥

《方言》：『餌謂之餻，或謂之粢，或謂之飥。』贛南飥有黄飥。粢有油粢，麻粢。粢讀若齊。餻有雲片、雪片、芙蓉等。麻粢、黄飥，製法略同。餻形制迥異。《南康縣誌》『粢』作『糍』，『飥』作『粇』。

16. 尗、豆

《説文》：『尗，豆也。象尗豆生之形也。式作切。』俗作菽。古無舌上音，當讀若豆。尗篆文。當作尗。一爲地，丨像尗之初生。：爲根瘤。根瘤爲豆科植物特徵。古人研究植物，如此精細。

《説文》：『豆，古食肉器也，象形。徒候切。』『梪，木豆謂之梪。徒候切。』豆、梪當爲古今字。方音盛飯飯桶，謂爲飯梪。俗以荳爲尗豆字。

17. 落花生

方音呼爲花生，簡言之也。河源客籍呼爲地豆。花生爲豆科植物，但果實外形與豆不類。不意古人有此合乎科學之命名也。

18. 菰茭、白茭筍

菰，高五六尺，葉如蒲葦。中心生白薹，狀如藕而軟，曰菰菜，俗謂茭白。贛南呼爲茭筍，亦呼爲禾筍。皆以其形似也。秋間開花成長穗，結實如米，謂之菰米，亦曰雕胡米。菰與苽同。《説文》：『苽，雕苽。』即雕胡也。爲六穀之一。胡，古音讀古。

19. 荸薺

《新方言》：『《爾雅》「芍鳧茈」，郭璞曰，「苗似龍鬚而細。根如指頭，黑色可食」。今通謂之鳧茈，音如蒲齊。俗作荸薺。』

贛南通語爲荸薺，間有呼爲馬薺者。鳧、荸、馬，古皆重脣音。

20. 蘆菔

方音謂蘆菔，音若羅白。以爲音誤也。及考《爾雅》：『葖，蘆萉。』注：『萉，宜爲菔。』《音義》：『蘆，力何反』，音羅。『萉音菔』，蒲北反，當音白。

21. 蕓薹、油菜

蕓薹，其子可榨油，故俗呼爲油菜。

22. 菘、白菜

《埤雅》云：『菘性隆冬不彫，四時常見，有松之操，故曰菘。』今俗謂之白菜，其色青白也。

23. 苦蕒

《唐韻》：『今之苦藘，江東呼爲苦蕒。』藘一作苣，蕒音買。莖高一二尺，葉倒卵形。抱莖而生，有粗鋸齒。莖葉皆柔軟，折之有白汁。秋間開黄花成簇，嫩莖葉可爲蔬。

方音呼爲蕒子，贛官音呼爲萵蕒，蕒誤爲麥。

24. 緜瓜

《爾雅》：『瓞瓝，其紹瓞。』《廣韻》：『緜，瓜名，式照切。』與紹同音。方音呼菜瓜爲緜瓜，即《爾雅》之紹瓞也。又《本草從新》：『越瓜，一名梢瓜，一名菜瓜。甘寒利腸胃，去煩熱，解酒毒。』

25. 金瓜、倭瓜

金瓜，秋結實，形扁圓，色赭，煮食味甘，可醃爲醬果。贛縣呼爲倭瓜，通俗呼爲蕃蒲。贛北呼爲北瓜。又有一種，形畧小，堅不可食，供賞玩用。亦名金瓜。

26. 匏，蒲蘆

《詩·邶風》：『匏有苦葉。』注：『陸佃曰，「短莖大腹曰匏。」』《廣韻》『薄交切』，《集韻》『蒲交切』，音庖。方音讀若蒲，又稱壺盧。

27. 瓠

陸佃《埤雅》：『長而瘦上曰瓠。』《廣韻》一音壺，一音護。方音讀ㄨ，去聲。呼首尾粗細略同者，曰ㄨ子。

28. 茄

《廣韻》：『茄子，菜，可食。求迦切。』方音呼若求，與古音相近。贛官音呼爲鎚子，誤。

29. 莙薘、菾菜

李時珍曰：『菾菜，即莙薘也。』菾與甜通，因其味甜也。方音呼爲根薘。根、莙，ㄍ母轉ㄐ母也。亦呼爲蒜麥。有微毒。

30. 菠薐

劉禹錫《嘉話録》云：『菠薐種自西國，有僧將其子來，云是頗陵國之種。語訛爲菠薐耳。』方音呼爲菠菜。《爾雅》：『蘩，皤蒿。』《新方言》謂今蘩菜，如菠菜。

31. 辢蓼

蓼，種類甚多，有水蓼、馬蓼、辢（俗作辣）蓼等。又有葒龍，游龍、紅草等名。《鄭風》：『隰有游龍。』《傳》：『龍，紅草也。』辢蓼，一年生草，原野自生。頗似馬蓼，而莖爲紅褐色。葉狹長。初夏與馬蓼同時開花。色白有紅暈。成穗下垂。其葉辛辢，古以爲調味之用，故名。有一種生淺水中者，亦紅莖辛辢，謂之水蓼。方音呼爲辢蓼，或又謂辢椒草。

32. 萍、薸

《爾雅》：『萍，蓱。』注：『水中浮蓱，江東謂之薸。』方音亦謂薸。

33. 澱、靛

《爾雅》：『葴，馬藍。』《疏》郭氏：『今大葉冬藍也。』今爲澱者是也。澱，俗作靛。《本草綱目》：『藍質，浮水面者爲靛花。』按：《說文》：『䵴謂之垽，垽，滓也。』靛、䵴古今字。

34. 藗茅

《爾雅》：『藗，牡茅。』注：『白茅屬。』《音義》：『藗音速。』方音呼爲絲茅。

35. 射干

多年生草，自生於原野。高二三尺，葉狀如劍而闊。有平行脈。六月開花，紅黃色，瓣上有深紫色細點。結實成房，子黑色。又有一種，二月開白花，瓣有黃點，謂之白花射干。其根皆可做藥。《本草從新》：『扁竹花根也。治喉痺咽痛爲要藥。』

方音名剪刀鉸，園圃多植之。鉸，國音ㄐㄧㄠ，《廣韻》古巧、古肴、古孝三切。方音讀ㄍㄠ，去聲。

36. 薔薇

落葉灌木，枝茂多刺。高四五尺，葉爲羽狀複葉，小葉作橢圓形，花五瓣而大。《群芳譜》有荷花薔薇、五色薔薇、十姊妹等。別有野薔薇，號『野客』，雪白粉紅，香更郁烈。方音呼野薔薇爲細茦音勒。紅白花共枝者爲十姊妹，花大如碗者爲牡丹、月季。或即荷花薔薇也。

37. 茦

《爾雅》：『茦，刺。』《音義》：『茦，初革切，音册。』《方言》云：『凡草木而刺人者，北燕朝鮮之間謂之茦。』《説文》：『朿，木芒也，象形，讀若刺。七刺切。』徐鍇曰：『草木之朿。』茦、刺二文，音義並同。

按：朿，篆文作『朿』，像木芒。不須加草頭。方音呼茦若勒，與初革反最相近。

38. 荼、茶

《爾雅》：『檟，苦荼。』注：『樹小如梔子，冬生葉，可煮羹飲。』今呼早采者爲荼，晚采者爲茗。《音義》：『荼音徒。』《埤蒼》作『𣘻』。

按：今蜀人以作飲，直加反。可見荼、茶爲古今字。古音徒，今音直加反。

39. 山茶、木梓、烏桕

山茶産南方各省，雲南尤著名。葉如木樨，稍厚而硬，經冬不凋。以其類茶，又可作飲，故得茶名。花自十月開至二月，種類甚多。有單瓣、重瓣，紅、白、斑數色，皆美艷。《木草》『山茶注』：『其葉類茗，故得茶名。』木樨俗稱桂花。

梓，落葉亞喬木，幹高二丈餘，葉掌狀淺裂。夏開唇形花，淺黄微紫。實長尺餘，似豇豆莢。《説文》：『梓，楸也。』『楸，梓也。』

烏桕，落葉亞喬木，高二丈餘。葉卵形，端尖。夏月開小花，黄白色。秋末實熟，收其子制油。《正字通》：『烏桕本作烏樠。』今贛北呼爲木梓。

贛南山地，偏植一種制油之木，俗呼爲木梓樹。樹爲灌木，高數尺，與盆栽山茶同種。十月開白花，至翌年寒露後實熟。取子榨油，俗名爲木油，贛北則呼爲茶油。爲贛南出産大宗，日常烹飪所必需。

按：贛南北所呼之木梓，均與梓異物。

40. 芙蓉

《韻會》：『木芙蓉，一名拒霜花，一名木蓮。』徐幹《七喻》：『懸明珠於長韜，燭宵夜而爲陽。玄鬢擬於玄霧，艷色過乎芙蓉。』『陽』『蓉』協音。《韻補》：『蓉，于方切，音王。』

方音亦或呼芙蓉花爲芙陽花，讀蓉爲陽，其古音乎參水類溶字。

41. 紫薇、野石榴

紫薇，落葉亞喬木，高丈余，樹木皮極潤澤。葉橢圓形，對生，花紅紫或白，花瓣多皺襞。夏日始開，秋季方罷，故又名百日紅。方音名野石榴。

42. 紫荊

落葉灌木，叢生。春開紫花，甚細碎，數朵一簇。或生木身之上，或附根上枝下，無花梗，花罷葉始出。結莢，子甚扁，庭院多植之。《續齊諧記》：『田真兄弟三人分産，堂前有荊樹一株。議析爲三，荊忽枯死。真悲不自勝，兄弟相感，不復分産，樹亦復榮。後世因用荊樹爲兄弟故事。』

按：贛南園藝家，每誤呼紫荊爲紫薇，紫薇爲紫荊。故特列舉正之。

43. 梂

《廣韻》：「《説文》櫟實也。一曰鑿首。」方音呼一種最堅梗木爲梂樹。爲用頗廣，出深山中，或即櫟樹，以實得名乎？待考！

44. 柹、椑

柹，本作「柹」，俗作「柿」。《説文》：「赤實果。」「椑」音「卑」，《唐韻》：「木名，似柹。」方音呼果實大者爲柿椑，小者爲猴椑。大者栽後接枝，小者未接也。

45. 柑、橘、橙、柚、枳

《禹貢》：「厥包橘柚錫貢。」孔安國曰：「小曰橘，大曰柚。」《爾雅》「柚」條，郭注：「似橙，實酢醋同，生江南。」《爾雅》「櫠椵」，郭注：「柚屬也。子大如盂，皮厚三寸，中似桔，食之少味。椵音賈。」司馬相如《上林賦》：「黄甘橙榛。」《類篇》：「榛，橘類。出武陵。」《南方草木狀》：「柑，橘屬。滋味甘美特異者也。」《詞源》：「閩中謂之柑，廣東則稱爲甜橙，而以蜜橘爲柑。又江浙稱柚之味酸者曰泡。閩中凡柚皆曰泡。」

按：贛北稱橘，贛南稱柑，實一物也。贛北稱柚、贛南稱橙，實一物也。贛南稱柑者，有大紅泡，金柑，黄皮柑，甜柑，酸柑，廣柑等。或亦稱廣柑爲橙，皆橘屬。蓋椵、柑、橘、橙、柚、榛，皆一音之轉。

46. 毛竹

顧愷之《竹譜》：「南嶺有毛竹，謂竹之粗大者。」方音謂大竹爲矛竹，方音讀矛音若苗。方俗以長竹爲兵器，稱爲矛子。其竹之得名乎？

47. 竹箬

《說文》：「楚謂竹皮曰箬。」《集韻》：「箬或作篛。日灼切。」方音讀ㄏㄧㄛ，謂爲篛殼。

48. ⿰木何樹

惲敬《東路記》：「⿰木何即桓。」《山海經》注：「所謂葉似柳，子似楝者也。」桓音近華，華近和，和又近何，俗遂作⿰木何。

《玉篇》：「皮黃白色。」又無患木，一名桓。

49. 罌子桐

大戟科，罌子桐屬。生於暖地之山中，高二丈許，落葉喬木，雌雄異株。雌株之葉與楸相似，或三尖。雄株之葉有二尖，或四、五尖。五月開花，淡紅色，聚於梢上。果實如球，直徑八、九分。內含種子三、四粒，榨之可得油，名桐油。有毒，不可食，用爲塗料以代漆。皮有澀性，可爲染料。《本草衍義》作「荏桐」。《綱目》稱「油桐」，《名實圖考》作「罌子桐」。方音名爲糾面桐，以桐實有皺紋，與光面桐有別。

按：罌子桐本雌雄異株，亦有雌雄同株者。又老農言，將雄樹用力砍其樹身，可將雄株變爲雌株。光面桐，高丈許，雌雄同花，葉不開叉，桐實光滑無皺紋。有三年桐、五年桐，謂三年、五年可結實。油較罌子桐爲佳，但結實較少。

50. 毛茛

毛茛生於山野中，多年生草本。莖葉有毛，葉掌狀分裂。夏日開花於莖頂，花黃色或白色。花瓣五，又有複瓣者。其雌蕊有多枚，排列成頭狀。果實爲乾果，多而且小，集成球形。莖、葉、根、果實皆有毒，具苛烈刺戟性之汁液，色黃，狀如乳。名見《本草拾遺》，李時珍曰：「毛建、毛茛，即今之毛堇也。下濕處即多，春生苗，高者尺餘，一枝三葉，葉有三尖及細缺。」

方音名野芹菜，以其葉類似芹葉。可醫老損痛，將莖葉搗汁，敷如銅錢大，肉即生泡。不可敷大，奇效。

51. 香附子

一名莎草，生於原野，草本。其地下莖多年生，常匍匐而繁殖。春日叢生細長之葉，質硬，深緑色。夏日莖高一尺餘，莖頂分歧生穗，苞長。小穗有鋭頭，花呈赤褐色。此植物地下之塊根，採之稱爲香附子，可供藥用，名見《名醫别録》。又有草附子、水三稜、雷公頭等名。

方音名雷公梚，珍珠梚，隨處皆有，即醫藥常用之香附。

52. 夏枯草

脣形科，生於山野中，多年生草本。方莖，高至一尺餘。葉長卵形，有葉柄，對生，與莖俱有毛茸。夏初花開於莖之頂端，夏至後即枯，故名。穗狀花序，短而大。花冠脣形，淡紫色或白色。雄蕊四枚，其二枚較長。雌蕊頭四裂。藥用爲收斂劑，《本草》：『解内熱，治瘻癧濕痺，目珠夜痛。』

方音名芒槌草，以花穗形似芒槌也。端節人多採之。

53. 石蒜

生於山野中，多年生草本，高至一尺餘。葉叢生細長，闊二、三分，長一尺許，有平行脈。冬季生葉，至夏則枯腐。秋（目）[日]花莖在葉枯後生長。頂上著花數枚，有柄如繖形。花紅色，花蓋六片深裂。各裂片開出而反卷。有雄蕊六，雌蕊一。此物有毒，若誤食其花，則言語澀滞。方音名野蒜頭，隨處皆有。

54. 美人蕉

芭蕉科，狀如芭蕉。葉具長葉柄，長橢圓形。夏日葉心出花，色鮮紅。方音名倒水蓮。可醫跌打損傷。更有一種，形略小，花邊金色，名金邊美人蕉，花更艷麗。

55. 蛇莓

薔薇科，生於山野，多年生草本。莖匍匐於地上，長二、三尺。葉互生，有微毛而不滑。小葉三片，緣邊生粗鋸齒。春夏間花生於葉腋，有長花梗。萼外有苞，花瓣五片，黃色。雄蕊約二十枚，雌蕊甚多。果實細小，熟時花托膨大，呈赤色。外形略與和蘭莓之果實相類，不堪食。以莖葉搗敷疔瘡，神效。

方音名蛇泡，將其果剖開，中含水泡形液，似蛇所吐泡，故名。

56. 和蘭莓

薔薇科，多年生草本。有長匍匐莖，複葉，自三小葉成。小葉形大，平滑，其質硬。花白色，有宿存萼。雌雄蕊皆多，果實有肉質之花托，赤色而肥大，著生許多瘦果。供食用，味佳。

方音名蒔田泡，小兒多採食之。以成熟時在穀雨蒔田時，故名。其苗煎湯，可洗癰疽毒。

57. 無患子、肥皁樹

無患子科，葉互生，偶數羽狀複葉，果實球形。皺襞甚多。供洗濯用，可代石鹼。種子黑色，質堅硬，可作念珠。又名桓，一名無患樹。方音名肥珠子。

肥皁，皁莢之又一種，開白花者。結莢較短而粗肥，故名肥皁莢。供藥用，又取其莢搗爛，用以洗濯，最佳。方音名肥皁樹，皁亦作皂。南康肥珠子樹最多，皁莢樹、肥皁樹不甚見。

58. 鳳尾松

鳳尾松科，生於暖地。常緑木本，幹粗大，高至十餘尺，外面被以鱗片狀之葉痕。葉長大，集於莖頂，羽狀複葉。小葉甚多，形細而長，有光澤，質硬。夏日開花，單性，無花被。雌花與雄花異株。種子供食用。莖之中部可采澱粉。一名鳳尾蕉，方音名避火蕉。造林栽之，以爲間隔，可免焚山之火災。

59. 枳椇

枳椇，落葉喬木，高三四丈，葉卵形，互生。夏開小白花，實有肉質之柄，色黄肥大，略似雞爪，俗稱雞爪子。味甘如蜜，又名木蜜。《本草》：『枳椇子，止渴除煩，潤五臟，解酒毒。』俗名雞距，以實拳曲如雞距。蜀呼爲棘枸。經霜黄赤甚甘。其葉入酒，酒化爲水。方音呼爲蜜林檎。又林檎，沙果也。勿誤會。

60. 南瓜

葫蘆科，莖蔓生，有卷鬚。葉圓，心臟形，五淺裂。夏日葉腋開合瓣單性花。雌雄同株。花頗大，黄色可食。結大醬果，略作扁圓形。一名番南瓜，方音名番蒲。

61. 瓠

葫蘆科，蔓生。莖有卷鬚，葉心臟形，掌狀淺裂。花單性，合瓣，白色，雌雄花同株。果實爲瓠果。細長之橢圓形，供食用。南康方音名瓠子，瓠讀烏音，客籍名角蒲。

按：葫蘆凡三種：果實兩端大，中細者，名葫蘆；細長者曰瓠；扁圓者曰匏。匏，方音名蒲子，皆讀瓠若蒲，古音也。

62. 地衣

地衣爲兩種植物以共生方法構成之複合植物，故不自成爲科屬。其構成之植物，一爲菌類，一爲藻類。蓋由菌絲捕扼藻類，貫通藻之細胞膜，而穿入於其原形質内，以構成地衣。於是藻類之葉緑體，攝取空中之碳酸氣，造成有機物，分其一部分以與菌。菌則廣布菌絲，吸收水分，並溶解水中無機鹽類，分其一部分以與藻。兩者互補其不足，以營生活，故不曰寄生而曰共生。

地衣中有膠質地衣，殆即方音所謂地皮，雨後農人拾以爲菜。

63. 酢漿草

酢漿草科，生於原野，多年生雜草。莖側臥於地上，長三四寸，葉爲掌狀複葉，小葉三片，無柄頗長，至夜則小葉閉合。五瓣五片，黄色。果實爲蒴。莖葉皆有酸味，故得是名。

酢古醋本字。又名三葉酸，鳩酸。方音名鵓鴣酸，方音呼鳩爲鵓鴣也。

64. 卷柏

多年生隱花植物，自生於山地之巖石。莖高尺餘，其枝甚多，頂生小葉。稍類扁柏葉。燥則内卷，温則開展，故名。枝端生子囊。其性耐久，亦名長生不死草，供藥用。《本草》：『俗呼萬年松。』

方音名還魂草。余所見者約高五寸，株已乾枯，以水、小石養盆中，復活。

方音新考①

古音新考

附

① 此目録當爲原書作者所擬初稿目録，與下文内容不對應。

乙　赣方言新考

方音異讀對照表

上列爲國音，下列爲方音，分爲三：聲韻俱異首列，聲異韻同次列，聲同韻異末列。

國音	例字	聲韻俱異	聲異韻同	聲同韻異①
ㄧ	儀宜疑義蟻藝議			
	誼詣		ㄋㄧ、ㄫㄧ	
ㄅㄧ	篦啚鄙庇避		ㄆㄧ	
ㄉㄧ	弟第	ㄊㄟ	ㄊㄧ	
ㄉㄧ	低底帝			ㄉㄟ
ㄊㄧ	啼替睇薙鬀弟			ㄊㄟ
ㄋㄧ	泥			ㄋㄟ
ㄌㄧ	粒笠		ㄉㄧ	

南康土音ㄌㄧ皆讀ㄉㄧ，如離、李、利、力等，讀ㄉㄧ。又略讀ㄉㄧㄛ，劉、留讀ㄉㄧㄡ，亦ㄌㄧ轉ㄉㄧ也。

① 原書每頁列上下兩欄，未標注各組差異的情況。今改列一欄，各頁右起注明相關内容。

國音	例字	聲韻俱異	聲異韻同	聲同韻異
ㄐㄧ	忌			
ㄐㄧ	雞髻	ㄍㄟ	ㄑㄧ	
ㄑㄧ	溪谿起泣		ㄒㄧ	
ㄑㄧ	畿稽		ㄐㄧ	
ㄑㄧ	契	ㄎㄟ		
ㄬㄧ	尼	ㄋㄟ		
ㄒㄧ	檄		ㄐㄧ	
ㄒㄧ	覡	ㄙㄢ		
ㄒㄧ	隙	ㄙㄜ		
ㄗㄧ	嫉疾寂		ㄘㄧ	
ㄙㄧ	膝		ㄘㄧ	
ㄙㄧ	隰			ㄙㄜ

國音	例字	聲韻俱異	聲異韻同	聲同韻異
ㄨ	吴五伍午仵	ㄥ		
ㄅㄨ	逋圃哺捕埠步			
	簿部		ㄆㄨ	
ㄈㄨ	孵符甫婦		ㄆㄨ	
ㄈㄨ	菔	ㄆㄛ		
ㄉㄨ	度渡杜稌鍍		ㄊㄨ	
ㄌㄨ	戮蓼			ㄌㄧㄛ
ㄏㄨ	呼乎胡湖葫瑚餬			
	糊壺弧狐虎滸			
	户扈滬護戽穫			
	互		ㄈㄨ	

國音	例字	聲韻俱異	聲異韻同	聲同韻異
ㄏㄨ	囫笏	ㄎㄜ①		
ㄏㄨ	忽惚			ㄏㄜ②
ㄓㄨ	住助宁柱苧貯			
	柚舳軸逐		ㄘㄨ	
ㄔㄨ	黜	ㄗㄨㄛ		
ㄕㄨ	舒書樹薯	ㄙㄩ韻官音		
ㄕㄨ	蜀		ㄗㄨ	
ㄖㄨ	儒如孺蠕	ㄧ		
ㄖㄨ	茹	ㄦ		
ㄖㄨ	肉辱蓐褥	ㄧㄛ		
	肉	ㄬㄧㄛ		

① 原列第二類。
② 原列第一類。

國音	例字	聲韻俱異	聲異韻同	聲同韻異
ㄖㄨ	乳	ㄋㄞ		
ㄖㄨ	廿	ㄋㄧㄢ		
ㄗㄨ	足	ㄗㄧㄛ		
ㄙㄨ	俗夙宿粟肅	ㄙㄧㄛ		
ㄩ	愚虞隅語愚	ㄋㄧ、ㄬㄧ		
ㄩ	芋	ㄨ		
ㄩ	玉	ㄬㄧㄛ、ㄧㄛ		
ㄩ	彧欲慾毓育浴			
	澳煜燠獄鬱鈺			
	鬱鬻	ㄧㄛ		
ㄐㄩ	匊菊掬鞠鞫局			
	跼	ㄑㄧㄛ		

國音	例字	聲韻俱異	聲異韻同	聲同韻異
ㄑㄩ	屈曲麴			ㄑㄧㄛ
	曲麴	ㄎㄨ		
ㄒㄩ	勖旭蓄畜頊	ㄙㄧㄛ		
ㄒㄩ	畜蓄	ㄎㄨ ㄑㄧㄛ		
ㄗㄩ	聚	ㄘㄧ		
ㄙㄩ	徐	ㄘㄧ		
ㄉㄚ	大	ㄊㄞ		
ㄊㄚ	獺		ㄘㄚ	
ㄧㄚ	雅牙芽蚜衙		ㄫㄚ	
ㄧㄚ	押鴨壓亞啞		ㄚ	
ㄐㄧㄚ	佳傢家加枷嘉袈跏迦 伽假賈櫃價嫁架稼駕夾筴戛甲		ㄍㄚ	

國音	例字	聲韻俱異	聲異韻同	聲同韻異
ㄑㄧㄚ	卡恰掐		ㄎㄚ	
ㄒㄧㄚ	蝦瑕遐霞下夏暇匣峽狹轄		ㄏㄚ	
ㄨㄚ	瓦		ㄫㄚ	
ㄨㄚ	襪		ㄇㄚ	
ㄍㄨㄚ	瓜剮寡卦		ㄍㄚ	
ㄅㄛ	薄雹		ㄆㄛ	
ㄧㄛ	岳嶽樂		ㄫㄛ	
ㄐㄧㄛ	角桷觳覺		ㄍㄛ	
ㄑㄧㄛ	愨搉榷確		ㄎㄛ	
ㄒㄧㄛ	學		ㄏㄛ	

國音	例字	聲韻俱異	聲異韻同	聲同韻異
ㄘㄧㄛ	鵲	ㄙㄧㄚ		
ㄨㄛ	臥		ㄫㄛ	
ㄉㄨㄛ	惰隋奪		ㄊㄛ	
ㄋㄨㄛ	挪懦糯		ㄋㄛ	
ㄌㄨㄛ	螺騾羸蠃裸		ㄌㄛ	
ㄍㄨㄛ	過果裹虢郭		ㄍㄛ	
ㄍㄨㄛ	鍋		ㄨㄛ	
ㄎㄨㄛ	闊			ㄎㄨㄚ
ㄏㄨㄛ	火夥禍貨		ㄏㄛ	
ㄓㄨㄛ	卓啄斮斲桌琢		ㄗㄛ	
ㄓㄨㄛ	擢濯濁鐲		ㄘㄛ	
ㄓㄨㄛ	啜醊拙絀茁輟		ㄗㄨㄛ	

國音	例字	聲韻俱異	聲異韻同	聲同韻異
ㄕㄨㄛ	率帥數朔		ㄙㄛ	
ㄗㄨㄛ	坐座		ㄘㄛ	
ㄘㄨㄛ	撮		ㄗㄨㄛ	
ㄙㄨㄛ	唆梭蓑所瑣鎖		ㄙㄛ	
ㄅㄜ	白帛舶蔔菔粕		ㄆㄜ	
ㄓㄜ	澤擇宅		ㄘㄜ	
ㄗㄜ	賊		ㄘㄜ	
ㄓㄜ	摘謫	ㄗㄚ①		
ㄔㄝ	車	ㄐㄧ、ㄘㄚ		
ㄕㄝ	奢賒佘蛇捨舍射社			
	赦麝	ㄙㄚ		

① 原列第三類。

國音	例字	聲韻俱異	聲異韻同	聲同韻異
ㄕㄝ	懾	ㄒㄧ		
ㄖㄝ	惹	ㄬㄧㄚ		
ㄖㄝ	熱	ㄬㄧ		
ㄧㄝ	爺耶椰野夜			ㄧㄚ
ㄅㄧㄝ	別		ㄆㄧㄝ	
ㄉㄧㄝ	爹			ㄉㄧㄚ
ㄉㄧㄝ	喋牒碟蝶鰈諜垤耋疊軼凸		ㄊㄧㄝ	
ㄐㄧㄝ	桀傑	ㄘㄧ	ㄑㄧㄝ	
ㄑㄧㄝ	茄			ㄑㄧㄛ
ㄬㄧㄝ	撚			ㄬㄧㄢ
ㄗㄧㄝ	嗟	ㄐㄧㄚ		
ㄗㄧㄝ	姐借藉			ㄗㄧㄚ

國音	例字	聲韻俱異	聲異韻同	聲同韻異
ㄘㄧㄝ	且			ㄘㄧㄚ
ㄙㄧㄝ	些斜衺邪寫瀉卸榭			ㄙㄧㄚ
ㄙㄧㄝ	謝			ㄙㄧㄚ、ㄘㄧㄚ
ㄩㄝ	月		ㄫㄧㄝ	
ㄩㄝ	曰	ㄧㄚ		
ㄩㄝ	越鉞閱	ㄧ		
ㄌㄩㄝ	劣			ㄌㄜ
ㄐㄩㄝ	厥		ㄑㄩㄝ	
ㄒㄩㄝ	韡靴			ㄒㄧㄚ
ㄗㄩㄝ	絶		ㄘㄧㄝ	
ㄙㄩㄝ	雪			ㄙㄧㄝ①

① 原列第二類。

國音	例字	聲韻俱異	聲異韻同	聲同韻異
ㄅㄞ	敗		ㄆㄞ	
ㄅㄞ	稗粺	ㄆㄟ	ㄆㄞ	
ㄉㄞ	代待怠紿袋貸迨		ㄊㄞ	
ㄍㄞ	概溉		ㄎㄞ	
ㄓㄞ	寨		ㄘㄞ	
ㄐㄧㄞ	皆喈階街解介价屆戒誡界疥芥		ㄍㄞ	
ㄒㄧㄞ	諧鞋懈		ㄏㄞ	
ㄒㄧㄞ	蟹薤		ㄎㄞ	
ㄨㄞ	外		ㄫㄞ	
ㄕㄨㄞ	帥		ㄙㄞ	
ㄞ	哀愛僾靉曖藹靄欸		ㄫㄞ	
ㄅㄟ	碑婢			ㄅㄧ

國音	例字	聲韻俱異	聲異韻同	聲同韻異
ㄇㄟ	媒梅煤黴媒			ㄇㄞ、ㄇㄧ
ㄇㄟ	眉			ㄇㄧ
ㄈㄟ	妃非扉菲霏誹飛肥斐篚廢翡肺費			ㄈㄧ
ㄈㄟ	沸	ㄅㄧ	ㄅㄟ	
ㄪㄟ	味		ㄇㄟ	
ㄪㄟ	尾	ㄇㄧ		
ㄋㄨㄟ	餒		ㄌㄨㄟ	
ㄌㄨㄟ	雷			ㄌㄟ①ㄌㄞ
ㄌㄨㄧ	淚			ㄌㄧ
ㄍㄨㄟ	跪		ㄎㄨㄟ	
ㄎㄨㄟ	喟		ㄨㄟ	

① 原列第二類。

國音	例字	聲韻俱異	聲異韻同	聲同韻異
ㄏㄨㄟ	徽恢揮輝		ㄈㄟ	
ㄏㄨㄟ	諱		ㄨㄟ	
ㄓㄨㄟ	墜惴		ㄘㄨㄟ	
ㄖㄨㄟ	蕊睿銳		ㄌㄨㄟ	
ㄖㄨㄟ	汭蕤		ㄙㄨㄟ	
ㄗㄨㄟ	罪		ㄘㄨㄟ	
ㄠ	奧襖		ㄫㄠ贛官音	
ㄅㄠ	抱暴		ㄆㄠ	
ㄇㄠ	貓		ㄇㄧㄠ	
ㄉㄠ	導道悼		ㄊㄠ	
ㄋㄠ	鐃腦			ㄋㄚ

國音	例字	聲韻俱異	聲異韻同	聲同韻異
ㄓㄠ	兆肇趙		ㄘㄠ	
ㄓㄠ	召		ㄙㄠ	
ㄕㄠ	筲		ㄘㄠ	
ㄖㄠ	饒擾繞		ㄧㄠ	
ㄗㄠ	造		ㄘㄠ	
ㄙㄠ	燥		ㄗㄠ	
ㄕㄠ	燒紹		ㄙㄠ	
ㄧㄠ	凹坳拗		ㄠ	
ㄧㄠ	咬齩		ㄫㄠ	
ㄐㄧㄠ	交蛟郊膠攪狡皎絞校教窖覺較		ㄍㄠ	
ㄐㄧㄠ	轎		ㄑㄧㄠ	
ㄑㄧㄠ	敲巧		ㄎㄠ	

國音	例字	聲韻俱異	聲異韻同	聲同韻異
ㄒㄧㄠ	爻肴孝效		ㄏㄠ	
ㄒㄧㄠ	曉		ㄏㄠ	
ㄘㄧㄠ	誚		ㄙㄧㄠ	
ㄡ	歐謳漚甌鷗		ㄫㄡ贛官音	
ㄉㄡ	痘豆逗讀		ㄊㄡ	
ㄋㄡ	耨		ㄫㄡ	
ㄓㄡ	周州洲舟週帚肘呪晝		ㄐㄧㄡ	
ㄓㄡ	宙紂		ㄑㄧㄡ	
ㄔㄡ	仇儔疇籌稠裯紬讎躊酬醜醜臭		ㄑㄧㄡ	
ㄕㄡ	收守狩手首受授壽綬		ㄒㄧㄡ	
ㄕㄡ	獸售		ㄑㄧㄡ	
ㄖㄡ	柔蹂		ㄧㄡ	

國音	例字	聲韻俱異	聲異韻同	聲同韻異
ㄐㄧㄡ	鬮		ㄍㄡ	
ㄐㄧㄡ	臼舅舊		ㄑㄧㄡ	
ㄑㄧㄡ	丘邱蚯		ㄒㄧㄡ	
ㄗㄧㄡ	就僦		ㄘㄧㄡ	
ㄙㄧㄡ	袖		ㄘㄧㄡ	
ㄢ	安鞌（鞍）庵菴諳闇暗黯按案		ㄫㄢ贛官音	
ㄅㄢ	瓣辦		ㄆㄢ	
ㄉㄢ	澹淡彈蛋		ㄊㄢ	
ㄓㄢ	綻		ㄉㄢ	
ㄓㄢ	占旃氈沾覘霑詹邅饘			
	鱣鸇展輾佔戰	ㄗㄣ		
ㄔㄢ	諂	ㄘㄣ		

國音	例字	聲韻俱異	聲異韻同	聲同韻異
ㄕㄢ	單禪蟬蟾閃陝善	ㄙㄣ		
ㄧㄢ	嚴研言唁彥硯驗		ㄬㄧㄢ	
ㄧㄢ	巖岩研顏晏膺雁鷃		ㄫㄢ	
ㄅㄧㄢ	便卞弁徧忭汴辨辯		ㄆㄧㄢ	
ㄉㄧㄢ	奠殿澱靛甸電簟		ㄊㄧㄢ	
ㄊㄧㄢ	忝腆靦		ㄉㄧㄢ	
ㄐㄧㄢ	奸姦監艱間揀柬簡減諫		ㄍㄢ	
ㄐㄧㄢ	件健		ㄑㄧㄢ	
ㄒㄧㄢ	函咸銜閑閒鹹限莧陷		ㄏㄢ	
ㄗㄧㄢ	殲賤踐		ㄘㄧㄢ	
ㄉㄨㄢ	斷段緞		ㄊㄨㄢ	
ㄏㄨㄢ	還鐶		ㄨㄢ	

國音	例字	聲韻俱異	聲異韻同	聲同韻異
ㄓㄨㄢ	篆饌		ㄘㄨㄢ	
ㄔㄨㄢ	船		ㄙㄨㄢ	
ㄖㄨㄢ	輭		广ㄧㄢ	
ㄩㄢ	元原嫄螈沅願願		广ㄧㄢ	
ㄣ	恩		兀ㄢ贛官音	
ㄆㄣ	噴		ㄈㄣ	
ㄓㄣ	振斟甄真箴針鎮診枕	ㄗㄥ		
ㄓㄣ	珍疹軫		ㄐㄧㄣ	
ㄓㄣ	朕		ㄑㄧㄣ	
ㄔㄣ	塵沉陳臣趁	ㄘㄥ		
ㄔㄣ	晨辰	ㄙㄥ		

國音	例字	聲韻俱異	聲異韻同	聲同韻異
ㄔㄣ	闖	ㄘㄤ		
ㄕㄣ	伸紳深身神哂			
	嬸沈慎甚腎蜃	ㄙㄥ		
ㄖㄣ	人紉忍仞刃訒認軔韌		ㄬㄧㄣ	
ㄧㄣ	吟		ㄌㄧㄣ	
ㄧㄣ	銀誾齗齦		ㄬㄧㄣ	
ㄧㄣ	銀		ㄫㄣ	
ㄌㄧㄣ	吝藺躪		ㄋㄧㄣ	
ㄐㄧㄣ	近		ㄘㄧㄣ（按：當爲ㄑㄧㄣ）	
ㄗㄧㄣ	盡侭		ㄘㄧㄣ	
ㄘㄧㄣ	秦		ㄑㄧㄣ	
ㄙㄧㄣ	尋		ㄘㄧㄣ	

國音	例字	聲韻俱異	聲異韻同	聲同韻異
ㄨㄣ	温瘟文紋聞			ㄨㄥ
ㄨㄣ	蚊	ㄇㄥ		
ㄉㄨㄣ	薹			ㄉㄨㄟ
ㄉㄨㄣ	遁遯鈍		ㄊㄨㄣ	
ㄏㄨㄣ	葷焜		ㄎㄨㄣ	
ㄔㄨㄣ	純脣淳醇		ㄙㄨㄣ	
ㄩㄣ	耘芸	ㄨㄥ		
ㄤ	盎（甖）		ㄫㄤ贛官音	
ㄓㄤ	丈杖		ㄘㄤ	
ㄔㄤ	嘗償嫦常徜鱨		ㄙㄤ	
ㄖㄤ	攘瀼穰嚷壤讓		ㄧㄤ	

國音	例字	聲韻俱異	聲異韻同	聲同韻異
ㄖㄤ	瓤		ㄋㄤ	
ㄧㄤ	仰		ㄬㄧㄤ	
ㄐㄧㄤ	僵		ㄑㄧㄤ	
ㄐㄧㄤ	降講		ㄍㄤ	
ㄒㄧㄤ	降		ㄏㄤ	
ㄗㄧㄤ	匠		ㄙㄧㄤ	
ㄘㄧㄤ	戕		ㄘㄤ	
ㄎㄨㄤ	匡劻筐眶框		ㄑㄧㄤ	
ㄅㄥ	崩			ㄅㄣ
ㄆㄥ	烹			ㄆㄣ
ㄉㄥ	燈登鐙戥等凳			ㄉㄣ

國音	例字	聲韻俱異	聲異韻同	聲同韻異
ㄉㄥ	鄧	ㄊㄣ①		
ㄊㄥ	滕縢螣藤籐騰			ㄊㄣ
ㄋㄥ	能			ㄋㄣ
ㄌㄥ	崚棱稜楞			ㄌㄧㄥ②
ㄌㄥ	冷			ㄌㄢ
ㄍㄥ	庚更賡羹耕鶊			
	哽梗			ㄍㄣ
ㄎㄥ	牼硜鏗			ㄎㄣ
ㄎㄥ	肯	ㄏㄣ		ㄎㄣ
ㄏㄥ	亨	ㄎㄣ		
ㄏㄥ	恒衡			ㄏㄣ

① 原列第三類。
② 原列第二類。

國音	例字	聲韻俱異	聲異韻同	聲同韻異
ㄏㄥ	横	ㄨㄤ		
ㄓㄥ	争諍整正正月之正	ㄗㄤ①		
ㄓㄥ	鄭	ㄘㄤ		
ㄔㄥ	撐橙	ㄘㄤ		
ㄔㄥ	成成色之成	ㄘㄤ		

國音	例字	聲韻俱異	聲異韻同	聲同韻異
ㄔㄥ	成城	ㄙㄤ		
ㄕㄥ	生甥笙省牲	ㄙㄣ、ㄙㄤ		
ㄖㄥ	仍礽		ㄧㄥ	
ㄗㄥ	曾增憎繒甑贈			ㄗㄣ
ㄘㄥ	層曾			ㄘㄣ

① 原列三類。

國音	例字	聲韻俱異	聲異韻同	聲同韻異
ㄙㄥ	僧			ㄙㄣ
ㄧㄥ	迎	ㄬㄧㄤ		
ㄧㄥ	應鷹	ㄣ		
ㄧㄥ	營贏影映			ㄧㄤ
ㄅㄧㄥ	餅			ㄅㄧㄤ
ㄆㄧㄥ	平坪			ㄆㄧㄤ
ㄇㄧㄥ	名明命			ㄇㄧㄤ
ㄉㄧㄥ	丁釘訂			ㄉㄧㄤ
ㄉㄧㄥ	定錠	ㄊㄧㄤ		
ㄊㄧㄥ	聽			ㄊㄧㄤ
ㄌㄧㄥ	零嶺領			ㄌㄧㄤ
ㄐㄧㄥ	經驚警鏡			ㄐㄧㄤ

國音	例字	聲韻俱異	聲異韻同	聲同韻異
ㄑㄧㄥ	擎檠輕			ㄑㄧㄤ
ㄒㄧㄥ	行	ㄏㄤ		
ㄒㄧㄥ	幸倖杏行	ㄏㄣ		
ㄗㄧㄥ	精			ㄗㄧㄤ
ㄘㄧㄥ	青晴請倩			ㄘㄧㄤ
ㄙㄧㄥ	星腥醒姓性			ㄙㄧㄤ
ㄆㄨㄥ	捧		ㄅㄨㄥ	
ㄈㄨㄥ	逢縫馮		ㄏㄨㄥ	
ㄉㄨㄥ	動恫洞		ㄊㄨㄥ	
ㄍㄨㄥ	恭弓躬龔拱鞏		ㄍㄨㄥ、ㄐㄧㄥ	
ㄓㄨㄥ	塚		ㄐㄧㄥ	
ㄓㄨㄥ	重		ㄘㄨㄥ	

國音	例字	聲韻俱異	聲異韻同	聲同韻異
ㄖㄨㄥ	戎絨茸		ㄧㄥ	
ㄩㄥ	甕罋壅		ㄥ	
ㄓ	彘	ㄙ		
ㄓ	滯	ㄘ		
ㄓ	炙隻	ㄗㄚ		
ㄓ	直值植姪侄秩	ㄘㄜ		
ㄓ	陟	ㄙㄜ		
ㄔ	蚩踟齒祉懥	ㄗ		
ㄔ	掣	ㄘㄜ		
ㄔ	蟄	ㄗㄜ		
ㄔ	吃	ㄑㄧ、ㄑㄚ		
ㄔ	恃	ㄘ		

國音	例字	聲韻俱異	聲異韻同	聲同韻異
ㄗ	子			ㄗせ
ㄗ	姊笫			ㄗㄧ
ㄗ	自字牸	ㄘ		
ㄙ	耜嗣飼	ㄘ		
ㄙ	兕			ㄙㄧ
ㄙ	四泗駟		ㄙ	ㄙㄧ
ㄦ	耳餌二貳	ㄫㄧ		

方音異讀歸納表

方音異讀歸納表一

正列爲國音，分注爲方音異讀。①如ㄅ讀ㄆ，ㄉ讀ㄊ等

國音	方音	國音	方音	國音	方音	國音	方音
ㄅ	ㄆ	ㄆ	ㄈ	ㄇ			
ㄈ	ㄏ、ㄆ	万	ㄇ				
ㄉ	ㄊ	ㄊ	ㄉ	ㄋ	兀、ㄌ	ㄌ	ㄋ、ㄌ
ㄍ	ㄎ	ㄎ	ㄑ	兀		ㄏ	ㄎ、ㄈ、ㄨ、万
ㄐ	ㄍ、ㄑ、ㄎ	ㄑ	ㄎ、ㄐ、ㄒ	广	ㄋ	ㄒ	ㄎ、ㄐ、ㄏ、ㄙ
ㄓ	ㄐ、ㄗ、ㄑ、ㄘ、ㄉ、ㄙ	ㄔ	ㄐ、ㄗ、ㄑ、ㄘ、ㄙ	ㄕ	ㄑ、ㄗ、ㄒ、ㄘ、ㄙ	ㄖ	ㄌ、ㄧ、ㄦ、广、ㄙ、ㄋ
ㄗ	ㄐ、ㄘ	ㄘ	ㄑ、ㄗ、ㄙ	ㄙ	ㄗ、ㄘ		
ㄧ	兀、ㄋ、广	ㄨ	ㄇ、兀	ㄩ	广、ㄧ、ㄨ	ㄦ	广

［一］出聲、送氣相通轉，但出聲轉送氣多，送氣轉出聲少。

［二］ㄅ、ㄆ、ㄇ與ㄈ、万相通轉。

［三］ㄐ、ㄑ、广、ㄒ與ㄍ、ㄎ、兀、ㄏ相通轉。

［四］方音無ㄓ、ㄔ、ㄕ、ㄖ，凡ㄓ、ㄔ、ㄕ、ㄖ音讀ㄗ、ㄘ、ㄙ。ㄖ音讀ㄧ或广ㄧ或ㄋㄧ，又ㄓ、ㄔ、ㄕ之小部讀ㄐ、ㄑ、ㄒ。

［五］ㄓ、ㄔ、ㄕ古讀ㄉ、ㄊ、ㄋ，方音間有。

［六］大庾缺ㄋ音，ㄋ讀ㄌ。

［七］摩擦音多通轉。

［八］ㄧ、ㄨ、ㄩ相通轉；ㄧ、广相通轉；ㄨ、兀相通轉，ㄧ、兀旁轉；ㄨ、广旁轉。

① 今分欄列出，下表同。

方音異讀歸納表二

國音正列，方音異讀分注。

國音	方音	國音	方音	國音	方音	國音	方音
ㄧ	ㄜ、ㄟ、ㄢ	ㄨ	ㄞ、ㄧ、ㄢ、ㄩ、ㄥ、ㄛ、ㄦ、ㄜ	ㄩ	ㄛ、ㄧ、ㄨ		
ㄚ	ㄞ	ㄛ	ㄚ	ㄜ	ㄚ	ㄝ	ㄜ、ㄧ、ㄢ、ㄚ、ㄛ
ㄞ	ㄟ	ㄟ	ㄞ、ㄧ	ㄠ	ㄡ、ㄚ	ㄡ	
ㄢ	ㄣ	ㄣ	ㄤ、ㄟ、ㄥ	ㄤ		ㄥ	ㄤ、ㄢ、ㄣ
（ㄙ）	ㄜ、ㄧ、ㄝ、ㄚ	ㄦ	ㄧ				

〔一〕獨聲母ㄓ、ㄔ、ㄕ、ㄖ，ㄗ、ㄘ、ㄙ七母之韻，《國音分韻檢字》以ㄙ加（）表示，今從之。

〔二〕方音ㄝ、ㄟ不分，ㄢ、ㄤ不分，贛縣讀ㄣ若ㄥ。

〔三〕ㄢ韻字，如ㄢ、ㄆㄢ、ㄍㄢ、ㄎㄢ、ㄫㄢ、ㄏㄢ、ㄗㄢ，合口呼之全部，及ㄐㄩㄢ、ㄑㄩㄢ、ㄒㄩㄢ等韻須另制閏母ㄢ（ㄢ加點，讀若，安之方音），始能拼成各韻之方音。

〔四〕ㄤ韻字，惟盎瓮字讀ㄤ，其餘全部字須另制閏母ㄤ（ㄤ加點。讀若方音，唐之尾音），始能拼成方音。

同字異韻通轉字數表

此據張蔚瑜編《國音分韻檢字》，將一字數韻之字，調查有若干字，列爲此表。如斁ㄧ、ㄉㄨ，汩ㄧ、ㄍㄨ，偪ㄅㄧ、ㄈㄨ，畐ㄅㄧ、ㄊㄨ，佛ㄅㄧ、ㄈㄨ，濆ㄅㄧ、ㄈㄨ，疋ㄆㄧ、ㄈㄨ，俶ㄊㄧ、ㄔㄨ，戲ㄒㄧ、ㄏㄨ等，共有十八個字，既讀ㄧ韻，又讀ㄨ韻。故知爲ㄧ、ㄨ通轉，餘類推。

如ㄧ韻通ㄨ十八字，通ㄩ六字，通ㄚ二十字，通ㄛ三十一字，各以數碼注明。

ㄧㄢ與ㄢ，因讀韻迥異，故另立一韻。ㄩㄢ附入ㄧㄢ內，ㄧㄣ韻類推。

編列此表，費甚長時間，竊謂頗合科學方法，比前人異韻通轉之推測較有把握。今細閱此表：通轉字數多者，其兩韻之關係必深，更作純韻、複韻通轉圖以明之。

同字異韻通轉字數表①

(ㄙ)	ㄦ	ㄥ	ㄤ	ㄧㄣ	ㄣ	ㄧㄢ	ㄢ	ㄡ	ㄠ	ㄟ	ㄞ	ㄝ	ㄜ	ㄛ	ㄚ	ㄩ	ㄨ	ㄧ	
55	2	4		5	2	5	2	3	8	18	39	70	12	31	17	6	18		ㄧ
		3	7	2	3	3	5	62	25	21	1	11	8	57	31	17		18	ㄨ
		7			1	3	2	49	3	4	1	5		3	8		17	6	ㄩ
4		3		1		3	16		2	11	27	28	7	48		8	32	20	ㄚ
10	1	1	4	2	2	2	24	2	45	29	18	25	22		44	3	57	31	ㄛ
2		2					1	2	1	3	10	4		29	6		8	11	ㄜ
24				1		18	2			12	3		4	25	28	15	11	68	ㄝ
21	3	2				3	3		1	18		3	8	20	26	1	1	39	ㄞ
1		3	1	3	7	7	4	10	8		18	12	3	29	9	4	19	20	ㄟ
		2		1	3	1	3	48		8	1		1	52	2	4	22	8	ㄠ
		6	3	1	3	1	2		46	10			1	3		43	53	4	ㄡ
1		6	6	8	31	61		2	3	4	5	2	1	23	14	2	3	3	ㄢ
		18		32	21		76	1	1	7	1	18		2	1	1	1	3	ㄧㄞ
		3	1	16		21	31	3	3	5		1		2	1	1	4	5	ㄣ
1		6			16	32	8			3				2	1			3	ㄧㄣ
		65			1		6	4		1				4			7		ㄤ
4	1		66	5	2	16	5	5	2	2	2		2	1	2	6	3	4	ㄥ
		1									3							2	ㄦ
		3		1			1			1	21	24	2	12	5			53	(ㄙ)

① 此表所在頁眉有『一字數音多由古今方音及連音變化而來，此表僅就國音同字異韻，究其通轉，不合歷史語音學方法。擬刪綱志卅二，十二』等字樣。

純韻母通轉圖說

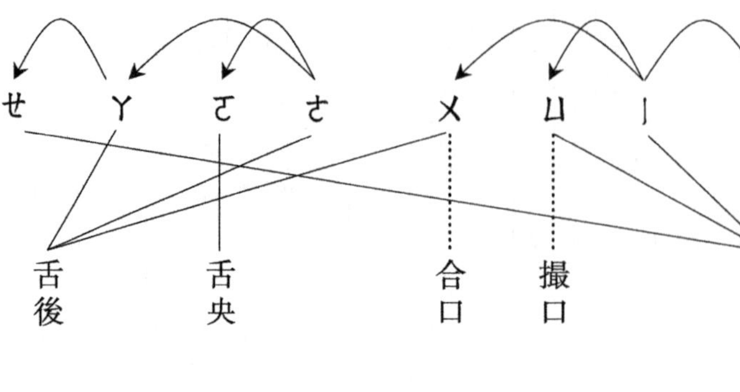

［一］（ㄙ）、ㄧ、ㄩ、ㄝ，同爲舌前部，最易通轉。

［二］ㄨ、ㄛ、ㄚ，同爲舌後部，最易通轉。

［三］（ㄙ）爲ㄧ之變音，以箭矢表示，餘類推。

［四］古無ㄩ韻，證之方音，ㄩ韻甚少。

［五］ㄩ爲撮口，ㄨ爲合口，最易通轉。

［六］《切音指掌圖》十一圖、十二圖相爲開合。十一圖開，列歌ㄍㄛ、加ㄐㄧㄚ、迦ㄐㄧㄝ、姐ㄗㄧㄝ四等。十二圖合，列戈ㄍㄨㄛ、瓜ㄍㄨㄚ、靴ㄒㄩㄝ、結ㄐㄩㄝ四等。是以ㄛ、ㄚ、ㄝ三韻並爲一圖，可見當時三韻，尚未分開。

［七］ㄝ爲ㄚ之變音，因ㄚ先與ㄧ或（ㄙ）結合，——假道——後再轉變爲ㄝ。

複韻母通轉圖說

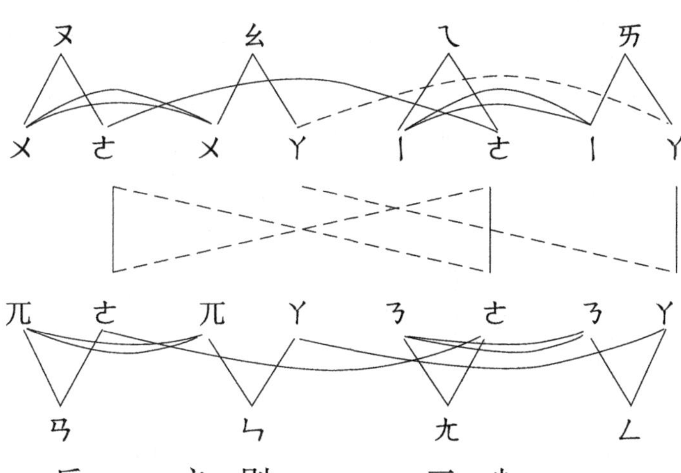

〔一〕ㄞ爲ㄚㄧ結合，ㄢ爲ㄚㄋ結合，餘類推。

〔二〕通轉字數最多者，用雙線表示，如ㄞ、ㄟ。次多者用實線表示，如ㄟ、ㄡ。少數者用虛線表示，如ㄞ、ㄠ僅一字相通，ㄠ、ㄢ僅四字。ㄟ、ㄥ僅二字。ㄡ、ㄣ僅三字。

〔三〕通轉最多者：ㄞ、ㄟ爲一類，ㄠ、ㄡ爲一類，ㄢ、ㄣ爲一類，ㄤ、ㄥ爲一類。

〔四〕複韻與純韻之通轉，與結合之純音母有密切關係，如純音ㄚ、ㄧ結合爲ㄞ韻，則ㄞ、ㄚ通轉，ㄞ、ㄧ通轉必多。（ㄙ）爲ㄧ之變音，則ㄞ（ㄙ）通轉爲次多。ㄚ爲ㄛ之變音，ㄞ、ㄛ通轉爲次多。今檢表尚合，餘類推。

〔五〕ㄤ、ㄚ無通轉，ㄤ、ㄞ無通轉，ㄤ、ㄠ無通轉，ㄠ、ㄚ僅二字通轉，ㄠ、ㄛ反四十五字通轉，ㄢ、ㄛ反二十四字通轉，均爲例外，待攷。

深喉、舌尖、舌葉通轉表

ㄧ、ㄩ音（深喉音）	舌尖音	舌葉音（舌齒音）
台ㄧ	台ㄊㄞ	台，《釋文》：敕才反，讀ㄔㄞ。又《古文尚書》『舜讓於德弗嗣』，今文作『不怡』，《漢書》作『不台』。
詒ㄧ	詒ㄊㄞ作紿，欺也。	
易ㄧ《孟子》：『易其田疇。』易，治也。		治ㄔ
斁ㄧ《詩》：『服之無斁。』	斁ㄉㄨ《書》：『彝倫攸斁。』	
	擇ㄊㄛ，古音鐸，方音謂鐸爲ㄊㄛ。	擇ㄓㄜ
射ㄧ無射		射ㄕㄝ
食ㄧ人名		食ㄕ
蛇ㄧ《詩》：『委蛇委蛇。』	它ㄊㄚ，古蛇字。	蛇ㄕㄝ
施ㄧ《孟子》：『施施從外來。』		施ㄕ
頁ㄧㄝ《説文》：『頭也。』	頭ㄊㄡ	首ㄕㄡ
矣ㄧ	了ㄌㄧㄠ，哩ㄌㄧ，呢ㄏㄧ	文言矣字，白話作了、哩、呢
《史記》注：敬仲奔齊，以陳、田聲相近，遂爲田氏。	田ㄊㄧㄢ	陳ㄔㄣ
印度ㄧㄣㄉㄨ 今作印度國	天竺ㄊㄧㄢ ㄓㄨ《後漢》『天竺國』	身毒ㄕㄣ ㄉㄨ 《史記》『身毒國』。身音捐。
人，贛南讀ㄧㄣ	贛北讀ㄌㄣ	人，北方讀ㄖㄣ

ㄧ、ㄩ音（深喉音）	舌尖音	舌葉音（舌齒音）
余ㄩ	余ㄊㄨ	余ㄕㄝ 佘ㄕㄝ賒ㄕㄝ
	荼ㄊㄨ	荼茶ㄔㄚ
愉ㄩ，樂也。	愉ㄊㄡ 《周禮》「則民不愉」，今俗作「偷」。	
舁ㄩ《說文》：「共舉也。」	抬ㄊㄞ	
腧ㄩ	腧ㄊㄡ	腧ㄓㄨ
餘ㄩ	多ㄉㄨㄛ	剩ㄕㄥ
以ㄧ		以ㄙ

丙　古音新考

古無曉匣紐考 民國十五年三月稿

余粤求古音，忽發見古無曉匣二紐。凡曉匣母字，古音讀見紐者其常，讀谿羣疑及他紐者，間一二見焉，試證言之：見，視也，古甸切；露也，胡甸切，俗作現。解，判也，佳買切；與懈同，《詩》『夙夜匪解』；又同邂，『解后』即『邂逅』。國，古文作或。假，古通『遐』，揚子《法言》：『假言周於天地，贊於神明。』蓋，通『盍』，《禮檀弓》：『子蓋言子之志於公乎？』降，爲升降，爲降服。校，爲比較，爲學校。閒，爲閒隙，爲閒隔，爲閒暇。合爲升合。會爲會計。紅爲女紅。虹，工聲，有户公、古巷二切。浩，告聲，有胡老，古老二切。汗、刊，干聲，《廣韻》：刊，越別名；汗，餘幹縣名，並古寒切。刊溝，水名，在廣陵；可汗，蕃王稱，並胡安切。𡥈，《説文》『從子，爻聲。古肴切』，今作孝。姣，交聲，《左傳·襄九年》：『棄位而姣，不可謂貞。』注：『姣，淫也，音肴，一曰如字讀。』《爾雅·釋草》：『華，荂也。』注：『今江東人呼華爲荂，有胡瓜、枯瓜二切。』壞，古文作『𣀔』，眔聲。《廣韻》：古懷切，音怪，毀也；胡怪切，音𧢄，自毀也。厂，呼旱切，籒文作『厈』，當爲『干』聲，《六書本義》『岸同厈』。雁，從隹從人，厂聲，方音讀若岸。鸛，水鳥，古玩切，又呼宦切，《左傳》『鸛鵒來巢』。恒，胡登切，常也；古鄧切，弦也，《詩》『如月之恒』。混，胡本切，《老子》『有物混成，先天地生』；古本切，《孟子》『原泉混混』。此以一字數音證也。

艱，古文作『囏』。湖，古文作沽。鶴，古文作鶮。確，古文作碻。《詩》『白鳥翯翯』，《孟子》作『鶴鶴』。駭，古文作駴。核作槅。褱亦作裹。筊，《爾雅·釋樂》：『大簫謂之言，小者謂之筊。』注：『音爻，又古巧切，義同。』《釋器》：『簫小謂之筊。』《釋器》今無其文，據《康熙字典》《説文》：『爻，交也。』可見交、爻古音從同。舊，《説文》：

「鴟，舊留也。從萑，臼聲。古或作鵂。」可見臼、休古音從同。「商山四皓」，《説文》作「四顥」。黄，《説文》光聲。觥，古作觵。侊亦作債。《老子》「惚兮恍兮」，恍與慌、怳並同。賜，資也；或曰，此古貨字。訛與譌同，《詩・小雅》「民之訛言」，《説文》引《詩》作「譌言」。《書・堯典》「平秩南訛」，《傳》：「訛，化也。」《史記・五帝紀》作「南譌」。而爲聲之嫣、潙，《廣韻》並居爲切。此以聲旁互證也。

可聲爲河，匃聲爲曷。嶲聲爲攜，爲鐫，子嶲鳥，即子規。瓜聲爲弧，爲狐。古聲爲怙爲岵。皋聲爲皞、暤。告聲爲浩、皓。丰聲爲害、轄、鎋。高聲爲蒿、皜、豪、毫。丂聲爲号、朽、兮、乎平篆文。作兮厂聲爲厚、医，医與兮通。今聲爲含、肣俗函字，涵亦作涔。甘聲爲蚶、甜。言，奇字做㑹。香，篆文從黍、甘。皀，古香字，皀聲爲鄉，爲即。干聲爲鼾、罕、軒、骭。倝聲爲翰、榦。艮聲爲痕、恨、很、狠。亢聲爲吭、抗、杭、炕、航，叚聲爲霞、瑕、蝦。甲聲爲匣、呷、柙、狎。夾聲爲峽、狹、俠、挾。吉聲爲黠、頡、纈、襭。臼聲爲學。皆聲爲諧。圭聲爲鞋、鮭。戒聲爲械、駴。兼聲爲嗛、嫌。閒聲爲嫺、覵、僩。見聲爲蜆、峴、晛、莧。臤聲爲賢。玄聲爲牽、鮌鯀字。金聲爲銜。斤聲爲欣、忻、訢。共聲爲巷、衖、烘、洪、鬨。巠聲爲莖、脛、踁。果聲爲踝、輠、夥。咼聲爲禍。骨聲爲滑、猾。昏聲爲涽、䛣。鬼聲爲槐、褢。軍聲爲揮、暉、暈、渾、琿。灰聲爲恢、詼。貴聲爲潰、繢。兀聲爲虺、㕍。雚聲爲歡、驩。厷聲爲弘、紘、宏、雄。睘聲爲㿒、擐、還。户聲爲扈、肩。下聲爲苄。《本草》：地黄名苄。又羔，从羊，火聲。耿，从耳火聲《説文》謂耿从炷省聲，羔从照省聲。是未知火古讀巜母。此以《説文》从聲證也。

案：《説文》諧聲字，从某聲，必讀某音。如禮，豊聲，必讀豊；禧，喜聲，必讀喜，是也。至若祥，羊聲，讀似羊切；禱，壽聲，讀都孝切，必古今音變。非造字時取不諧聲之字牽強混濫，漫不準確也。其説古不可考，以今之新制字知之。如近年新制之化學名字：氫必讀亞，氟必讀弗，矽、鋁、銻、鉀，必讀夕、吕、弟、甲。養氣作氧或氧，從養省聲。輕氣作氫或氫，從輕省聲。又鐘表之表，俗制錶字，讀同表。蓋必一望而知，然後易於推行也。由今推古，理所應然。

《釋名》：「寒，捍也」；「暈，捲也」；「好，巧也。」《周禮》「璧孔」亦云「璧好」。《説文》：「火，燬也。」《爾雅》：

『燬，火也。』《釋文》：『齊人謂火曰燬。』《玉篇》：『燬同𤈦、㷇。』《廣雅》：『肵，脛也。』《說文》：『脛，肵也，巠聲。』《禮記》：『夏之爲言假也。』《釋名》：『兩脚進曰行；行，抗也，抗足而前也。』抗，口浪切。《說文》：『抗或從木爲杭。』徐鉉曰：『今俗做胡浪切。』揚雄《太玄》：『（漢）〔海〕水群飛，弊于天杭。』天杭，天漢也。杭有寒剛、居郎二切。《廣雅》：『兄，况也，况于父，又謂之罤。』《說文》作『𢍰』，古魂切。《爾雅》省作『罤』，通作昆，俗謂之哥。兄、哥皆從口聲。由是杏、后、喜，皆可作口聲與《說文》訓異。《說文》許多不可解之字，昭若揭矣。此以訓詁證也。

許，午聲，古作鄦，無聲。虎，古文作䖘，勿聲。唐有虎州，後避太祖諱，改爲武州。《詩·小雅》『伐木許許』，許音虎。滸，一作許。虚、虞，虍聲。回，古雷字。此以他紐轉證也。

古無曉匣紐續考

ㄒㄧ

希：《六書正譌》『疏也，象希疏之形。』《説文》偶遺此字。按當从爻聲。

熙：巸聲，巸音怡。

醯：《六書正譌》『酸漿也』，从酉从皿會意，兮聲，别作醯，非。

奚：雞、谿、螇、溪，从奚聲。

兮：丂聲，《詩》『河水清且漣猗』，奇聲，猗即兮之假借。

匸：同徯。

系：同繫，毄聲。毄讀ㄐㄧ、ㄑㄧ兩音。

翕：合聲。闟讀ㄒㄧ、ㄊㄚ。

肸：《説文》『響布也。从十从肖，通作肹』。又音迄。肖亦音迄。

鬩：兒聲，兒亦讀倪。

衋：从血、聿，皕聲。

奭：音拘。

ㄏㄨ

壺：《詩》「八月斷壺」，當作「瓠」，夸聲。浮丘公，古之仙人，或曰即《列子》所稱「壺丘子」。方音亦讀壺爲ㄈㄨ。

虍：虎文也。象形，虞、遽皆從虍得聲。

互：《廣韻》「俗作𠂡」。《唐書・安禄山傳》「互市，牙郎。古稱駔儈，今謂牙。」《漢書・劉向傳》「宗族磐互」，師古曰：「字或作牙。」

按：史書中以牙作互字用非一，後人雖辨其非，但牙爲疑母，互爲匣母。後人不知匣母，古每讀疑母，以致紛紛争訟，無當也。方音讀互爲ㄨ。

ㄒㄩ

旭：《説文》「從日，九聲。臣鉉等曰：「九非聲，未詳」。許玉切」。

按：鉉説非也。當從《説文》讀九聲，ㄐ母。

勖《説文》：「勉也，從力冒聲。」

ㄒㄧㄚ

下：苄，從下聲，地黃也。侯古切。《本草》一名「芑」。《禮記》：「鉶芼羊苄豕薇。」「苄」古文作「苦」。

夏：榎從夏聲，《爾雅・釋木》：「槄，山榎。」榎音賈。

ㄏㄨㄚ

匕、化、畫：經傳皆以化爲之。《古泉幣》「貨」亦作「化」，如齊刀等。又《公羊・桓六年》：「曷爲慢之，化我也。」

注：「行過無禮謂之化，齊人語也。」又《哀・六年》：「陳乞曰：「常之母，有魚菽之祭，願諸大夫之化我也」」。注：「化我無禮相過之義。」《穀梁・桓六年》：「以其畫我，故簡言之也。諸侯不以過相朝也。」注：「畫是相過。」

觀此，則《公羊》之「化」，《穀梁》易爲「畫」也。化、畫通，古當同音，相爲假借。後遇化、畫讀音不同，遂加以紛紛解釋也。

𣎆《説文》：「兩刃臿也，從木，丫象形。」鏵本字。按：當从丫聲。

ㄏㄛ

壑：古文作叡，谷聲。

郝：《廣韻》昌石切，音尺，鄉名。方音讀ㄎㄛ。

隺：从冂隹，冂聲。

禾：方音讀ㄨㄛ。

ㄏㄨㄛ

火：羔耿炅皆從火得聲。

霍：方音讀ㄎㄛ。

砉：丰聲。

ㄏㄜ

赫：《爾雅・釋訓》：「赫赫，迅也。」《釋文》：「赫，音釋。」

黑：⿰糸黑，黑聲，古作纆。默，古作嘿、嚜。黑墨古音同。

ㄒㄧㄝ

劦：《集韻》力協切，假借爲颲。

協：《說文》：『從劦，十聲。』亦作叶。

ㄒㄩㄝ

血：通恤，讀ㄙㄩ。洫亦作淢。

穴：《韻會》古穴切，《前漢·天文志》：『暈適背穴。』孟康曰：『穴或作鐍。』

旻：《廣韻》望發、七役二切。《六書故》別作眏。

ㄏㄞ

亥：《青箱雜記》：『蜀有亥市。』亥音皆，言如痎瘧，間日一發也。諱痎，故言亥市。

ㄏㄨㄟ

恢：灰聲。廣音讀ㄎㄨㄟ。

虫：亦作虺，兀聲。

軎：从車口，象形。一說口聲，或作轊、䡡。

惠：从心从叀會意。或曰從叀省聲。

卉：桒、捧、賁、奔，並從卉聲。

ㄏㄠ

薅：同茠、𢬿。

夰：《廣韻》古老切。

ㄒㄧㄠ

嚻：《詩》『讒口嚻嚻』，韓詩作『嗸』。《書・序》『仲丁遷於嚻。』《傳》：『即《左傳》敖鄗之敖。』

梟：古堯切，今讀ㄒㄧㄠ。

畾：俗有蕌字，蕌，菜名，畾聲，讀ㄑㄧㄠ。

ㄏㄡ

后：《後漢書・魯恭傳》：『案易五月后用事。』當作姤，實爲遘。牿作㸴，詬亦作訽。可見后、句同音。

後：𤔣，後聲，誇録反。後通后。

厚：古垕。

ㄒㄧㄡ

休：《集韻》咰或作欨、休、咻。

臭：犬善嗅故從犬、鼻。按：犬亦聲。

嘼：古文作嘼，九亦聲，今同獸，讀ㄕㄡ，亦音讀ㄑㄧㄡ。

ㄏㄢ

寒：蹇、褰、騫並寒省聲。

宧：《詩》『三歲貫汝』，『貫』當作『宧』。

漢：堇聲。

ㄒㄧㄢ

咸：口聲。《漢書・昭弟紀》贊：『户口咸半。』《萬石君傳》：『九卿咸宣。』《百官表》：『禦史中丞咸宣。』注：『咸讀爲減省之減。」

㬎：從日中視絲。古文以爲顯字。又《唐韻》五合切，《集韻》音鉿，又音噤。

縣：從系持県。按，県亦聲。県今作梟，古堯切，今讀ㄒㄧㄠ。

憲：從心從目害省聲。害，丯聲。

臽：從人入臼會意。臼亦聲。《廣韻》苦感切。

ㄏㄨㄢ

圜：圓古文。

奐：《說文》從廾敻省聲。

幻：《張騫傳》「眩讀與幻同」，《六書正譌》謂即「環」字，古文作Ө，借爲幻妄之幻。

還：一讀ㄙㄩㄢ。

ㄒㄧㄣ

釁：《說文》：「血祭也。像祭竈也，從爨省，從酉，酉，所祭也。從分，分亦聲。」方音謂物之裂開爲開縫，去聲。當即釁之讀分音者。古釁讀門。

ㄏㄨㄣ

昏：亦從甘作昬。

圂：借作豢，𠔉聲。《禮記》：「君子不食圂腴。」注：謂犬豕之屬。

ㄒㄩㄣ

熏：古文勳作勛，壎作塤，纁作縜，葷作薰，或作焄。

ㄒㄧㄤ

香：篆文從甘聲。

向：北出牖也，從宀從口。按，口亦聲。

ㄏㄨㄤ

荒：亡聲。

皇：《書・無逸》：『則皇自敬德。』《漢・石經》『皇』作『兄』。王肅本作況。

ㄒㄧㄥ

興：《爾雅》：『廞熙，興也。』又『謖興，起也。』《廣雅・釋詁》：『興，舉也。』按：興、舉、起，一音之轉。又舉，興聲。《唐韻》居竦切。

幸：《説文》：『從屰從夭。』綷，讀若陘，幸聲。

ㄏㄨㄥ

轟：亦作輷、軥、輣。

ㄒㄩㄥ

凶：《釋名》：『凶，空也。』按，壼當作凶聲，於雲切。壼亦作緼。

熊：《説文》炎省聲，故南昌讀ㄩㄥ。按，當作火聲。

庚耕清青韻考

《廣韻》平聲庚、耕、清、青韻，上聲梗、耿、静、迥韻，去聲映、諍、勁、徑韻，國音皆讀ㄥ韻。方音於庚韻之更、羹、阬、横、蝗、彭、膨、平、坪、驚、明、兄、生、牲、甥、擎、行、迎，耕韻之耕、氓、丁、争、橙，清韻之晴、精、贏、營、成、城、正、輕、名、屏、縈，青韻之青、經、丁、星、腥、鯹、靈、零，梗韻之梗、哽、鯁、影，静韻之整、領、嶺、頸、餅、井、請，迥韻之頂、鼎、醒、冷，映韻之映、鏡、命、病，諍韻之硬，勁韻之鄭、姓、性，（徑韻之）定、訂、釘、錠、聽，皆讀ㄤ韻。其餘或非俗語所常用，如鳴、澄等，或即偏旁可以類推，如萍從平聲，盟從明聲等。即謂庚耕清青韻方音皆讀ㄤ韻可也。

攷顧亭林分古韻爲十部，陽、唐第七，耕、清、青第八，庚韻半屬第七，半屬第八。段若膺《六書音韻表》分十七部，第十部陽、唐，第十一部庚、耕、清、青。以方音證之，陽唐讀ㄤ̇韻，庚、耕、清、青讀ㄤ韻，兩部韻母微有不同，段氏分十部、十一部，允矣！

攷《詩·二子乘舟》讀景爲養，《蕩》讀羹爲岡，《清人》讀彭爲旁。方音並同。《將仲子》讀兄爲荒，方音讀ㄒㄧㄤ，《雞鳴》讀明爲芒，方音讀ㄇㄧㄤ，東方朔《七諫》：讀坑爲康，方音讀ㄏㄤ。皆足證方音爲古音。又南康龍廻亦有呼明爲芒者，如説『明日』爲『芒朝』。

古無去聲考

段玉裁《古無四聲説》曰：『古四聲不同今韻，猶古本音不同今韻也。攷周秦漢初之文，有平上入而無去。洎乎魏晉，上入聲多轉而爲去聲，平聲多轉爲仄聲。於是乎四聲大備，而與古不侔。有古平而今仄者，有古上、入而今去者。』又曰：『古平上爲一類，去入爲一類。上與平一也，去與入一也。』今試以《四子書》依《經字正蒙》一字數韻證之：

平聲轉去聲一百二十九字

親（親本平聲，親家之親去聲。）知先治其齊爲湯如文王磨磋忘聽猶間中胖聞敖長乘藏歸兄孫過離和行軀回難怨援徼妻思裁衣三陳喪昭經稱迎參將華凝敦繆幾相臨風潛輶傳觀遲勞張庭雍封疏輕鄉蕩深分空廷降當冠噫柴兼攘占論要防亢磷穿泥更量填斤田油牽供緣旄句徯膠讒賁汙裎沈留瞑横操輸浪膏收號諄懦淹摽盟鹽盎瀾茹旋題

平聲圈讀去（乘）［聲］最普通者：知先爲文中聞乘孫離和行難妻思衣三陳稱將華相勞鄉分當冠量田横，故知爲平聲所轉。又治，浪，水名；幾，微也；論，議也；要，古腰字；更，改也。句，古鉤字；號，呼也。本平聲字轉爲去聲，習俗圈平聲讀。誤，餘類推。

上聲轉去聲六十三字

道在善始後近下厚父與使好廣忿恐惰弟遠養從右左楚歛隱飲兩守悔語造似壽授取假比女禱請少澹濟枕仰罷袗坐選圃脛沮雨引苦轉解倒潦衍涕館鋪

入聲轉去聲三十三字

德作澳瑟樂惡食出暴足易畜北塞覆殺説復宿植術識積鑿屬蹶泄籍織契脅較炙

去聲轉平聲三十八字以下去聲所轉字，都可作轉去聲。

正信盛戲厭患教令喻鑒施獻燕重振望喻汎共勝夢縱鑽組便創訕應饜禁詖洚麗瞷禪井慶諛

去聲轉上聲二十字

上散斷放怒遯載樹去夏淡共處數舍飯盪被宴種

去聲轉入聲十六字

厭帥内悖害素射度蓋錯數畫愬揭囿旄

其餘圈讀之字，與去聲無關者，或去聲再圈讀去聲者八十四字

於平否不見著曾焉辟長夭葉倍叟毋亡若他俾唯夫率尼予期強且帑培省稟朝微卷純綸闇氏咎馮雅豈昔侗悾菲屏景折陶耆

荷陰某亟莞佛憮區卒彊招霓丁般委粥繁莅差繅咻蛇奄咽準庳囂錡姣滑提乾蠡

國音注音符號易知

ㄅ北　ㄆ迫　ㄇ墨　ㄈ佛　万物

ㄉ德　ㄊ特　ㄋ訥　ㄌ肋

ㄍ格　ㄎ客　兀額　ㄏ黑

ㄐ基　ㄑ欺　广尼　ㄒ希

ㄓ知　ㄔ癡　ㄕ詩　ㄖ日

ㄗ資　ㄘ雌　ㄙ思

以上聲母

ㄧ衣　ㄨ烏　ㄩ迂

ㄚ啊　ㄛ痾　ㄜ呃　ㄝ也之尾聲

ㄞ噯　ㄟ呃衣　ㄠ襖　ㄡ歐

ㄢ安　ㄣ恩　ㄤ昂、盎　ㄥ鞥，東之尾音　ㄦ兒

以上韻母。ㄧ、ㄨ、ㄩ本名介母，亦可作聲母用。

ㄧㄚ鴨　ㄧㄛ唷　ㄧㄝ耶、也　ㄧㄞ崖　ㄧㄠ腰　ㄧㄡ幽　ㄧㄢ煙　ㄧㄣ音　ㄧㄤ央　ㄧㄥ英

ㄨㄚ蛙　ㄨㄛ窩　ㄨㄞ歪、外　ㄨㄟ威　ㄨㄢ灣　ㄨㄣ温　ㄨㄤ汪　ㄨㄥ翁

ㄩㄝ月　ㄩㄢ淵　ㄩㄣ氳雲　ㄩㄥ雍

以上結合韻母

一、符號讀法，本須從師口授，方得準確。若無良師，宜各字精密辨別。如讀ㄓ、ㄔ、ㄕ、ㄖ，宜舌頭上捲，與ㄗ、ㄘ、ㄙ讀法有別。讀ㄢ、ㄣ音，甫出，即將舌抵上顎，使ㄢ、ㄤ有別，讀ㄧ齊齒，讀ㄩ撮口。

二、聲母ㄓ、ㄔ、ㄕ、ㄖ、ㄗ、ㄘ、ㄙ，及韻母，可獨立成音。其餘都須拼切。

三、切音法，必聲母在前，韻母在後，如ㄅㄚ切巴，ㄅㄛ切波，只須將二字母急讀，便可拼出。若三母切法，如ㄉㄨㄥ切東，須先將ㄨㄥ切翁，爲結合韻母，後再將ㄉ與ㄨㄥ切東。惟ㄧㄢ切煙，ㄧㄣ切音，ㄩㄢ切淵，ㄩㄣ切氳，略須注意。其餘銜口而出，即可得音，順自然也。

四、古法切音，如《字典》：東，德紅切，即急讀德紅二字，便可切出東字音矣。今國音切法，ㄉㄨㄥ切東，ㄉ讀德，ㄨㄥ讀翁，即急讀德、翁二字，便切出東字音矣。與古法脗合。惟古法間有不準確，今法皆準確也。由是ㄈㄨ切夫，ㄍㄞ切該，隨拈聲、韻二字母，即可拼成，故曰易知也。

五、凡切音練習，皆讀陰平，欲明五聲，須用聲調符號，陰平作一（可以不用），陽平作ˊ，上聲作ˇ，去聲作ˋ，入聲作丶，如欺ㄑㄧ、奇ㄑˊㄧ、啟ㄑˇㄧ、氣ㄑˋㄧ、喫ㄑ丶ㄧ，即將ˊ、ˇ、ˋ、丶表示陽平、上聲、去聲、入聲。ㄑㄧ旁無聲調符號者，即表示欺爲陰平也。今小學課本，注音不加聲調符號者，恐幼童不易明瞭五聲，其實欲注明聲調，音始準確。

五聲研究

我國字音分平上去入，由來已久。惟陰陽清濁，八聲七聲，分法不同。字之平仄，雖無殊異，語法高低，常不一致。初謂分南分北已耳，孰意南與南異，北與北異，南北或異而不異。蓋調查贛地，口語五聲，與北平同者，有數縣焉。可知贛南居民，皆由黄河流域，轉徙而來。時間雖久，遺韻猶存。茲將比較調查練習，列爲三表，肆習鑽研，特闢途徑，學者勿以其近而忽諸！

五聲比較表

五聲／音別	陰平	陽平	上	去	入
國音	輕而平	高而揚	強而曲	遠而墜	急而促
贛官音	平道莫低昂	重濁	高呼猛烈強	分明哀遠道	短促急收藏
贛南土語	同	重濁	似國音略高	似國音略高	短促

江西各縣五聲調查表

縣別	同某音或相近	特異點	發音人姓名住址
贛縣	贛官音	説話人入聲甚少，入聲字多轉去聲	著者
興國	同贛官音	有入聲	劉步升
信豐	同贛官音		羅蔭楨，城内人
龍南	同贛官音	惟去聲略平，有入聲	徐慶年
虔南	同贛官音	有入聲	陳嘉猷
定南	同贛南土音		黃輔廷
安遠	同贛南土音		歐陽海
尋鄔	同贛南土音		劉育英
雩都		陰平讀若官音之陽平，陽平同國音而略低，上、去、入同贛官音	易鎮寰
會昌	同國音	陽平略低，有入聲	謝民新
甯都	同國音	缺陽平，陽平上聲不分，但有時上聲讀略高	劉永蔚
瑞金	同國音	缺陽平，陽平讀上聲，有入聲	郭上堤

（續表）

縣别	同某音或相近	特異點	發音人姓名住址
石城		陽平同贛官音，略高；上、去不分，讀若贛音去聲；有入聲。	黄光瑶，城内人
上猶	同贛官音	入聲甚少，轉入各聲	曾珊
崇義	同贛官音	有入聲	黄德華
大庾	同贛南土音	惟去聲略低	温恭
南康	同國音（本地） 同贛南土音（客籍）	缺陽平，陽平讀上聲，入聲甚少（此指本地音説）	著者
安福	同贛官音		歐陽熚
萍鄉		陰平略重，陽平略似陰平，上、去、入同贛官音	陳啟癸
宜豐		陰平同，陽平同國音，去聲缺，讀同陽平，上聲略低	盧榮光
南昌	同國音	去聲略低，有入聲	郭家駿
奉新	同贛官音	陽平略高	閔頤萱
武寧	同贛南土音	去聲特高	郭元梁
瑞昌	同國音	陰平、陽平不甚分，陰平讀若陽平，無入聲	田汝梅，離城五里

說明

一、贛州官音，相傳由明代王守仁傳授，與浙江官話、四川官話大體相同，或可代表南方官音，在贛縣操官音者，惟城內及附郭而已。鄉間操贛南土音者，仍居多數。

二、北京音無入聲，南方官音有入聲，近世音學家所公認也。今調查贛縣所操之官音，入聲甚少，外縣土音，往往有入聲。蓋因入聲短促，話稍從容悠緩，便失其所以爲入矣。交通地方，話較柔軟，鄉僻地方，話較硬直。故贛南土音，多有入聲。

三、陰平，國音、贛官音、贛南土音高低相同。調查各縣，惟雩都、萍鄉、瑞昌讀法特別，可異也。陽平，國音提高，贛官音、贛南土音放（地）[低]。上、去，贛南土音與國音相近也。

四、雩都、石城音異各縣，其故或因雩都建邑甚古，或受古音異族方言之變化，石城位贛南道屬之東北隅。贛官音或是由北而南，贛土音或是由南而北。贛南民族由廣東轉徙而來者甚多。石城交通不便，故略異也。

五、贛南土音，與廣東嘉應州今改稱梅縣音最相近。南康客籍，凡由嘉應州遷徙而來者，皆操是音。其勢力之大，不但贛南屬縣，人人領解，即自遂川、萬安以及修水、武寧、南昌鄉間，皆甚相近。

六、南康話，大別可分二種：一本地聲，二廣老聲俗語。廣老聲，即所稱贛南土音，由嘉應遷來客籍，人口占南康多數。本地聲，即南康土著，現城區操是音。五音高低，與國音符合。回憶北京國語講習所，教授王蘊山先生所授五聲，亦覺陽平上聲不分。現中華書局國音留聲機片，王先生讀音，陽平、上聲，分明者固多，但亦有缺陽平者陽平讀上聲。可見缺陽平，爲京兆音之一種。南康建邑甚古，其音與北京音，有此類似，如讀手、繩、周等字更相近。實研究國音學之好材料也。

七、所謂同某音者，據五聲之高低而言也。若說話之語尾，以及字同而聲母韻母讀法不同者，所在多有。故雖同某音，而說話仍不相通，閱者幸勿誤會。

八、每縣土音，必在三、四種以上，茲所調查，以城區音爲準。

五聲練習

練習五聲，最感困難。科舉時，有功名關係，作詩又只限平仄，學者尚往往失黏，其難可知也。余近悟得一法：頗覺淺而妙，平而奇。法以各人説話之土音爲標準。無論何縣何音，其所具五聲，每極分明。蓋中國字，同音者多，若無五聲輔助，必易發生誤會。間有缺某音或有少數字音相混者，宜特別注意。今舉普通常説之字十餘音文言字，附後學者按照家鄉説話之土音，讀書之音，外鄉多誤。反覆唸熟。隨舉一字，能辨別爲某聲。後再唸準國音之高低。更細審土音某聲如何？國音某聲如何？心念念，口悱悱，久習自然，不覺脱口而出，真快事也！謂余不信，請嘗試之。余現依法教授，試驗成績甚好。

五聲練習表：（見下頁）

字母＼五聲	陰平	陽平	上聲	去聲	入聲
ㄕ	師獅詩屍	匙時	使屎史矢豕	世事勢始施使是莳	十失實識食飾室
ㄧ	衣依醫噫伊	姨夷宜遺儀疑移飴	椅倚以蟻矣	意易異義裔議藝肆	一亦億役抑揖易益
ㄨ	烏嗚鄔汙	吴吾梧無蜈誣	五伍侮武午鄔鵡	務惡戊汙悮霧鶩	屋物勿沃
ㄧㄚ	鴉丫	牙芽呀衙涯	亞雅	亞訝迓	壓押鴨軋擪
ㄆㄧ	披批砒丕	皮枇玭	庀圮	屁痞跛譬	匹劈辟僻闢
ㄑㄧ	欺溪谿	奇旗其期碁騎麒耆	啟起豈企稽	器契氣棄企	喫乞訖迄泣
ㄏㄨ	呼	壺胡湖糊狐鬍衚乎	户虎琥扈滬	戽互護	忽惚斛穫笏鶻
ㄙㄩ	須鬚需糈		壻醑鱮	序敘絮緒	戌恤衂續
ㄏㄛ	呵訶	何河荷和禾	荷	賀和	合喝曷盍壑鶴郃褐
ㄙㄧㄝ	些	斜邪	寫瀉灺	謝卸榭瀉	洩泄屑薛燮
ㄘㄞ	猜	才材纔財裁	采採彩睬跴	菜蔡采	
ㄧㄠ	腰要邀夭妖么	遥謠搖窯堯姚	舀夭咬齩	要曜耀樂	
ㄧㄡ	憂優幽黝	油由游尤郵	有友酉	又右佑幼	
ㄧㄢ	煙咽胭淹燕	簷鹽延言閻顔嚴沿	掩眼演衍兗	厭宴燕艷雁驗饜焰	
ㄑㄩㄢ	圈	拳權顴	犬畎	勸券	
ㄧㄣ	音陰殷慇因姻茵氤	寅婬淫銀齦吟夤	引飲尹隱癮	印蔭胤	
ㄈㄤ	方坊芳	房防魴	紡彷倣髣	放訪	
ㄊㄨㄥ	通恫痌侗	同童桐筒銅衕僮彤	桶	痛慟統	

附：六書轉注考

六書之轉注，古今聚訟，莫衷一是。竊謂：字學具有形聲誼三，轉注者，兼形聲誼三言之，而後轉注之義，無餘蘊矣。

許氏《説文敘》曰：『保氏教國子，先以六書，五曰轉注。轉注者，建類一首，同意相授，考老是也。』《説文》：轉，運也；注，灌也。

徐鍇曰：『轉注者，建類一首，同意相受。』謂老之別名有耆，有耋，有耇今作壽，有耄。又孝，子養老，是也。一首者，謂此孝等諸字，皆取類於老，則皆從老。若松柏等，皆木之別名，皆同受意於木，故皆從木。後皆像此轉注之。言若水之出源，分歧別派，爲江爲漢，各受其名。而本同主於一水也。又曰，散言之曰形聲，總言曰轉注，謂耆、耋、耄、壽皆老也。凡五字，試依《爾雅》之類言之：耆、耋、耄、壽，老也。又老、壽、耋、耄、耆，可同謂之老。老亦可同謂之耆。往來皆通，故曰轉注。此以形誼説轉注矣。

段玉裁曰：轉注，猶言互訓也。此戴震説，段引申之。注者，灌也，數字輾轉互相爲訓。如諸水相爲灌注。交輸互受也。轉注者，所以用指事、象形、形聲、會意四種文字者也。數字同義，則用此字可，用彼字亦可。漢以後釋經謂之注，出於此。建類一首，謂分立其義之類，而一其首，如《爾雅》第一條説始是也。同意相受，謂無慮諸字，意恉略同，義可互相灌注，而歸於一首。如初、哉、首、基、肇、祖、元、胎、俶、落、權輿，其於義或近或遠，皆可互相訓釋，而同謂之始，是也。獨言考、老，其顯明親切者也。老部曰：老者，考也；考者，老也。以考注老，以老注考，是之謂轉注。如人部，但，裼也；衣部，裼，但也。如裼、嬴、裎，皆曰但也。此若專以誼説轉注矣。

魏源曰：建類一首，謂以五百二十六部首，輾轉灌注於每部數百字數十字之中。故每部必曰：凡某之屬皆從某。許君自敘曰：『其建始也，立爲一端，方以類聚，物以羣分，同條牽屬，共理相貫，雜而不越，據形系聯，引而申之，以究萬原，畢終於亥，知化窮冥。』是許君自敘，一字不及於象形、會意、指事、假借，而惟以部類建首轉注，爲六書綱領。此反對段説，而專以形説轉注矣。

章炳麟曰：余以轉注、假借悉爲造字之則。蓋字孳乳寖多，字之未造，語言先之矣，以文字代語言，各循其聲。方語有殊，名義一也。其音或雙聲相轉，疊韻相迆，則爲更制一字，此所謂轉注也。孳乳日繁，即又爲之節制，故有意相引申，音相切合者，義雖少變，則不爲更制一字，此所謂假借也。何謂建類一首？類謂聲類。鄭君《周禮序》曰：『就其原文，字之聲類。』首者，今所謂語基。考、老同在幽部，其義相互容受，其音小變。按形體成枝別，審語言本同株。雖制殊文，其實公族也。非直考、老，言壽者亦同。循是以推，有雙聲者，有同音者，其條例不異，適舉考、老疊韻之字，以示一端，得包彼二者矣。凡同部之字，聲近義同，許君則聯舉其文，所以示轉注之微旨也。其他部居不同，若文不相次者，如士（如）[與]事、了與尥、倞與勍、辛與愆等，此類尤衆，在古一文而已。其後聲音小變，或有長言短言，判爲異字。而類未殊，亦皆轉注之例也。若夫畐、匍同在之部，用、庸同在東部，畫、挂同在支部，既、嘰泰、脂旁轉，匏、瓢幽、宵部轉，此於古語，皆爲一名，以音有小變，乃造殊字。此亦所謂轉注者也。其以雙聲相轉，一名一義，而孳乳爲二字者，尤彰灼易知。如屏與藩，亡與無，謀與謨，勉與懋慔。此皆訓詁皆同，而聲紐相轉，本爲一語之變，益粲然可覩矣。若是謂轉注，類謂聲類，不謂五百四十部也。首謂聲首，不謂凡某之屬皆從某也（以上節録《論衡》）。此專以音説轉注矣。

間常肈求古音，忽發見古無曉匣紐。凡曉匣紐字，古音讀見紐者其常，讀谿、羣、疑及他紐者，間一二見焉。準是原則，老當爲會意兼形聲字。當云從人毛匕，匕亦聲。蓋匕，呼跨切，曉母，今亦作化。化之古音，或讀囮、吪、訛、鈋，疑母。《總音》化音吪，《元包經》『羣類囮育』，『囮，化也』。《詩》『四國是吪』，『吪，化也』。《書》『平秩南訛』，『訛，化也』。以今新制字鋁、鎳、鎢等字推之：凡從某聲，字即讀某音。故知訛、化同音。又化之古音或讀過，見母。

《公羊·桓六年》『曷爲慢之，化我也』，注：『行過無禮謂之化，齊人語也。』又《哀六年》：『陳乞曰，「常之母，有魚菽之祭，願諸大夫之化我也。」』注：『化我，無禮相過之義。』《穀梁·桓六年》：『以其畫我，故簡言之。諸侯不以過相朝也。』注：『畫是相過。』觀此，《公羊》之『化』，《穀梁》作『畫』，化、畫、過，古當同音，相爲假借。後過、化、畫讀音不同，遂加以紛紛解釋也。今老字從匕得聲，假定老古讀爲槁，見母；匕，古讀過，過、槁雙聲，音最相近，或古音同。而後槁轉考音，則槁音之老，已無代表字，故制⿱耂高字，從蒿省聲，今作耄。又考音之老字，後復轉老音，則考音之老又無代表字，故制考字。其餘老部字：耋、耆、耇、⿱耂占、⿱耂𠷎（今作壽）孝，從至、旨、句、占、𠷎、子得音。皆可作從匕之音轉。周人深知古今方言轉注變化，而制字亦輾轉加多，故創爲義例——此種義例，以理推之，當爲國家制字法則——曰：轉注者，建類一首，同意相受；類者，種類、事類、義類。首者，字首。同意者，考、老意義同；相受者，考、⿱耂高皆受於老之字首。蓋既以事實要求而制一老字矣，其後復由語音轉變，爲考、爲老、爲壽，更不得不依事實要求，而添制⿱耂高、考、⿱耂𠷎等字。故老字之類以建，而老字之首以一。否則雜廁淆亂，厥誼不昭，而字學荒矣。故建老爲首，形也，老、考、⿱耂高、⿱耂𠷎皆一音之轉，聲也。老可訓考，訓⿱耂𠷎，⿱耂𠷎亦可訓老、考，誼也。故曰：兼形聲誼三言之，而後轉注之義，無餘蘊矣。

謂予不信，請更徵之現方言。愚嘗調查贛南呼母方言，得母、媽、嬷、㜷、她（讀也耶）、馳（音也）、𡟰姎（讀尢）、嫗她、媪威、丫姐、丫卲、哀老、嫩子等二十餘種。復證諸經史字書：《詩》『讀母爲米』，《韓非·儲説》『薄疑稱母爲嫗』，《淮南·説山訓》『西家子稱母曰社』，揚雄《方言》『南楚瀑洭之間，母謂之媓。』《説文》『母，莫后切』，『嫗，母也』，『姁，母也』，『姁，嫗也』，『姐，蜀謂母曰姐，讀若左；淮南謂之社，兹也切。』，『威，姑也』，『媞，江淮之間，謂母曰媞，承旨切』。張揖《廣雅》：『馳（子我切，于倚切），婢嬭（乃弟切，奴解切），母也。』《北齊書》太原王紹德稱母爲姊，姊（俗作姉），宋《廣韻》：『媽，母也，莫補切。』《集韻》：『吴俗呼母曰𡟰，彌計切。』李賀稱母曰㜷，民卑切。淮南呼母爲媣，而琰切。蘇軾《龍川雜誌》：『仁宗謂劉氏爲大孃孃。』明梅膺祚《字彙》：『俗呼母爲嬷嬷。』清《康熙字典》：『媽，俗讀若馬。』由是可知，母之一字，因古今四方音韻轉變，後人隨時制字以代表之，猶水之移轉灌注，隨地得名。但吾國民族，源于一祖，其聲音亦必一源。故其聲音轉移必有一定之天然規則。母、媽、嬷、㜷、𡟰，皆ㄇ音雙聲，而𡟰、嫗疊韻，嫗、馳、她、姐、姉、媞、社、邵皆古音雙聲。故同一呼母也。而語音轉變有二十餘種之多，而已造有字者，亦十餘字之多。若遵保氏轉注造字定例，則當建母爲類，而以母字爲字首，如毑。凡含有母意之字皆當從母字首，則一望而知爲各方呼母之字矣。但後之造字者，雖未依母首，而以女爲首。母，女也，於轉注之例無違。更可知保氏舉考、老爲轉注之例，有深意也。

而轉注之義，尚不止此。《説文》曰：『白，西方色也』，『皤，老人色也』，『皅，艸華之白也』，『帛，繒也』，『粕，糟粕酒滓也』。帛、粕皆白色，白、帛（白）同音，白、皤、皅雙聲。『皢，日之白。呼鳥切』『皠，鳥之白，胡沃切』，『皦，玉石之白也，古了切』，『皛，顯也，讀若皎，烏皎切』，『皚，霜雪之白，五來切』，『皙，人色白也。先擊切』，『𡧫，際見之白也，起戟切』。皖《廣韻》『明星也，户版切』，『臭，大白澤也，古老切』。此皆從白字首。推之，『顥，白首人也。商山四顥，今作皓，胡老切』，『晧，日出皃，胡老切』，『曉，明也，呼鳥切』，『䓒，葛屬白華，古勞切』。酵，《廣韻》『酒酵，古孝切』。皢、皠、皦、皛、臭、顥、皓、曉、䓒、酵皆同音。皙、𡧫皆皢等音轉。可知吾人稱白色，統以白或厂幺之音呼之。而制字者，以人之白，制皤、顥字；艸花之白，制皅、䓒字；日之白，制皢字；鳥之白，制皠字；澤之白，制臭字；天明之白，制曉字；酒醋粕之白，制粕字；酒發酵之白，制酵字。此非制字之轉注而何？或曰：『如所舉從白之字，可謂以白爲首矣。』從頁、日、艸、酉等字，非自亂其例乎？』曰：『從頁、日、艸、酉，則從頁、日、艸、酉字而一其首，又與頁、日、艸、酉同意矣。』此又轉注之一例也。

更舉香字證之。《説文》：『香，芳也。從黍，從甘。許良切。』香字從黍，本以黍字建首，今因馨、馥字既受香爲建首，故香取有建首之資格。《説文》：『馨，香之遠聞者。呼形切』。『馥，香氣芬馥也，房六切。又芳香草也，敷方切』。『薰，香艸也，許雲切』。『醺，醉也，許雲切』。徐曰：『飲有酒氣熏熏然』。『营，营藭，香艸。去弓切；藭，渠弓切。』『焄，香臭之氣也。許雲切』，『芬，草初生，其香分佈。撫文切』，『苾，馨香也。毗必切』，『薌，穀氣也。許良切』，『飶，食之香也。毗必切』，『皀，穀之馨香也。皮及切。又讀若香』，或謂皀即古香字。芳、香爲疊韻，芬、芳、皀、苾、飶、馥爲雙聲。香、馨、薰、营、藭亦爲雙聲。字書復有馛、馝、馡、馩等字，亦與芳、苾雙聲。以上例推之，吾人既呼香爲香或芬矣，後人復以黍香、穀香、食香、草香、香氣、香遠，紛紛制字。此類轉注難以枚舉也。

又《説文》：『百，頭也。書九切』。首，古文百。巛象髮；頁，頭也。胡結切，今音葉。『頭，首也。度侯切』。百、首、頭，本可統以百爲建首，今因各有屬受之字，分爲三建首。以愚所發現深喉、舌尖、舌葉、舌齒相通轉之例言之（見拙著《方言新考》），則百、首、頁、頭，古本一音。此足見以轉注之字限於許氏部首之未允矣。

雖然，此就形、音、誼三闕一不可之嚴格以説轉注矣。若各就形、音、誼之一義以言轉注，則徐鍇之説松柏等皆木之別名，皆同受意於木，故皆從木爲轉注形；與後人引申之説義誼；及倒人爲匕，反人爲匕之説形；皆與建類一首，同意相受之意義相合。似不可執此廢彼。故曰：轉注者，兼形、聲、誼三言之，而後轉［注］之義，無餘蘊矣。

或曰：『許敘云「分別部居，不相雜廁」，又云「其建首也，立一爲耑」。徐鍇曰「分部相從，自許始也。」章炳麟曰「由許瀚所説推之，轉注乃豫爲《説文》設。保氏教國子時，豈縣知千載後有五百四十部書耶」？然則建首分部，爲周以前成法乎？抑自許始乎？』曰：『以《説文》之有建首，無隸字揆之註一，似建首爲古人制字成法。故雖有部無字，許亦不敢擅並，以便後日按部孳乳增益也。蓋按形分部建首，一望而能，非有深奇奧義。古聖人既能仰觀俯察，發明文字矣，而謂依類按形續制之字，反不能分部類書？且時更數代，人歷五帝三王，必待數千年後，方有此分部之創始，有是理乎？如必謂，保氏以前，不知以字形建首，何所制之字，以形求之，皆有條不紊耶？又九千餘字，垂諸簡册，隨意書寫，凌亂雜遝，將何以教國子耶？故《説文》之始一終亥，分別部居，不相雜廁者，謂將前人原有之部分別次第。所謂據形系聯，又將部内同意義之字，聚居一處，所謂共理相貫。非必古無部類建首，而許氏創爲之。故《説文》之價值，其在博采通人，六藝群書之詁，皆訓其義意，理群類，解謬誤；而分別部居，不相雜廁，此整理之功，非甚難能也。』

綜之：兼形、聲、誼三，以言轉注。古有建首分部，其説固成立矣。即古無建首分部，其説亦可成立。蓋類者，種類、事類、義類。首者，字首。據，考老，母媽，馨香，頁首頭之義。故古今形聲誼之轉變，彰彰可攷，有如是者。

注：《説文》部首無隸屬字者，有三、凵、才、克、录、耑、丏、舄、易、莧、燕、率、幵、四、五、六、七、九、丙、丁、庚、辛、壬、癸、寅、卯、未、亥等二十八部。

又部首衹有一字隸屬，而可並他部者，如帀部衹一師字，帀爲例之，師可入𠂤部。后部衹一㖃字，司部衹一詞字，皆可並部。

附：贛南方言呼母考　民十八年講於省立三中校

今晚講題，爲《贛南方言呼母考》。贛南方言在本國方言裏頭，爲極小部分，呼母又爲極小部分之小部分。因此，小小問題，當這寒風凜凜的晚上，諸位先生、諸位同學居然喜歡來聽，我是很愉快、很欽佩的。今將所要講的，分爲五節，順次講演如下，希望大家指正。

一、贛南十七縣呼母異同調查表

贛縣	ㄥ媽　媪威　嬤嬤　嫗她	崇義	嬤　丫嬰　她
雩都	嬰　媪威　哀老	定南	哀老　母
興國	ㄥ媽　媪威	龍南	哀老
甯都	ㄥ媽　ㄥ嬰　嫗她	虔南	哀老
瑞金	ㄥ媽　嫩子	信豐	ㄥ媽
石城	ㄥ母母讀古音莫后切	南康	她　毑　丫姐　丫邵　丫　ㄨㄠ　嬰　⿰女迷　娘娘　嫩　ㄋㄝ　媖
會昌	ㄥ媽　烏威　媪ㄨㄠ　嬤　奶奶	大庾	毑　嫗她　烏ㄨㄠ
尋鄔	媽　嬰嬤　伯伯	上猶	嬰　母　丫娘　丫姐
安遠	媪威　哀　嬰	崇義	嬤　丫嬰　她

（表）注：每縣第一爲城内，餘爲鄉間。毑讀也；她讀耶；哀老之哀，讀龍南土音；嬭，民卑切，讀如每陰平；姐一讀若姊，一讀若ㄗㄧㄚ；姎讀ㄤ上聲；俗呼乳爲奶，又呼爲嫩，嫩借音。

二、歷代呼母之異同

唐虞以來

母莫后切，經典甚多，恐繁未引。毑姐古文，據《集韻》補入。她姐古文，據《玉篇》補入。恀《爾雅·釋言》：恀，恃怙也。晉郭璞注：「今江東呼母爲恀，恀音是。」【疏】《小雅·蓼莪》云：無父何怙，無母何恃。

周

《史記·趙世家》左師觸龍說太后曰：「媼之愛燕后，賢于長安君。」《韓非子·外儲說右上》：「薄疑稱母爲媼，稱女巫爲嫗。」注一

漢

《高祖本紀》「母曰劉媼……嘗從王媼武負貰酒……有一老嫗夜哭。」《漢書》注：「如淳曰「俗謂老大母爲阿負。」」師古曰：「《烈女傳》云，魏曲沃負者，魏大夫如耳之母也。古語謂老母爲負耳。」治案：古無輕唇音，負或即嫛字，嫛，今俗作婆漊。

《淮南子·說山訓》：東家母死，其子哭之不哀。西家子見之，歸謂其母曰：「社，何愛速死，吾必哀哭。社！」即呼母爲社也。

《漢書·嚴延年傳》：「延年兄弟五人，皆大官，母號萬石嫗。」

揚雄《方言》卷六云：「南楚瀑洭之間，母謂之媓。」洭水在桂陽，今湖南郴縣。

許慎《說文解字》：母，牧也，莫后切；嫗，母也，衣遇切；媼，女老稱也，讀若奥；㚷，嫗也，况羽切；姐，蜀謂母曰姐，讀若左，淮南謂之社，兹也切；姑，大母也，古胡切；威，姑也，於非切；妣，殁母也，卑履切；媞，諦也，一曰江淮之間，謂母曰媞，承旨切；媨，醜也，一曰老嫗也，讀若蹴。《廣韻》醜，老嫗貌。按：恀媞同音。

張揖《廣雅》媓皇、妣、毑子我切、於倚切、婢畢、嬭乃弟切、奴解切、媼、姐即毑字，母也。

南北朝

《木蘭詞》：不聞（耶）［爺］孃喚女聲，但聞河水鳴濺濺。孃俗作娘。《北齊書·文宣李后傳》：太原王紹德稱母爲姊姊注二，姊俗作姉。閻姬《與子宇文護書》云：『汝等三人，並呼吾作阿摩敦。』注：『阿摩敦，猶言阿母也。』又宇文護《報母書》云：『摩敦四姑，並許矜放。』治案：摩嬷音同，敦爲語尾，敦得音近，猶呼母爲阿嬷得也注三。

唐

李賀稱母曰嬭民卑切，見《集韻》。

宋

《廣韻》：媽，母也，莫補切案：與今之母音同。

《集韻》：㜷彌計切。吳，俗呼母曰㜷 媣而琰切，淮南呼母爲媣，見《淵鑑彙函》。

蘇軾《龍川雜誌》：仁宗謂劉氏爲大孃孃，楊氏爲小孃孃。

明

梅膺祚《字彙》：嬤忙果切，俗呼母爲嬤嬤，亦作麽。

清

《康熙字典》：媽，俗讀若馬，平聲，稱母曰媽。

三、古今呼母之比較

贛南方言調查，除重複不計外，共有二十二種。歷代除重複不計外，共有二十字。又古文二字。母字讀二種音。嬭字讀二種音。古有而贛南無者：有姁，乃弟切之妳，媣，社，姑、婢、媞、媓八字。贛南有而古無者：有嫩、ㄋㄝ、媪ㄨㄠ、ㄚㄨㄠ、哀、哀老、ㄚ紹、姎八種。有可會合者：奶即奴解切之嬭，媪威、嫗她是二字合稱，姉即姐，婢、妣或即一字。

四、呼母之變遷

變遷之原因，可分爲二：第一，生理變化，即發音機變化。如古無麻音，媽古讀爲母。古泥、娘、日不分，乳當讀奶、嬭。古無舌上音，媞、社、邵皆禪母，當爲嬭音之轉。古無曉匣紐（見拙攷），故媓之古音，或作姎、娘。第二，人爲變化。又分爲三：

甲，遷徙。贛南民族皆由黄河南北遷來，經一次遷徙，語言必因環境而生變化。

乙，婚嫁。兒隨母話，最易改變語言。漸變，則一言半語，人每不覺。全變，則一家一族，人所易知。

丙，社交。凡社交往來，彼此言語，易生影響。遠客他鄉，變化猶顯。即近日贛城官音，似有變化傾向。其故由於贛縣人外遊而歸，不願純操贛音也。茲以上項理由，列變化統系表如次：

母ㄇㄡ—母ㄇㄨ—　　媽ㄇㄚ—嬤ㄇㄛ—⿱要女ㄇㄟ—⿰女迷ㄇㄧ

嫗ㄧ—毑ㄧ—她ㄧㄝ—嫗ㄧ、她ㄧㄚ—姐ㄗㄧㄝ—姊ㄗㄧ

嫗ㄧ—她ㄧ—媞ㄕ—社ㄕㄝ—邵ㄕㄠ［注］（嫗今讀ㄩ。古無撮口呼，當讀ㄧ。ㄧ轉ㄕ。見上通轉表。）

嫗ㄧ—嬭ㄋㄧ—奶ㄋㄞ—媣ㄋㄧㄢ—嫩ㄋㄣ—ㄋㄝ

嫗—威ㄨㄟ—哀ㄞ——哀老

媪ㄠ—媪威—媪ㄨㄠ—ㄚㄨㄠ

姎ㄤ—媓ㄏㄨㄤ—孃ㄬㄧㄤ

上表再要説明的：社，方音讀若沙之上聲，與邵音最相近。但贛南邵、嫂音同，遂誤呼母爲嫂。不知即淮南呼母之社也。黄，南康本地音讀若ㄤ之土音，黄ㄏㄨㄤ媓ㄏㄨㄤ同音，或者古音呼母爲姎ㄤ——即媓ㄤ。再由姎ㄤ轉爲媓ㄤ、孃ㄬㄧㄤ。哀從口聲衣聲，偯，從哀聲，今讀若衣之上聲。故哀爲嫗之轉，音理很可能。遺ㄧ字一讀若爲ㄨㄟ，尉ㄨㄟ字一讀若玉ㄩ。故嫗ㄩ可轉威。又由ㄧ轉ㄋ，轉ㄕ，很多證據。我後日當另爲證明，今未繁敘（參攷前通轉表）。

五、結論

由上所述，可得幾個結論：第一，無論何處方言，有此言即有此字。無字之音，即有字之音所變。第二，凡一義數位的，皆由方言不同。音有輾轉變遷，後人即隨音制字。所謂『其後形聲相益，謂之字。字者，孳乳而寖多也』。第三，《説文》九千餘字，《康熙字典》四萬餘字，近有人主張，把這些不常用的廢去。今由贛南方言考察起來，最僻的字都有這種方言，還要嫌《字典》的字不夠用，何可鹵莽廢去？致礙文化進步。末了，還有一句話，貢獻諸學友。就是凡百學問，都要實地去考察，專靠書本，是不能算學問。未識諸君以爲何如？

注一：《韓非子·外儲説右上》云：……而皆有薄媪之決蔡嫗也……一曰，衛君之晉，謂薄疑曰：『吾欲與之偕行。』薄疑曰：『媪也在中，請歸，與媪計之。』

注二：《北齊書》卷九《文宣李后傳》：后有娠，太原王紹德（即后的子）至閤不得見，慍曰：『兒豈不知耶？姊姊腹大，故不見兒。』

注三：宇文護，北周太祖宇文泰之姪，孝閔帝受魏禪，以護爲太冢宰。先是，護母閻姬與皇帝四姑等，並没在齊，皆被幽縶。護居宰相，遣使尋求。此當時書也。

南康古語考

謝震孚

自叙

吾國幅員遼闊，南北語言，每因風土之不同而懸殊。甚至同縣之内，語言迥異。故管子云：『五方之民，其聲之清濁高下，各象其川原泉壤深淺廣狹而生。』由是推之，語言分歧，隨自然環境而變化者也。語言既殊，故一字數義，一物數名。方音繁雜，殊語日增。有義同而言異者，有言一而音同者，皆方言變異之所致也。夫揚子之作《方言》也，掇先代遺言，釋殊方絶語。雖語一字殊，物同名别，然字形稍歧，字音近矣。世易時移，語言嬗變，難有定型。僅藉文字記載，語焉不詳，必有賴於方言。蓋文字本於語言，而今之語言，或可證古語，間有傳述之所未及，載籍之所未詳，則必探源溯流，窮其通轉也。

南康位於江西南部，邊遠之區也。以崇山峻嶺梗阻，交通不便，居民質樸，習俗猶存古風。語言多保持其固有，往往間存古語。故窮鄉宿老，囿於鄉音，而語不失方，轉與古語合。或音稍異，亦近于古，或爲一聲之轉，或爲一韻之轉。究其通轉之則，以求其實證，探討根源，使之返本復始，由是可察古今聲韻變化，得其會通也。觸類而引申，知今言可通古語，而古語亦可證今言。古語因今言而通，今言因古語而明矣。此古語之所以探求者焉。

孚生於僻鄙小邑，雖鄉音日聞於耳，熟誌於心，而孤陋寡聞，於聲韻一道，素養未深，及壯，負笈北遊，得良師益友指導，从事研求古音，並搜討吾邑語言中之存古語者，稍加詮次，名曰『南康古語考』。

時中華民國二十有二年五月，南康謝震孚誌于北平中法大學文學院

凡例

一古音、古義以《爾雅》《説文》《廣韻》等書爲證；

一南康古語不見於經典中者，則以周秦諸子，楚辭、漢賦及史籍而考定之；

一南康古語有與《方言》《新方言》不謀而合者，間有采入；

一劉熙《釋名》爲漢代正音，而漢近古，多存其舊。與南康古語合者，采其聲訓；

一錢竹汀先生『古無輕唇音』，在南康語言中可以證明者，録之；

一章太炎先生『娘日歸泥説』，在南康語言中足資證明者，録之；

一古音聲紐、韻部，一以本師黄季剛先生考定之十九紐、二十八部爲準則；

一以今言證古語；

一排列，以筆劃繁簡而定次序，不再另分章節；

一斯篇始于中華民國二十二年夏月，迄今已閲八載，其間因環境之變遷，人事之紛擾，雖略有補訂，自審學識淺陋，疏遺舛錯，奚敢以云著述耶？倘希海内君子，有以教之，是幸！

中華民國三十年雙十節之前夕，震孚補誌於唐江寓廬

南康古語考 謝震孚蔚生述

一介

《方言》曰：『介，特也。物無耦曰特，獸無耦曰介。』南康謂『一個』曰『一介』，或寫作『一个』。《孟子》：『一介不以與人』，『一介不以取諸人。』《左傳》：『又弱一個焉。』按：介、个古通。介，古拜切，見母；箇，古賀切，亦見母。《方言》曰：『箇，枚也。』介、箇雙聲也。南康謂一個爲一介，一聲之轉，更可知其爲古義也。

人

《説文》曰：『人，如鄰切。』《廣韻》同，如鄰切，日母。南康讀若寧。按：寧，《廣韻》奴丁切，泥母。泥母屬古紐，證以娘日歸泥説，可知讀若寧爲古音也，明矣。

八開

《説文》曰：『八，别也，象分别相背之形。博拔切。』南康謂物分開爲八開，音同，古義也。

了

《廣韻》曰：『了，慧也，訖也。盧鳥切。』《方言》曰：『了，快也，秦曰了。』南康謂工作之餘休息時爲了，讀若聊，一音之轉。

按：了，有訖義，則有畢義，引申有休息之義也。

已

《爾雅·釋詁》曰：『已，此也。』《廣韻》曰：『已，止也，此也。』南康有謂此爲已者，古義也。

日

《廣韻》曰：『日，人質切。』日母，南康讀同泥母字，古音也。

按：南康讀娘母、日母皆同泥母，不另舉例以説明也。

毛

《新方言》曰：『毛，無也。』《漢書·功臣表序》云，『靡有孑遺，秏矣。』孟康曰：『秏，音毛。』師古曰：『今俗語猶謂無爲毛。』《後漢書·馮衍傳》云：『饑者毛食。』注云：『按衍集毛字作無。』南康謂無曰毛，猶爲重唇音，古音也。

爪袖

《新方言》曰：『今衣工謂袂端接袖爲爪袖。』《釋名》曰：『爪，紹也，筋極爲爪，紹續指端也。』古音爪、紹同。南康亦謂爪袖，爪或作找。

曰

《説文》曰：『曰，詞也。王伐切。』南康謂『説話』爲『曰』，讀與《説文》音同。

火計

《新方言》曰：『朋輩謂之火計。』南康謂合夥經營，或合作其他企業者，曰火計。

按：與北方所謂雇工爲夥計者不同。

又按：元魏時，軍人同食者，稱火計。漢時吏民被徵，詣長安者，令與計偕，故今合語火計。

父

《廣韻》曰：『父，扶雨切。』扶屬奉母，爲輕唇音。南康呼父若『巴巴』，猶爲重唇音也。

母

《釋名》曰：『母，冒也。含生己也。』《廣韻》曰：『莫厚切。』南康有呼母爲嬤者，嬤爲媽之轉音。故母、嬤、媽三字，一聲之轉。

禾

《說文》曰：『禾，嘉穀也。以二月始生，八月而孰，得之中和，故謂禾。从木，象其穗。户戈切。』《廣韻》同。南康謂稻之苗曰禾，讀如渦，聲之轉也。

冎

《說文》曰：『冎，剔骨之殘也，从半冎，讀若櫱岸之櫱。』南康謂居心不良之人爲冎，讀如外之平聲，與古音相近。

疒

《說文》曰：「疒，倚也。人有疾痛也，像倚箸之形。女戹切。」《廣韻》同。南康謂疲倦爲疒，讀如泥鴉切，音之轉也。

叫

《說文》曰：「叫，嘑也。从口，丩聲。古弔切。」《方言》曰：「啼極無聲，楚謂之噭咷。」按：噭，《廣韻》曰：「古弔切。」與叫音同。「昭二十五年」《公羊傳》曰：「昭公於是噭然而哭。」注：「噭，哭聲皃。」《禮記·曲禮》曰：「毋噭應。」鄭康成曰：「噭，號呼之聲也。」疏云：「噭，謂聲響高急如叫之號呼也。」南康謂哭爲叫，叫有哭義，則謂叫爲哭，古義也。

先

《漢書》曰：「叔孫先非不忠也。」師古曰：「先，猶言先生也。」南康称先生爲先，是古義矣。

叿

《廣韻》曰：「叿叿，市人聲，呼東切。」南康謂人聲嘈雜爲叿叿響，音與《廣韻》同。

扛

《說文》曰：「扛，橫關對舉也。从手，工聲。古雙切。」《史記·項羽本紀》曰：「籍長八尺餘，力能扛鼎。」南康謂二人擡一物曰扛，與《說文》同。

囟

《説文》曰：『囟，頭會腦蓋也。息進切。』南康謂嬰兒腦蓋爲腦囟，音與《説文》同。

多謝

《説文》曰：『謝，辤去也。从言射聲。辭夜切。』段氏注曰：『辤，不受也。』《楚辭・九章》曰：『願歲并謝與長友兮。』注曰：『謝，去也。』《禮記・曲禮》曰：『大夫七十而致事，若不得謝，則必賜之几杖。』疏：『謝，猶聽也。陳澔曰：君不許其致事也。如辭謝、代謝，皆却而退去之義。』《漢書・陳餘傳》曰：『廝養卒謝其舍。』晉灼注曰：『以辭相告曰謝。』又《張安世傳》曰：『安世嘗有引薦，其人來謝，安世以爲舉賢達能，豈有私謝邪？』此謂拜賜曰謝也。《漢書・趙廣漢傳》曰：『至府爲我多謝問趙君。』師古曰：『多，厚也。若今言千萬問訊矣。』南康謂道謝而致其鄭重之意，曰多謝，讀謝如相。

按：謝，《説文》辭夜切，斜母。讀如相之相，《説文》思良切，心母。古無斜母，當以心母爲古音也。

合䥅

《新方言》曰：『《説文》䥅，兼有也，讀若聾。兼有，謂兼并而有之，故今稱二物合并爲䥅，讀如隴，俗作攏。』南康謂二物合并爲合䥅，音與《説文》同。

帆

《釋名》曰：『帆，汎也。隨風張幔曰帆，使舟疾汎汎然也。』《廣韻》曰：『帆，船上幔，符咸切。』南康謂帆爲風篷。

按：帆，符咸切，奉母；篷，薄紅切，並母，古無輕脣音，當以帆讀作篷爲古音也。

耒

《説文》曰：『耒，耕田曲木也，从木，推丰，盧對切。』《易·繫辭》曰：『揉木爲耒。』南康謂犁爲耒，古義也。讀如雷，一聲之轉。

走

《説文》曰：『走，趨也。从夭止，夭者，屈也。子狗切。』《釋名》曰：『徐行曰步，疾行曰趨，疾趨曰走。走，奏也，促有所奏止也。』南康謂行曰走，亦音同。

延

《説文》曰：『延，安步延延也，从廴止。丑連切。』《廣韻》同。南康謂行不快曰延。

克

《説文》曰：『克，肩也。苦得切。』徐鍇曰：『肩，任也。任者，又有負荷之名也。能勝任此物謂之克也。』南康謂肩挑爲克，音揩，古義也。

扶起

《説文》曰：『扶，左也。从手夫聲。防無切。』

按：左，《説文》曰：『左，手相助也』。南康謂『扶起』讀爲『匍起』。

又按：扶，防無切，奉母，輕唇音，讀扶爲匍，匍，薄胡切，並母，重唇音。古讀輕唇音爲重唇音，讀扶如匍，其爲古音也，無疑矣。

㔶

方音謂躲匿爲㔶。《説文》曰：『㔶，側逃也，从匸，丙聲。盧候切。』大徐云：『當是从内，會意。傳寫之誤。』段玉裁注《説文》，依《玉篇》改『側逃』爲『側㔶』，謂《玉篇》又作『陋』，是知『側㔶』即《堯典》之『側陋』，謂隱藏不出者也。並舉从谷部之㕯聲，艸部茵，从㕯聲，而讀若陸，陸與漏聲相近爲據。

按：大徐與段氏，均未諳許叔重从丙得聲之恉。且段氏以㔶訓㔶，使人莫得其解。南康謂躲避隱藏爲㔶，讀博漾切，則《説文》从丙聲可知，亦與許叔重之恉合矣。

把

《爾雅·釋詁》曰：『畀，賜也。』陸讀必寐反。南康謂以物畀人爲把。

按：畀，非母；把，幫母，古讀輕唇如重唇。把爲畀之聲轉，古音也。

我

《説文》曰：『我，施身自謂也。』南康謂我爲卬，讀額哀切。

尋《説文》：『卬，我也。』《爾雅》曰：『卬，我也。』郭注云：『卬，猶姎也。』《詩·邶風》曰：『卬須我友。』疏：『卬，猶姎，女人稱我爲姎。由其語轉，故曰卬。』

我讀如額哀切，音之轉也。

玩

《説文》曰：『玩，弄也。从玉元聲。五换切。』南康謂玩爲攪，讀若告。

按：《説文》曰：『攪，亂也，从手，覺聲。古巧切。』《詩·小雅》云：『祇攪我心。』足證謂玩爲攪，讀如告，古音也，亦古義也。

炙

《説文》曰：『炙，炮肉也。从肉，在火上。之石切。』《詩・小雅・瓠葉》傳：『炕火曰炙。』《正義》云：『炕，舉也。謂以物貫之，而舉於火上以炙之。』

按：炕，古當作抗。《説文》曰：『扛，扞也。』《廣韻》曰：『抗，舉也。』由此引申，以火取煖爲炙，有抗禦寒氣侵人之意。故南康謂天寒以火取暖爲炙，音隻，古義也。

佻

《方言》曰：『佻，抗縣也。燕趙之間曰佻；又懸物於臺之上曰佻。』注云：『丁了反。』南康音雕，謂物孤懸無依曰聊聊佻佻。

咄

《説文》曰：『咄，相謂也。从口，出聲。當没切。』《廣韻》云：『呵也。』《漢書・東方朔傳》曰：『朔笑之曰：「咄」。』師古曰：『咄，叱咄之聲也。』南康呼人有猝乍相驚之意曰咄，音特。

按：咄，今音啜，古音之變也；音特，古音也。特與咄，一聲之轉也。

虹

《説文》曰：『虹，螮蝀也。狀似蟲，从虫，工聲。户工切。』《明堂月令》曰：『季春虹始見，孟冬虹藏不見。』《廣韻》曰：『虹，户工切，又古巷切。』《釋文》引《字林》『工弄切』，又引陳國武『古巷反』，郭音講。南康音如降，是知古巷切爲古音也。

奔

《廣韻》曰：「奔，走也。博昆切。」《釋名》曰：「奔，變也。有急變奔赴之也。」南康讀奔如波，奔、波，一聲之轉也。

衍

《説文》曰：「衍，水朝宗於海，从水行。以淺切。」《廣韻》曰：「衍，水溢也。」由是引申，有溢出之義。南康謂以器盛水溢出爲衍，音演。衍、溢，一聲之轉也。

洋

《爾雅·釋詁》曰：「洋，多也。」《毛詩·衛風》傳曰：「洋洋，盛大也。」《魯頌》傳曰：「洋洋，衆多也。」南康謂市鎮往來人衆而擁擠曰洋，音様。

拱

拱，《説文》作廾，「竦手也。居竦切」。段氏按：「此字謂竦其兩手以有所奉也。」南康謂拱手曰打拱。拱讀若警，與今音異。

弇

《説文》曰：「弇，蓋也。从廾合聲。古南切。」《爾雅·釋言》曰：「弇，蓋也。」南康謂覆蓋爲弇，讀若瑰，與古南切相近，聲之轉也。

挖

挖不見於《説文》，後起之字。考其偏旁空，《説文》曰：「空，空也。从穴乙聲。烏黠切。」空與挖爲古今字，南康謂挖爲烏八切，一音之轉。

食

《釋名》曰：「食，殖也。所以自生殖也。」《方言》曰：「噬，食也。」南康謂飲食曰食，或曰噬。按：噬，時制切；食，乘力切，一音之轉也。

屐

《説文》曰：「屐，屩也，从履省，支聲。奇逆切。」《釋名》曰：「屐，搘也。爲兩足搘以踐泥也。」南康謂雨天所穿之履爲屐。

敆

《説文》曰：「敆，會合，从攴合，合亦聲。古沓切。」南康謂金屬合成一片曰敆，讀若甲。

勑

《説文》曰：「勑，勞也。洛代切。」《孟子》曰：「放勳曰：『勞之來之』。」來即勑之省。南康謂工作後身體困倦爲勑，音與《説文》同。

鬼

《說文》曰：『人之所歸爲鬼。从儿，由象鬼頭。从厶，鬼陰氣賊害，故从厶。居偉切。』南康讀鬼若舉，音之轉也。

舀

《新方言》曰：『《說文》：「舀，抒臼也。以沼切」。今謂以器抒水爲舀水。』南康音義皆同。

豺

《說文》曰：『豺，狼屬，狗聲。从豸，才聲。士皆切。』《爾雅・釋獸》曰：『豺，狗足。』郭注云：『脚似狗。』南康稱豺爲豺狗，本此義也，音儕。

茦

《說文》曰：『茦，莿也，从艸朿聲。楚革切。』《爾雅・釋草》曰：『茦，刺也。』郭注云：『草刺針也。』《方言》曰：『凡草木刺人，北燕朝鮮之間謂之茦，或謂之壯；自關而東，或謂之梗，或謂之劌；自關而西，謂之刺；江湘之間謂之棘。』南康讀茦若勒，音之轉也。

耘

耘，《說文》作䡝，『除苗間草也，从耒，員聲。羽文切』。《詩・小雅》曰：『適彼南畝，或耘或耔。』傳云：『耘，除草也。』南康音義俱同。

逢

《説文》曰：『逢，遇也。从辵，夆聲。符容切。』《廣韻》曰：『逢，值也，迎也。』《新方言》曰：『《説文》云：「𩯁，䰍也。䰍，忽見也」。𩯁，蒲浪切，今人謂忽見爲𩯁著，俗作碰。』南康謂相遇曰逢，音碰。

按：逢，符容切，奉母，輕脣音也；音碰，並母，重脣音也。古無輕脣音，當以讀重脣音爲古音也。

逗

《説文》：『逗，止也。从辵，豆聲。』田候切。《廣韻》曰：『逗，逗留也。又往也，止也。』南康謂工餘稍事休息爲逗，音亦同。

按，逗，《説文》『止也』，《廣韻》『止也，往也』，皆有休止之義。據此，謂逗爲休息，其爲古義也，明矣。

晏

《儀禮・士相見禮》曰：『問日之早晏。』《離騷》曰：『及年歲之未晏兮。』《淮南子・天文訓》曰：『日至於桑野，是謂晏食。』晏，皆訓晚義。《廣韻》曰：『晏，晚也。』南康謂日已中爲晏晝，晏讀若昂。

按：晏、晚一聲之轉也。

混帳

《新方言》曰：『《左傳》渾敦，杜解謂不開通之皃。《莊子》云：「中央之神名混沌，無七竅」。亦此義也。今音轉謂人不開通者爲昏蚉。』南康謂之混帳。

按：昏、混音近；蚉、帳叠韻相轉也。

啜

《説文》曰：『啜，嘗也。从口，叕聲。昌説切。』《爾雅·釋詁》曰：『啜，茹也。』郭注曰：『啜者拾食。』《釋名》曰：『啜，絶也。乍啜而絶於口也。』南康謂獨酌爲啜，讀若朵之入聲。

舂

《説文》曰：『舂，擣粟也，从収，持杵以臨臼，杵省。書容切。』《釋名》曰：『舂，撞也。』南康以杵舂物爲舂，音與《説文》相同。

捼

《説文》曰：『捼，摧也。一曰，兩手相切摩也。奴委切。』《廣韻》曰：『捼，莏也。』南康謂搓爲捼，音挪。按：捼，从委得聲，音挪，由歌韻變同戈韻也。

覔諞

《新方言》曰：『《方言》曰：「䚄，慧也」。郭璞曰：「今名黠鬼䚄」。《説文》曰：「諞，便巧言也」。今通謂善欺者爲諞子，亦曰䚄諞。』䚄讀若覔。南康謂播弄巧言欺人者爲覔諞。

鳥

《説文》曰：『鳥，長尾禽之總名也。象形，鳥之足似匕，从匕。都了切。』南康讀若雕，與都（了）切相近，古音也。

梂

《説文》曰：『梂，櫟實，一曰鑿首。从木，求聲。巨鳩切。』《爾雅·釋木》曰：『櫟，其實梂。』郭注曰：『有梂彙自裹。』《詩·秦風》云：『山有苞櫟。』陸機疏曰：『秦人謂柞櫟爲櫟，河内人謂木蓼爲櫟，椒榝之屬也。其子房生爲梂。木蓼子亦房生。故説者或曰柞櫟，或曰木蓼。』《釋文》引舍人云：『櫟實名梂。』南康謂木質堅硬似紫檀之樹爲梂樹。梂讀若求，或以櫟樹之實而得名也。

望

《説文》曰：『望，出亡在外，望其還也。从亡朢省聲。巫放切。』《釋名》曰：『望，惘也。視遠惘惘也。』《廣韻》曰：『看，望也。』南康有謂看爲望者，如言希望，皆讀若莽之平聲。

按：望，微母，讀若莽，明母。古無輕唇音，讀若莽，猶爲重唇音，古音也。

崽

《廣韻》曰：『崽，呼彼之稱，又自高而侮人也。山佳切，又士皆切。』《方言》曰：『江湘之間凡言是子謂之崽。』南康有謂子爲崽者，讀若者。

黃鶯

《爾雅·釋鳥》曰：『鵹黃，楚雀。』按：鵹黃，一名倉庚，一名楚雀，一名黃鳥，一名黃鸝，即鶯也。《説文》曰：『鶯，鳥也。』南康謂黃鶯爲黃竹鴿，或稱黃金鳥。鸝、鴿雙聲，鶯、鴿疊韻也。

晡

晡，不見於《説文》，《廣韻》曰：『晡，申時，博孤切。』《淮南子・天文訓》曰：『日至於悲谷，是謂晡時。』《新方言》曰：『餔，日加申時食也。因謂日加申爲餔，字變作晡。』南康謂夜間爲夜晡，音同《廣韻》。

細伢

《新方言》曰：『萌牙，始之義也。古衹作牙。《後漢書・崔駰傳》云：「甘羅童牙而報趙」。注：「童牙，謂幼小也」。芽變爲伢，故有謂小兒爲小伢。』

按：芽之變伢，猶因根荄而造孩字。南康謂小兒爲細伢，伢讀若岩。

揖

《説文》曰：『揖，攘也。从手，咠聲。一曰手著胷曰揖，伊入切。』南康謂揖爲唱揶。

按：揶，《廣韻》作擨，『擨歈，舉手相弄也』。《後漢書》曰：『市人皆大笑，舉手揶揄之』。揖、揶，一聲之轉也。

敦

《爾雅・釋丘》曰：『丘，一成爲敦丘。』郭注曰：『江東呼地高堆爲敦。』《廣韻》曰：『都昆切。』南康讀若堆，音之轉也。

剴

《説文》曰：『剴，大鐮也。一曰摩也。从刀，豈聲。五來切，又古愛切。』南康謂輕摩爲剴，剴，古愛切。

孱頭

《説文》曰：『孨，謹也，从三子。』相承以孱爲之。《廣韻》：『孱，劣皃；又不肖也。士山切，又士連切。』《新方言》曰：『今謂下劣怯弱爲孱頭。』段玉裁謂《大戴禮》曰『博學而孱守之』，正謂謹也。引申之義为弱小。《漢書·張耳傳》曰：『吾王孱王也。』韋昭曰：『仁謹皃。』孟康曰：『冀州之人，謂愞弱爲孱。』南康謂舉動不合情理者，謂之孱頭。孱音殘，音之轉也。

斑鳩

《爾雅·釋鳥》曰：『鳲鳩，鴶鵴。』郭注曰：『今之布穀也，江東呼爲穫穀。』《方言》曰：『布穀，自關東西，梁楚之間，謂之結誥。』《六書故》曰：『其聲若布穀，故謂之布穀。』又謂之勃姑，又謂之步姑，音之轉也。南康謂之步姑，布穀之音轉。又謂之斑勾，或稱斑鳩。斑與布，勾與鳩，皆一聲之轉。

蛭

《爾雅·釋魚》曰：『蛭，蟣。』郭注曰：『江東呼水中蛭蟲入人肉者曰蟣。』《本草》云：『水蛭，一名蚑。』唐注：『一名馬蜞。』《釋文》亦名『馬耆』。南康稱水蛭爲馬囊蜞。

萍

《爾雅·釋草》曰：『苹蓱，其大者曰蘋。』郭注云：『水中浮蓱，江東謂之薸，音瓢。』《説文》曰：『苹，蓱也，無根浮水而生者。』《吕氏春秋·季春紀》注曰：『萍，水藻也。』《淮南子·墜形篇》曰：『容華生蔈，蔈生蘋藻。』高誘注曰：『蔈，爲無根水中草。』

按：蔈，即薸也。故苹、蓱、薸、蔈、藻、蘋，皆一聲之轉。南康謂萍爲薸，音瓢。

覃

《說文》曰：「覃，長味也。从𣆪，鹹省聲。徒含切。」《詩》云：「實覃實吁。」傳曰：「覃，長也。」引申有伸長之義。《廣韻》曰：「覃，及也，延也。」《詩·葛覃》傳曰：「覃，延也。」南康謂草木蔓延曰覃，古義也。覃讀若探，音之轉也。

粟

《說文》曰：「粟，嘉穀實也。从卤，从米。孔子曰：粟之爲言續也。相玉切。」《爾雅·釋草》曰：「粢稷衆秫。」郭注曰：「今江東人呼粟爲粢。」又曰：「秫，黏粟也。」《左傳·桓公二年》「正義」引舍人曰：「粢，一名稷，稷，粟也。」《說文》曰：「秫，稷之黏者。」《齊民要術》引孫炎曰：「秫，黏粟也。」

按：粟本諸穀之總名。南康粟之種類：有穄米粟、高粱粟、包粟、糯米粟等，皆統名之曰粟，音與《說文》同。

蛙

蛙，《說文》作「鼃」，「蝦蟆屬，从黽，圭聲。烏媧切」。南康讀若乖。

按：蛙，由歌韻變同佳韻，讀若乖之乖，由歌韻變同皆韻。由是可知讀若乖爲古音。段玉裁亦謂當音乖也。

街

《說文》曰：「街，四通道也，从行，圭聲。古膎切。」《廣韻》曰：「道也，古膎切，又古諧切。」《風俗通》曰：「街，攜也，離也，四出之路，攜離而別也。」南康讀街爲古諧切。

斯

《說文》曰：「斯，析也，从斤其聲。息移切。《詩》曰「斧以斯之。」」此引《詩·陳風》，而《陳風》傳曰：「斯，析也。』《爾雅·釋言》曰：『斯，離也。』郭注云：『陳齊謂之斯。』《吕氏春秋·報更篇》曰：『趙宣王見桑下餓人，與之脯一朐。曰：「斯食之」。』注云：『斯，析也。』南康謂以手使布紙之類分裂，曰斯。

按：斯，有析義，又有離義，故可訓分裂。今俗作撕，而斯訓此。斯之本義，因以昧矣。

睇

《廣韻》曰：『睇，視也。土雞切。』《方言》曰：『瞯、睇、睎、略，眄也。陳楚之間，南楚之外，曰睇。』《楚辭·九歌》曰：『既含睇兮又宜笑。』注云：『微眄皃。』南康有謂視爲睇者，古音也。

粱

粱，稷之一種。王楨《農書》云：『蜀黍，一名高粱，一名蜀秫。』南康謂高粱爲高粱粟，其實用以釀酒；而蜀黍則稱包粟，即北方俗稱玉米。據此，則高粱與蜀黍，似有分别矣。《爾雅·釋文》引《本草·稷米》陶注曰：『不識書，多云稷恐與黍相似。《詩》「黍稷稻粱、禾麻菽麥」，此八穀世人莫能證辨。如此穀稼米莫能明，而况芝英者乎？』

雺露

《説文》曰：『霚，地氣發，天不應，曰霚。从雨，敄聲。亡遇切。雺，籀文霚省。』段氏曰：『敄，从矛聲，古霚讀如矛。』《廣韻》：『莫紅切，又莫候切。』《釋名》曰：『霧，冒也。氣蒙冒覆地之物也。』南康謂霧爲雺露。雺讀如蒙，莫紅切。輕唇音讀爲重唇音，古音也。

電

《説文》曰：『電，霽易激燿也。从雨，从申，堂練切。』小徐本作『从雨，申聲』。《釋名》曰：『電，殄也，乍見則殄滅也。」象其形而釋之。南康謂之火閃，閃爲申之音轉，合于小徐所謂从申得聲也。

雹

《説文》曰：『雹，雨冰也。蒲角切。』《禮記·月令》曰：『仲夏行冬令，則雹凍傷穀。』南康讀若僕。

夢夢訰訰

《爾雅·訓釋》曰：『夢夢訰訰，亂也。』郭注曰：『皆闇亂也。』

按，《釋名》曰：『亂，渾也。』《説文》曰：『夢，不明也。』有闇亂之義。《詩正義》引孫炎云：『夢夢昏昏之亂也。』《文選·歎逝賦》曰：『何視天之芒芒。』李善注云：『芒芒，猶夢夢也。』夢、芒亦雙聲之轉。訰，亦有亂之義。《釋文》作『諄』，通作『啍』，作『肫』。《莊子·胠篋篇》曰：『啍啍已亂天下矣。』《荀子·哀公篇》曰：『繆繆肫肫，其事不可循。』注云：『繆，當爲膠，肫，與訰同，雜亂之貌也。』南康謂昏憒無知爲夢夢懂懂，斯亦夢夢訰訰之轉語。

跳

《説文》曰：『跳，蹷也，一曰躍也。』《方言》曰：『自關而西，秦晉之間，曰跳。』王褒《洞簫賦》云：『跳然復出。』南康謂跳躍爲䙞，讀若標。《説文》曰：『䙞，輕行也。』

按：跳、䙞，聲之轉也。

愚

《説文》曰：『愚，戇也。从心，禺。禺，母猴屬，獸之愚者。』《廣韻》云：『愚，惷也。虞俱切。』《周禮·司刺·三（赦）[赦]》曰：『惷愚』。注云：『生而癡騃童昏者。』《詩·小雅·抑》云：『靡哲不愚。』疏曰：『痴也。』《論語》曰：

『不違如愚。』皇侃疏曰：『不違之稱也。』南康讀『愚』若『而』音。

按：愚，从禺得聲，古音侯部；音而，而在之部。侯與之爲旁轉，故『愚』可音『而』也。

新婦

《爾雅·釋親》曰：『子之妻爲婦。』郝疏曰：『婦，子婦也。』《白虎通》曰：『婦者，服也，以禮屈服。』《釋親》又曰：『弟之妻爲婦。』郭注曰：『猶今言新婦是也。』南康讀新婦之婦爲部。

按：婦，奉母，輕唇音也；讀若部之部，並母，重唇音也。古無輕唇音，當以讀若部爲古音也。

骰子

《廣韻》曰：『骰子，博陸采具，度侯切。』《史記》云：『蔡澤説范睢曰：「博者欲大投。」』裴駰曰：『投，投子。』南康謂投子爲侯子，或稱色子。音骰爲侯，投之轉音也。

按：骰子爲賭具之一，以骨爲之，成正方形。六面分刻一、二、三、四、五、六之數。擲之，以所見之色爲勝負，故稱爲色子。相傳漢時所造。本止有二，謂之投子，取擲投之義也。唐時，加之六數，改以骨製，始有骰子之名也。

熬

《方言》曰：『熬、聚、煎、僃、鞏，火乾也。凡以火而乾五穀之類，自山而東，齊楚以往，謂之熬；關西隴冀以往，謂之僃；秦晉之間，或謂之聚；凡有汁而乾，東齊謂之鞏。』

按：《説文》曰：『熬，乾煎也。』聚，《方言》郭注曰：『即鬺字，火乾也。』《六書故》云：『聚，鬲中烙物也。』即今之炒字。僃，不見《説文》，或即今之焙字，而僃焙音亦相近也。煎，《説文》曰：『煎，熬也。』《廣韻》曰：『煎，熟煮。』鞏，疑即今之烘字，而鞏、烘亦聲之轉也。南康謂有汁而乾，曰熬；以火乾五穀，曰焙，或曰烘；以火使衣服乾，曰烘；煮菜蔬及肉類曰炒，或曰煎。

睡覺

《左傳》曰：『哀二十一年，齊人歌魯人之皋，數年不覺，使我高蹈。』顧亭林《音學五書》曰：『覺叶皋。』南康謂睡覺爲歇覺，覺讀若告。據此，可知讀若告，是古音也。

翡翠

《爾雅·釋鳥》曰：『鴗，天狗也。』郭注云：『小鳥也，青似翠，食魚，江東呼爲水狗。』《爾雅翼》云：『今謂之翠碧鳥，又謂之魚狗。或曰小者爲魚狗，大者爲翠奴。』張揖注《上林賦》曰：『翡翠大小如雀，雄赤曰翡，雌青曰翠。』《爾雅·釋鳥》又曰『翠鷸』。郭注云：『似燕，紺色。』疏云：『李巡曰：「鷸，一名翠，其羽可以爲飾」。』南康謂青赤色似燕，嘴長，能入水取魚之鳥爲翠子。其羽用之爲飾，曰翡翠。

蜺

《爾雅·釋蟲》曰：『蜺，寒蜩。』郭注曰：『寒螿也，似蟬而小，青赤。』《禮記·月令》云：『寒蟬鳴。』《本草》陶注云：『寒螿，九月十月中鳴，甚悽急。』《方言》曰：『蟬黑而赤者謂之蜺。』《廣韻》曰：『蜺，似蟬而小，五稽切。』南康謂蜺爲野蜺，蜺讀若宜，象其鳴之聲也；或稱爲秋蟬，至秋而鳴也。

脚頭

《說文》曰：『鋤，立薅斫也。』《廣韻》曰：『鋤，誅也。又田器。』《楚辭·卜居》云：『寧誅鋤草茅以力耕乎？』《釋名》曰：『鋤，助也。去穢助苗長也。齊人謂其柄曰橿，橿然正直也。頭曰鶴，似鶴頭也。』南康謂鋤爲脚頭，鶴頭之轉語，而鵮、脚亦一聲之轉也。

墟

墟，亦作虚。《説文》曰：『虚，大丘也。昆侖丘謂之昆侖虚。古者，九夫爲井，四井爲邑，四邑爲丘，丘謂之虚。』段玉裁曰：『《易·升》「九三，升虚邑」。馬云：「虚，丘也」。虚，猶聚也，居也。引申爲虚落，今作墟。』《廣韻》曰：『墟，去魚切，又許魚切。』南康謂商賈貨物輻湊之所，謂之墟，即北方之謂集也。墟，讀許魚切。

箕

《説文》曰：『箕，簸也。从竹，𠀠，象形。丌，其下也。居之切。』南康謂掃除時用以盛穢土者曰箕，亦稱爲糞箕。

箅

《説文》曰：『箅，蔽也，所以蔽甑底，从竹，畀聲。必至切。』《廣韻》曰：『箅，甑箅也。博計切。』南康謂以竹所編蔽甑底而蒸物之器爲箅，亦稱甑箅，音與《廣韻》同。

箍

《新方言》曰：『《方言》：「車釭，齊燕海岱之間，謂之鍋，或謂之錕。」尋《釋名》，訓釭爲空，釭爲車轂中鐵，蓋鐵之裹車轂者，故鍋、錕皆有包裹之義。《釋名》「鍱，裹也；裹，幘頭也」。鍱即鍋字。《廣雅》：「緷，束也」。緷、錕，聲通，義通。今人通謂以金鐵裹物曰鍋，俗作箍；以繩縛物曰梱，即緷、錕等字。』南康謂以金鐵或篾束物曰箍，以繩束物曰梱。

按：鍋、箍，音之轉也；梱、緷、錕，聲之轉也。

絢

《爾雅·釋言》曰：『絢，絞也。』郭注云：『糾絞繩索也。』《廣韻》曰：『絢，徒刀切。』《毛詩·豳風》曰：『宵爾索絢。』鄭箋云：『夜作絞索，以待時用。』南康謂以繩繫物曰絢，音與《廣韻》同。

嫽

《說文》曰：『嫽，女字，一曰相嫽戲也。』《廣韻》曰：『嫽，相嫽戲也，落蕭切。』南康謂戲弄小孩爲嫽，讀若聊。

漦

《爾雅·釋言》曰：『漦，盝也。』郭注云：『漉漉出涎沫。』《釋文》引李巡曰：『吐沫漦也。』《說文》曰：『漦，順流也，从水𠩺聲。力之切。』南康謂舌伸唇外曰漦，讀若來，音之轉也。

孵

孵，《說文》作『孚』。《新方言》曰：『《說文》：「孚，卵孚也，亦書作抱。」』《方言》曰：『北燕朝鮮洌水之間，謂伏雞曰抱。』南康謂伏雞曰鋪，或謂之抱。

按：孚、伏、抱、鋪，一音之轉也。

稻

《說文》曰：『稻，稌也。稌，稻也。』稻，徒皓切；稌，徒古切，一聲之轉，而稻、稌互訓也。段玉裁曰：『今俗槩謂黏者、不黏者，未去穅曰稻：稉稻、秈稻、秔稻，皆未去穅之稱也。既去穅，則曰稉米，曰秈米，曰秔米。古謂黏者爲稻，謂黏米爲稻。《九穀考》曰：《七月詩》「十月穫稻，爲此春酒」，《月令》「乃命大酋，秫稻必齊」，《内則·雜記》

「並有稻醴」,《左傳》「進稻醴粱糗」,是以稻爲黏者之名,黏者以釀也。《内則》「糝酏,用稻米,籩人職之餌粢」。注,「亦以爲用稻米,皆取其黏耳」。而「食醫之職牛宜稌」,鄭司農説「稌,稉也」。是又以稉釋稻,稉其不黏者也。孔子曰「食夫稻」。亦不必專指黏者言。故謂稻其渾言之稱。」

南康稻之種類:大概可分黏與不黏者,黏者謂之稬,或作糯,讀奴臥切。《説文》曰:『沛國謂稻曰稬。』其米用以釀酒。不黏者謂之稴,或謂之稉。稴讀若占。《説文》曰:『稴,稻之不黏者。』段氏曰:『不黏者爲秈米。』《廣雅》曰:『秈,稉也。』渾言不别。《方言》:『江南呼稉爲秈。』而《説文》《玉篇》皆有稴而無秈,秈,即稴之音變,字畧異耳。按:稴,胡兼切,添韻。南康讀若占。占,職廉切,鹽韻。鹽爲添之變韻,故稴讀若占,古音也。秔,《説文》曰:『稻屬,稉,俗秔。』陸德明曰:『稉與粳,皆俗秔字。』南康謂稴米亦稱稉米,中醫用之以入藥。《本草經》云:『秔米、稻米殊用。』於此可知矣。要之,段氏曰:『稻有至黏者,稬是也。有次黏者,稉是也。有不黏者,稴是也。稉比於稬,則爲不黏,比於稴,則尚爲黏。稉與稴爲飯,稬以釀酒爲餌粢,今與古同矣。』

穀

《説文》曰:『穀,續也。百穀之總名也。从禾㱿聲。古禄切。』《周禮·太宰》言『九穀』,鄭云:『黍、稷、稻、粱、麻、大小豆、小麥、苽也。』『膳夫用食六穀』,先鄭云:『稌、黍、稷、粱、麥、苽也。』『疾醫言五穀』,鄭曰:『麻、黍、稷、麥、豆也。』《詩》《書》言百穀種類繁多,約舉以兼晐之也。而南康僅言稻未穅者爲穀,音如《説文》。

撬

《新方言》曰:『《説文》「喬,高曲也」。《毛詩·國風》傳,「喬,上竦也」。今謂物不妥貼,偏頗上竦爲喬,音如字。一物高舉上竦曰喬,音如竅。』南康謂物一端高舉上竦曰喬起,或作撬起。喬讀如本音,俗作撬耳。

噍

《説文》曰：『噍，齧也。从口焦聲。嚼，噍或从爵。才笑切。』《禮・少儀》云：『侍食于君子，亟之數噍。』《釋文》：『噍又作嚼，子笑反，又才笑反。』段玉裁曰：『古焦、爵同部同音。』《漢書・高帝紀》曰：『襄城無噍類。』注如淳曰：『噍，祚笑反，無復有活而噍食者也。』南康謂飯食入口用齒使之爛曰噍，音如《説文》。

踼

《廣韻》云：『踼，跌頓伏貌，徒郎切。』左思《吴都賦》曰：『魂（自）褫氣慴，而自踼跊。』注：『踼，跌也。』南康泥濘滑足曰踼，讀若盪。

篧

《爾雅・釋器》曰：『篧謂罩。』郭注：『捕魚籠也。』郝懿行曰：『篧者，籗之或體也，《説文》作籗，或省作篧，云「罩魚者也」。罩，捕魚器也。《詩》傳云，「罩，篧也」。《正義》引李巡曰，「篧，編竹細以爲罩捕魚也」。孫炎曰，「今楚罩也」。然則罩以竹爲之，無竹則以荊，故謂之楚罩也。今按，此義亦非，蓋楚罩二字，合音爲篧也。』南康謂捕魚籠爲篧，讀若豪，音之轉也。

鍋

《新方言》曰：「《説文》「鬴，鍑屬，或作釜」。「䰙，秦名土釜曰䰙」，今多謂釜爲䰙，相承以鍋字爲之。」南康謂釜爲鍋，俗稱之鍋頭，鍋讀若渦。與《説文》讀若過之音相近。

螢

《爾雅·釋蟲》曰：『熒火即炤。』郭注：『夜飛腹下有火。』

按：《詩·東山》傳：『熠燿，燐也。燐，螢火也。螢與熒同，燐，光明也。』《本草》：『螢火，一名夜光。』《藝文類聚》引吴普《本草》：『一名夜照，一名熠燿，一名景天，一名挾火。』《詩》疏引舍人云：『熒火即炤，夜飛有火蟲也。』《月令》疏引李巡曰：『熒火，夜飛腹下如火光，故曰即炤。』南康謂螢爲夜火，或曰映火蟲。故熒、螢、夜、映，皆一音之轉也。

懂

《新方言》曰：『《方言》曰，「黨，知也」。今謂了解爲黨，音如董，俗作懂，非也。《廣韻》懂訓心亂。今猶有懵懂之語，其義絶異。』《方言》曰：『黨、曉、哲，知也。楚謂之黨。』郭注：『黨，朗也。解寤貌。』南康謂知爲黨，讀如董，俗作懂，或曰曉。

篩

篩字，《説文》未收，《廣韻》云：『篩，竹器也。疏夷切。』《漢書·賈山傳》曰：『篩土築阿房之宮。』師古注曰：『篩，以竹篚爲之。』

按：篩本作籭，或作篚。南康讀師挨切，編竹爲之，有小孔以下物，可以取粗去細者謂之篩。

嬃

《新方言》曰：『《爾雅》「嬃，待也」，相承以須字爲之。今人謂不須爲不消。案，《離騷》「聊逍遥以相羊」。「逍遥」一作「須臾」，《漢書·禮樂志》：「神奄留，臨須摇」。晉灼謂即「須臾」，亦即「消摇」。是須、消本相通。今語亦傳之自古也。』南康謂不須亦曰不消，猶存古語也。

瞺

《廣韻》云：『瞺，目小作態，瞢瞺也。咋棱切，又作滕切。』南康謂用力張目爲瞺，讀若增。

㜷

《新方言》曰：『《廣雅》「㜷，母也」。今多謂老母曰㜷。』《廣韻》云：『㜷，乳也，奴蟹切。』南康謂祖母曰㜷，俗作奶，讀若乃。

螳蜋

《爾雅·釋蟲》曰：『不過，蟷蠰。』郭注：『蟷蠰，螗蜋別名。』《正義》引舍人曰：『不蝑，名蟷蠰，今之螳蜋也。』南康謂之侯科。

案：《藝文類聚》九十七引王瓚問曰：『《爾雅》云，「莫貈，螳蜋同類物也。」』莫貈爲不過之轉語，而侯科其莫貈之轉語乎？

蟅蟒

蟅，《説文》作䗪，蟲也。一曰蝗類。《方言》曰：『蟒，宋衛魏之間，謂之蚮，南楚謂之蟅蟒。』南康謂蝗曰草蟒，或曰蟅蟒。蟅，讀若隻。

蘞茅

《爾雅・釋草》曰：『蘞，牡茅。』郭注：『白茅屬。』《説文》曰：『蘞，牡茅也，从艸，遬聲。桑谷切。』南康謂之絲茅。蘞、絲同屬心母，音之轉也。

篺

《爾雅・釋言》曰：『舫，泭也。』郭注云：『水中篺筏。』郝疏云：『《詩・漢廣》《釋文》引郭云，「木曰篺，竹曰筏，小筏曰泭」。不同者泭，篺筏皆同類，其竹木隨地所宜耳。』南康謂編竹或木以代船而渡者，曰篺，俗作排，讀若牌。牌，並母，猶重唇音也。

霢霂

《説文》曰：『霢霂，小雨也。』霢，莫獲切，霂，莫卜切。雙聲爲訓也。《爾雅・釋天》云：『小雨謂之霢霂。』郭注：「《詩》曰「益之以霢霂。」」郝疏云：『霢霂，字之雙聲，轉溟濛。《説文》以濛濛爲微雨，以溟溟爲小雨，是溟濛、霢霂皆以雙聲爲義也。』南康謂小雨爲迷毛雨。是迷毛，溟濛、霢霂之轉語也。

鏤

《新方言》曰：『《説文》「婁，空也」。《论语》「婁空」，今人謂以刀剜物中間使空爲婁空。婁，亦作鏤也。』南康謂刺爲鏤。

雞寄

《爾雅・釋宮》曰：『雞棲於弋爲榤，鑿垣而棲爲塒』。郭注：『今寒鄉穿牆棲雞，皆見詩。』郝疏曰：『塒者，《説文》

及《詩·君子于役》傳，俱用《爾雅正義》引李巡曰：「別雞所棲之名，寒鄉鑿牆爲雞作棲曰塒。」』南康謂雞所棲之處曰雞寄。

案：寄爲榤之轉語也。

䰾

《新方言》曰：『《方言》：「䰾，能也」。《周書》云：「克威捷行曰䰾」。今謂不能曰不䰾，或音如會，通以會字爲之，然實無義。今人多言領會，此明憭知覺之謂，無訓能也。』南康謂能爲䰾，俗以爲會字。

鵲

鵲，《説文》作舄，小篆作䧿，《説文》曰：『舄，䧿也。象形。䧿，篆文舄，从隹昔。』南康謂之阿鵲，鵲讀若昔，以鵲从昔得聲也。

案：舄本鵲字，鳥名也。自經典借爲履舄字，而舄之本義廢矣。

簸

《説文》曰：『簸，揚米去穅也。从箕皮聲。布火切。』南康謂編竹爲之，似篩而無小孔，用以揚米去穅者，曰簸，或曰簸箕。

罶

《廣韻》云：『罶，百囊魚網，魯回切。』《爾雅·釋器》注曰：『九罭，今之百囊罟，是亦謂之罶。』南康謂以竹編之盛魚器曰罶。

蘆菔

《爾雅・釋草》曰：『葖，蘆萉。』郭注：『萉，宜爲菔。』《説文》曰：『菔，蘆菔，似蕪菁，實如小尗者，从艸服聲。蒲北切。』《繫傳》謂即今之蘿蔔。故蘆菔、萊菔、蘿蔔皆一聲之轉也。南康謂之蘿菔。

案：蘆、蘿同母，菔音如《説文》，古音也。

鐉

《説文》曰：『所以鉤門户樞也，一曰治門户器也。此緣切。』南康謂門横關曰鐉，讀若選。

蠓

《爾雅・釋蟲》曰：『蠓，蠛蠓。』郭注：『小蟲似蝸，喜亂飛。』揚雄《甘泉賦》云：『浮蠛蠓而撇天。』李善引孫炎曰：『蠛蠓蟲，小於蟻。』《廣韻》云：『蠛蠓似蚊。』南康謂之烏蠓。蠓，讀若蒙之上聲，或謂之烏蚊。

罤

《新方言》曰：『《説文》：「周人謂兄曰罤」，古魂切。經典相承用昆爲之。又《説文》：「哥，聲也，从二可」。今人謂兄爲哥，或云出於鮮卑。《晉書・吐谷渾傳》：「鮮卑謂兄爲阿干」，轉爲阿哥，此實夷語也。然昆亦可轉爲哥，是則鮮卑言阿干者，或轉由中國言阿昆而變，非必中國取夷語也。又尋《説文》：「丂，氣欲上出礙於一也」，「𠀀，反丂也」，「可，肯也」，从𠀀聲。哥又从可聲。親屬相呼，本于嬰兒初語，其聲不過丂、𠀀二者而已。故呼父曰考，語本于丂；呼保母曰阿，亦曰可者，字轉作妿，而其語實本於𠀀。呼兄爲哥，語亦本𠀀，皆小兒發聲之語爾。且兄即今况字，固为語助氣之詞，則哥亦同其義，或古語流傳如是邪。』南康呼兄爲哥，或稱阿哥。

鐮

鐮，《説文》作鎌，「鍥也」。《方言》曰：「刈鉤，江淮陳楚之間謂之鉊，或謂之鐹，自關而西，或謂之鉤，或謂之鎌，或謂之鍥。」南康謂刈草之刀曰鐮。

戁

《爾雅·釋詁》曰：「戁，動也。」郭注：「戁，摇動貌。」郝疏：「戁者，與震同義同訓，聲近蝡。《説文》「蝡，動也。與蠕同」。《史記·匈奴傳》，《索隱》引《三蒼》云：「蠕蠕，動貌。」」南康謂以足觸物，使之移動位置謂之戁，音赧。

㬮

《新方言》曰：「《説文》「㬮，安㬮，温也。奴案切」。今江南運河而東，至於浙江，謂微温爲温㬮，音如嫩。」南康謂熱物盪人爲㬮，讀若捺，音之轉也。

瓤

《廣韻》云：「瓤，瓜實也。汝陽切。」南康瓤讀若囊。

案：汝陽切，日母；囊，奴當切，泥母。證以娘日歸泥，則讀瓤爲囊，當屬古音也。

龓頭

《説文》曰：「龓，兼有也。从有，龍聲，讀若聾。盧紅切。」《廣韻》云：「龓，龓頭。」段玉裁曰：「《吴都賦》「沈虎潛鹿，畢龓僒束」。按，畢龓者，縶而籠其頭也。《玉篇》曰「馬龓頭」。」南康謂以繩籠牛馬之首曰龓頭。

鏄

《釋名》云：『鏄，亦鋤類也。鏄，迫也。』鏄，《説文》作『鎛，一曰田器』。段氏曰：『鎛訓迫，故田器曰鎛。《周頌》之「鎛」，毛曰「鎒也」。鄭注《考工記》曰「田器」，正謂鎒迫地拔草，而有此偁。』南康謂鏄爲鐮铇，或曰鐮鏟，鋤之一種也。

案：铇即鏄之轉音也。